本书受到国家哲学社会科学基金一般项目、福建农林大学公共管理系列学术专著专项工程资助

黄建新／著

社会流动
与农民工创业行为研究

SOCIAL MOBILITY AND ENTREPRENEURSHIP
OF MIGRANT WORKERS

社会科学文献出版社
SOCIAL SCIENCES ACADEMIC PRESS (CHINA)

内容提要

本研究是从社会流动角度透视社会结构转型中农民工的创业行为。

"读不懂农民，就读不懂中国"，这是一句意蕴无穷的至理真言。当今，大规模的农民工流动，广泛涉及东、中、西部地区和城乡各个领域，这一群体的流动是市场经济体制的引入而引起的农村人口向城市流动、农业社会向工业社会转换的必然趋势。在这一背景下的农民工流动，推动了体制转轨和城乡二元结构的转变。为此，关注社会变迁中的农民工就业与创业问题是社会流动研究的必然。

农民工的创业行为，表达和反映了工业化、城镇化、市场化在发展进程中引起的社会阶层结构的变化。本研究以构建合理的社会阶层结构为目标，通过对农民工创业行为的分析和影响创业的各种因素的探索，构建符合农民工创业需求的社会支持体系，以期找到促进农民工成功创业的连续性和系统性机制。

社会阶层结构是社会流动研究的核心。作为主体与结构互动的农民工创业行为，受到结构性因素的制约，同时又重塑了社会结构。在农村改革以前，种田是农民的基本活动，而市场化条件下，中国农村开始了深刻的社会变迁，部分农民逐渐从农村分化出来，参与到城市工业化的发展中。其中最受关注的是创业农民工群体。通过创业，他们实现了从农业到非农业、从生存向发展转变的"二次飞跃"，体现了新的社会阶层结构的变化，他们的发展变化有着重大的理论意义和现实意义。本研究分为九章，主要探讨农民工创业行为轨迹、农民工创业的社会支持与社会流动体系，通过研究得出以下结论。

研究认为，农民工创业是内外因素相互作用的结果，由此分析了改革开放以来政策的嬗变对个体经济行为的影响，以及农民工获得创业机会、利用创业资源而成功创业的过程。关注农民工创业行为，要了解农民工发现创业机会、获取与调动资源的过程，本研究从创业过程的角度研究创业机会、资源、网络及其内在联系，以及创业的实现途径；以"事件－过程"为分析路径，诠释生存型农民工到创业发展型农民工的演变过程，理解创业农民工在识别创业商机、获得资源以及利用社会资本方面，有别于其他群体的创业行为策略。

研究还认为，对于农民工创业行为应该关注其创业愿望、创业动机与创业认知，关注农民工创业需求特点与创业服务供给，这些对农民工创业发展都有重要意义。农民工创业的社会支持结构也是多层次的，包括价值系统、制度系统、组织系统、网络支持四个子系统。

研究提出必须采取"差别化"的社会支持策略，着力构建有利于农民工创业的政策环境、融资环境、文化环境、服务环境，形成支持农民工创业的政策和服务体系，既要发挥国家"有形之手"的力量，主动、积极构建创业环境，又要整合社会资源，拓展创业服务空间。

农民工的创业行为是再结构化的一个表现，有利于促进"橄榄形"社会阶层结构的形成。在社会流动机制中，必须有相应的措施保障每个层次的社会群体都能够凭借自致性因素、根据自身能力、按照自己的意愿得到相应的社会位置，实现自身的社会流动。

农民工创业是破解当前城市发展与农村发展双重难题的重要路径。本研究立足城乡统筹发展，持续开展农民工创业创新路径、机制、政策等系列研究工作，旨在丰富和完善农民工就业创业的社会学理论体系，充实农村社会学的实证研究，体现社会学在社会建设与社会管理中的作用。

本研究的创新点有：①从社会流动视角切入农民工群体的创业行为，梳理出农民工创业的模式，形成对农民工群体的社会流动的全面理解；②提出农民工"顺向"的留城创业与"逆向"的返乡创业都可以成为其向上流动的途径，并提出应建立"双向流动"机制，同时指出农民工流动的阶段性特征，认识到扶持农民工创业是推动新型城镇化和农业现代化协调发展的重要突破点；③在方法论上，将社会学的"过程－事件"分析策略作为一种手段，以揭示创业这一行为表象背后的代际传承、生活经历、人力资本、地方文化历史传统，是一种社会学研究方法的创新。

目　录

第一章　绪　论

农民的大量流动源自传统社会向现代社会的转型。孟德拉斯（Herri Mendras）在《农民的终结》一书的导言中指出："20 亿农民站在工业文明的入口处：这就是在 20 世纪下半叶当今世界向社会科学提出的主要问题。"[①] 站在文明入口处的农民的转化应是一种全新的转换，既是从安土重迁到主动外出空间的跨越，更是思想、价值观的转变，农民的大量流动意味着"小农"时代的终结。这一过程正是发生在中国特有的时空结构之下，"时空特性是研究社会发展的重要维度。从研究社会发展的角度看，时空特性是一个基本的因素，或者说，也是研究社会发展的一个重要视角"。[②]

第一节　选题与研究内容

一　研究缘起

在社会结构变迁的过程中，农村和城市的边界模糊，这一过程伴随着城市发展和人口的分化、变动，大量剩余劳动力涌入城市，形成了特殊的农民工群体。根据国家统计局对全国 31 个省（自治区、直辖市）、899 个县（市）、7500 多个村和近 20 万名农村劳动力按季抽样调查结果推算：2012 年全国农民工总量达到 26261 万人，比上年增加 983 万人，增长 3.9%。其中，外出农民工为 16336 万人，增加 473 万人，增长 3.0%。住户中外出农民工为 12961 万人，比上年增加 377 万人，增长 3.0%；举家外出农民工为 3375 万人，增加 96 万人，增长 2.9%。本地农民工为 9925

---

① 〔法〕H. 孟德拉斯：《农民的终结》，李培林译，社会科学文献出版社，2005，第 1 页。
② 景天魁：《中国社会发展的时空结构》，载景天魁著《社会发展的时空结构》，黑龙江人民出版社，2002，第 384 ~ 385 页。

万人，增加 510 万人，增长 5.4%（如表 1-1 所示）。

表 1-1 农民工数量

单位：万人

	2008 年	2009 年	2010 年	2011 年	2012 年
农民工总量	22542	22978	24223	25278	26261
外出农民工	14041	14533	15335	15863	16336
住户中外出农民工	11182	11567	12264	12584	12961
举家外出农民工	2859	2966	3071	3279	3375
本地农民工	8501	8445	8888	9415	9925

注：调查年度内，在本乡镇地域以外从业 6 个月及以上的农村劳动力为外出农民工；在本乡镇内从事非农活动（包括本地非农务工和非农自营活动）6 个月及以上的农村劳动力为本地农民工；农村劳动力及其家人离开原居住地，到所在乡镇区域以外的地区居住为举家外出农民工。

资料来源：国家统计局：《2012 年全国农民工监测调查报告》，http://www.stats.gov.cn/tjfx/jdfx/t20130527_402899251.htm。

农民工数量呈逐年增长趋势，农民工流动方向仍然以东部沿海发达城市为主，如表 1-2 所示，2012 年，东部地区 83.7% 的外出农民工在省内流动，中、西部地区外出农民工则是以跨省流动为主，分别占 66.2% 和 56.6%。

表 1-2 不同地区外出农民工在省内外务工的分布

单位：%

地区	2011 年			2012 年		
	乡外县内	县外省内	省外	乡外县内	县外省内	省外
全国	20.2	32.7	47.1	20.0	33.2	46.8
东部地区	32.1	51.3	16.6	32.0	51.7	16.3
中部地区	13.0	19.8	67.2	13.1	20.7	66.2
西部地区	15.4	27.6	57.0	15.4	28.0	56.6

资料来源：国家统计局：《2012 年全国农民工监测调查报告》，http://www.stats.gov.cn/tjfx/jdfx/t20130527_402899251.htm。

从流动状况看，农民工广泛分布在不同地区、不同行业，而且流动后不再是同质性的群体，他们在职业期望与流动行为选择上出现了新特点。当今，大规模的农民工流动广泛涉及东、中、西部地区和城乡各个领域，这一群体的流动是市场经济体制的引入而引起的农村人口向城市流动、农业社会向工业社会转换的必然趋势，推动了体制转轨和城乡二元结构的转变。

对变化中的中国巨大流动人口群体——农民工来说，在特有的时空结构下，他们与市场的关系发生了变化，出现了阶段性的分化特征。早期农民工只为"进城谋小利""养家糊口"，而后期的农民工已经超出了"理性小农"的阶段，从生存理性向经济理性转变。他们进城积累资本是为事业发展、为找到机会创业打基础。因此，应该从关注农民工的就业权益拓展到研究农民工流动后的出路，这种研究理路的演进正体现了农民工社会流动研究的一种提升。

农村人口的流动也体现了社会结构的分化过程。他们的发展轨迹大体有四条。第一种情况是两栖生活。只要政策、形势不变，极少数农民发生身份、地位的转变。第二种情况是一部分转为正式工人，从事的产业、行业比较固定，成为熟练工人。第三种情况是创业，由农民工转为老板，包括从事个体经营或者创办企业，其创业有四种形式：在打工地创业；外地打工，返乡创业；外地打工，异地创业；在打工地和家乡同时创业。第四种情况是一般的回流。农民工所处的特殊地位和环境，使他们成为"第四次创业浪潮"的主力军。① 农民工创业在中国社会以不同的形式存在。从外出务工到返乡创业或者是留城创业，都显示了农民工创业行动的开拓性和创造性。尽管如此，由于农民工创业认知的限制、掌握的资源不足且缺乏创业的支撑体系，成功创业的比例还很低。农民工在创业发展中存在的问题需要深入研究，从而真正发挥创业在农民工社会身份转变、在经济社会发展中的重要作用。

创业已经成为我国经济社会发展一大趋势，在此背景下，实现生存型向发展型转变，已经成为农民工实现社会流动的现实选择，然而推进创业发展还需要有社会的支持。本研究通过定性与定量相结合的方法重新梳理农民工创业特征和模式，对 H 县农民工创业行为进行分析，构建符合农民

---

① 著名经济学家辜胜阻认为中国已经历了四次创业浪潮。改革开放初期的城市边缘人群和农民当上个体户被认为是第一次浪潮；邓小平南方谈话后，一批体制内的学者官员下海经商被认为是第二次浪潮；21 世纪以来，一批以海归为代表的高科技人才创业被认为是第三次浪潮；由 2008 年全球金融危机和就业危机而"倒逼"的农民工创业被认为是第四次创业浪潮。

工创业需求的支持体系，以期为政府鼓励、扶持和引导农民工创业提供政策建议，从而推动更多农民工高质量创业。

二 研究内容

本项目立足于社会流动视角，结合典型案例以及问卷调查，对农民工创业行为及过程，创业模式、创业需求等进行分析，在此基础上构建符合农民工创业需求的社会支持体系。

(一) 研究内容

一是通过反思马克思主义经典作家关于劳动力资源及其流动的理论、当代社会学关于流动的主要理论，重塑有利于合理的社会流动的机制，构建农民工创业的理论基础，以期对农民工创业行为进行社会学分析与路径描述。

二是探寻农民工创业的生成路径与机理，将农民工创业与发展机会获得、社会身份变化结合起来，侧重于考察处于"过渡"阶段的农民工群体在市场经济体制中，通过创业而实现流动、融入新的社会结构的途径。

三是结合实践考察，阐释农民工创业的阶段性特征与创业模式，开展各种硬、软环境（创业资本、创业素质、政策支持等因素）与农民工成功创业的相关性分析，以及农民工创业的需求与供给现状分析。通过对农民工创业模式的差异比较与聚类分析，可推导出农民工创业模式，为农民工今后理性流动及创业模式选择提供参考。

四是以"事件－过程"的分析策略为视角，从日常生活逻辑、常识中解析农民工的行动逻辑，从一个侧面了解农民工与市场、社会的关系，分析农民工从打工到创业的转变路径，并以此推演"事实"、解释"现实"，重点评价农民工创业能力与创业环境，探讨政府、社会组织、创业者三方在创业过程中所扮演的角色与关联性，以及他们之间的行为博弈。

五是基于农民工创业需求的社会支持体系，从利益相关者角度出发，探讨支持农民工创业的多元方式，形成以价值系统为引导、以制度系统为保障、以组织系统为助推、以社会网络为平台的创业支持框架。

(二) 核心问题

本研究的描述从两方面展开：一是对农民工创业进行个案分析，了解农民工创业的状况；二是从更为具体的视角对流动农民工的创业需求、意识、动机进行分析。这是对前述研究的补充和反思，也是对以下几个核心问题的探讨。

一是明确社会流动与农民工创业之间的内在关联。通过对农民工这一群体的流动方向、流动程度、流动类型的考察来，分析他们对传统农村社会结构及原来所属群体的冲击，以及他们的主体性、现代性表现。

二是对农民工创业行为痕迹信息深入挖掘。通过揭示农民工创业的特征及创业行为逻辑、行为模式、内在规律，以及对农民工这一群体的创业过程的观察，从中透视出国家、社会与市场的关系。

三是明确农民工创业的利益表达与社会支持。通过分析社会支持对农民工创业的影响，发挥创业在农民工向上流动中的作用。

四是作为创业主体的农民工，由于先赋性因素和自致性因素的影响，他们在创业意愿、动机、认知方面存在劣势，以此形成独特的创业模式。研究农民工创业行为的创业意愿、创业动机、创业认知以及创业需求，在此基础上，分析农民工创业的支持路径与政策选择，可为农民工创业提供理论指导和现实支持。

（三）研究假设

所有的社会都介于封闭和开放之间。在传统社会，由于相对封闭，社会流动是缓慢的，而在现代社会，由于社会流动渠道的改变，人们有了更多的流动机会。基于以上内容和研究目的，本研究做出如下假设。

总的假设：农民工通过创业难以实现向上流动的根本原因在于社会流动机制的不合理。

命题一：农民工在通过创业实现向上流动的过程中，先赋性因素起了一定作用，自致性因素的影响逐渐增强。

命题二：农民工创业利益有受到侵害的可能，在合理的、有效的制度（包括正式制度以及非正式制度）框架内，他们的利益会得到更多的保护。

命题三：农民工创业行为需要国家政策的支持，也需要更多的来自社会的支持，以实现成功创业，从而实现向上的流动。

在社会经济体制转型前后，农民工流动的形势很不一样。在计划经济体制下，国家控制所有的资源，市场、资本、劳动都受控于国家，城乡之间的流动很少。而在市场化条件下，政府、市场、社会、个人的关系发生了变化，农民工流动的频率与之前大不相同。在社会结构转型过程中，农民工流动与创业的发生机理与之前是很不相同的。

三 核心概念界定

（一）社会流动

社会流动是社会学的基本概念，是本研究分析农民工创业行为的社会学基点。马克思归纳了社会变迁法则并断言："现代工业通过机器化过程和其他方法，使工人的职能和劳动过程的社会结合不断地随着生产的技术基础发生变革。这样，它也同样不断地把大量资本和大批工人从一个生产部门投到另一个生产部门。因此，大工业的本性决定了劳动交换、职能的变动和工人的全面流动性。"[1] 工业化带来了工人流动和职业变化。而作为社会分层研究中的重要范畴的社会流动，则是美国社会学家索罗金（Pitirim Sorokin）提出来的，他在 1927 年出版的《社会流动》一书中列编了关于职业流动的 23 个表。[2] 此后，社会流动成为社会学研究中的重要领域。索罗金指出："社会流动意味着个体、社会目标或价值，即人类活动所创造的或改变的一切事物从一个社会位置向其他的社会位置的转变。"[3] 这一定义同时廓清了社会流动的本质。如果社会成员的地位基本固定、很难改变，流动受到严格的地域、职业限制，那么就是封闭的社会。索罗金进一步认为："几乎不存在社会分层是绝对封闭的社会，也几乎不存在垂直流动不受任何障碍的社会。……实际上，垂直流动在任何一个社会都一定程度地起作用，都通过社会分层洞、阶梯、渠道，允许个人在阶层之间上下流动。提供社会流动渠道的是各种制度：军队、教堂、学校、政治、经济与各种专业组织。"[4]

在索罗金的分析框架中，虽然流动受到各种制度的限制，但流动始终存在。李普塞特与本迪克斯也持类似观点，"社会流动指的是个人在社会

---

[1]《马克思恩格斯全集》第 23 卷，人民出版社，1972，第 34 页。

[2] 索罗金（Pitirim A. Sorokin）（1889～1968），原籍俄罗斯的美国社会学家，是最早专门研究社会流动的社会学家，对社会流动理论起了奠基作用。李普塞特和本迪克斯对此也有比较经典的论述。

[3] Pitirim A. Sorokin, *Social and Cultural Mobility*, New York: The Free Press, 1964, p. 133.

[4] Pitirim A. Sorokin, *Social and Cultural Mobility*, New York: The Free Press, 1964, pp. 160 - 164.

中从一个社会位置向另一个社会位置的转化过程，这些社会位置被赋予普遍承认的特殊的等级价值。当我们分析社会流动时，我们分析的是处于社会系统的个人从某一个特定的职位向更高的或更低的职位的流动"。① 他们从个人职位的变化来探讨社会流动。米勒则赞同伯纳德·巴伯（Bernard Baber）的社会流动定义，社会流动是"在较高的和较低的社会阶级之间的上下运动；或者更精确地说，是在一种相对来说处于全时状态的、具有功能意义的社会角色与另一种社会角色之间的运动。……社会流动是发生在经济的、政治的或社会的秩序方面的变化"。② 巴伯的观点较为全面地阐述了流动所体现的三个方面。

上面各种关于社会流动的定义，说明了这一概念的本质。流动常常涉及地域、职业与身份的变化，收入、权力、技能、社会关系和职业声望的变化反映出个人社会地位结构的改变，反映了个人或群体在社会等级或者分层系统中的运动。我国学者郑杭生认为："所谓社会流动指的是人们在社会关系空间中从一个地位向另一地位的移动。由于社会关系空间与地理空间具有密切的联系，因此，一般把人们在地理空间的流动也归于社会流动。"③ 这一研究将社会流动从经济、政治、社会领域扩展到地理空间领域。

通过人们的职业流动、职业地位的变化可以测度社会流动的方向。一般而言，水平流动可以使自然资源、物质资本和人力资源得到重新配置，从而对产业分布产生影响；而上升式的垂直流动则可以促进产业结构和人力资源结构升级。正如吉登斯指出："研究社会流动有两种途径。第一，我们可以考察个体自身的职业经历，看一看他在工作期间向下或向上移动的社会规模。这常被称为代内流动。反过来，我们也可以分析子女所从事的同一类型的职业，与他们的父母或者祖父母的职业的差异。几代人之间的流动被称为代际流动。"④ 较高的流动性才能保证动态的机会公平。社会流动既受到个人能力的影响，也受到社会结构因素（结构性因素）的制

① S. M. Lipset and Reichard Bendix, *Social Mobility in Industrial Society*. Berkely and Los Angeles, University of California Press, 1959, pp. 1 - 2.

② S. M. Miller, "Comparative Social Mobility", *Current Sociology*, Vol. 9, No. 1, 1960, p. 1& p. 4.

③ 郑杭生主编《社会学概论新修》，中国人民大学出版社，1994，第 323 页。

④ 〔英〕安东尼·吉登斯：《社会学》（第 4 版），赵旭东、齐心等译，北京大学出版社，2003，第 379 页。

约，国家、市场、社会之间的关系构成了社会成员流动的结构性因素。在社会流动机制健全的情况下，个人发展创造的空间会越来越大。我国当前要避免社会结构固化，必须打破城乡二元体制，放宽各种市场准入和职业准入限制，最重要的是创造条件，给没有机会或者缺乏机会的群体以更多的流动机会。农民工是当前中国社会流动的主体，对于农民工这一群体，既要进行人力资本投资，鼓励他们积极创业，也要在体制机制上做到合理公正安排。

研究社会流动的目的在于建立合理的社会流动机制，促使人们通过掌握劳动技能改变自身生命轨迹，促进社会中各个成员职业水平的提升，最大限度地发挥社会成员人力资本的潜力。社会流动越畅通，就越能调动中低层社会成员的积极性，使他们通过流动可以进入新的社会阶层或找到更为合适的社会位置。"社会流动可以分为复制式社会流动和替代式社会流动，只有替代式社会流动才可能产生新的社会分层结构。"[1] 流入城市后，农民工不再继续父辈的工作以及生活方式，其地位也不同于他们的父母，这是替代式社会流动。这种流动显示了"通过后致性规则亦即通过个人后天的努力奋斗实现上升流动到更高层次的社会地位的愿望。这种流动将在客观上推动社会化生产的发展，形成经济结构变动与社会结构变动相互促进的良性循环"。[2]

作为社会流动主体的农民工的流动，既包含地域流动，也包含职业流动和阶层流动。他们的流动带来了阶层的重组，加速了我国向现代社会转变的过程。农民工的向上流动受先赋性因素影响，也受到社会制度因素、个人的文化程度和技能的影响。城乡之间劳动力合理流动的制度安排，使农村人口更多地享有职业流动的机会。由流动引发的创业潮是社会流动研究中值得关注的现象。

（二）创业行为

Cole 把创业定义为发起、维持和发展以利润为导向的企业的有目的性的行为。[3] 玛丽·库尔特则主要从精神价值的需求分析创业，认为"创业

---

① 李培林：《社会流动与中国梦》，《经济导刊》2005 年第 3 期，第 74 页。

② 陆学艺：《研究社会流动的意义》，《中国党政干部论坛》2004 年第 8 期，第 19 页。

③ Arthur H. Cole. "An Approach to the Study of Entrepreneurship: A Tribute to Edwin F. Gay." In H. G. J. Aitken（ed.）*Explorations in Enterprise*. Cambridge, Harvard University Press, 1965.

是这样一种过程，在这个过程中，某一个人或一个团队，使用组织力量去寻求机遇，去创造价值和谋求发展，并通过创新和特立独行来满足愿望和需求，而不管企业家们手中当时有什么样的资源"。[①] 有学者认为："创业是一个发现和捕捉机会并由此创造出新颖产品或服务和实现其潜在价值的过程。"[②] 创业行为是指创业者为实现创业目标而采取的行为，是通过创业机会识别、创业资源配置来创造价值的动态过程。

创业行为的影响因素主要包括个人因素与环境因素。美国国家创业指导基金会的创办者史蒂夫·马诺列出了12种被普遍认为是创业者需具备的素质：适应能力、竞争性、自信、纪律、动力、诚实、组织、毅力、说服力、冒险、理解和视野。[③] 不同的创业者具有的人力资本，包括心理素质、能力素质不同，他们对创业机会的识别、决策制定以及经营管理的能力也有明显区别。社会文化、政府政策、经济发展水平、基础设施和自然条件等因素也影响创业活动。创业发展状况与一个地区的区域经济状况、创业环境条件、创业政策评价有直接关联。外部环境因素影响创业机会，在相对稳定的社会和经济环境下，金融支持、政府政策、市场环境和创业文化都对创业活动产生影响。这就要求我们通过创业需求和供给分析来预测农民工的创业行为。

（三）农民工创业

在西方国家，农民就是农业劳动者，农民的概念并不包含身份意义。在我国，农民不是纯粹的职业概念，它同时带有身份的特征。许多农民虽然实现了职业转变，但并没有改变农民的身份，他们自己也只能认同农民身份。农民工的出现与中国社会体制的转型紧密联系，是在新旧体制转换中产生的，是传统的户籍制度与自由的市场制度相结合的产物，是随着农村家庭联产承包责任制的实行，农民从土地上解放出来大量涌入城市后渐渐出现的。"中国大规模社会阶层结构变动和社会流动是由体制改革引发的。农村的改革促发了农民的分化，由此有了务农的农民、经商的农民、

---

① 〔美〕玛丽·库尔特（Mary Coulter）：《创业行动》，吴秀云译，中国人民大学出版社，2004，第33页。

② 李志能、郁义鸿、Robert D. Hisrich：《创业学》，复旦大学出版社，2000，第9页。

③ 〔美〕史蒂夫·马诺：《青年创业指南：建立和经营自己的企业》，户才和译，经济日报出版社，2003，第67～69页。

务工的农民，以及富裕的农民和贫困的农民之分。"①

农民工处于社会结构中的特殊位置，是城市社会中具有独特社会身份、社会地位的人群。"农民工是指具有农村户口身份却在城镇务工的劳动者，是中国传统户籍制度下的一种身份标识，是中国工业化进程加快和传统户籍制度严重冲突所产生的客观结果。"② 这一概念的阐述是从职业、户籍属性两个方面入手的。有学者认为："80 年代的农民工现在基本上处于三种职业状态：农民工、农业劳动者和个体工商户。最有可能向上流动的机会就是流向个体工商户。"③ 从近十年的发展来看，农民工处于向第二产业和其他产业转化的过渡阶段，农民工的内部分化途径有很多种，从中也分化出具有不同经济地位的社会阶层。农民工已经类别化、分层化，成为一个复杂的社会阶层，一个具有创业意识的群体在农民工阶层中悄然兴起，这成为当下中国社会流动研究中的热点话题。

农民工创业是指农民工依托组织、家庭或者是亲戚朋友，通过投入一定的生产资本而创办企业，或者是从事其他工商业形式，其中创办企业是农民工创业的一种高级形式。这里所指的创业行为主要是创办企业或公司，同时笔者也调查了部分来自 H 县 W 镇在北京一些市场投资经商的个体户。至于其他的经营活动，本研究原则上不涉及。

农民工创业是捕捉机会、把握机会，获取资源、利用资源的发展过程。依照创业活动本身的内在逻辑，并结合创业理论，可从四个方面来把握农民工创业行为。(1) 获得机会的过程。有的农民工出去打工前就有创业的想法，有的是在打工一段时间后，才意识到求发展是更好的出路，然后确定了创业的方向。有的是利用家乡的资源、优惠政策以及他们在外面建立的网络回乡创业，有的是利用现有的资本、掌握的技术留城创业。(2) 积累的过程。农民工获得创业机会不是以"备用"的形式出现的，他们首先接近、了解、融入市场，而后再发展到利用市场。实际上，他们走向创业的过程也是不断扩大社会资本、提高人力资本的过程。(3) 资源整

① 孙立平：《失衡——断裂社会的运作逻辑》，社会科学文献出版社，2004，第 94 页。
② 郑功成：《农民工的权益与社会保障》，《中国党政干部论坛》2002 年第 8 期，第 22 页。另外，一些学者对"农民工""流动人口"的使用提出异议，如陈映芳提出"城市新移民"概念，认为城市新移民包含城市中多种多样的居民，农民工也包括在内。对这一观点的详细论述可参见陈映芳《关于城市新移民问题的几点思考》，摘自中国学术论坛网，http://www.frchina.net/data/personArticle.php? id = 3683。
③ 陆学艺主编《当代中国社会流动》，社会科学文献出版社，2004，第 328 页。

合的过程。创业并不是单方面的行为，而是多方面起作用的结果，是整合与拓展资源的过程。创业的发展过程受到一系列因素的影响，如创业过程中的政府行为（政策、营造的环境），银行、社会组织等方面也都构成影响创业的因素。（4）重新定位的过程，包含对个人身份的认定和对社会的认同。

农民工创业行为实际上反映的是替代式的社会流动。从农业劳动者到农民工再到个体户或者私营企业主的转变是向上流动，这需要以下条件：自身条件，制度、政策提供的大环境，社会组织和家庭因素等。农民转变成工人、管理者或者走向创业，却很难得到社会的认同，"堕距"这一社会现象在农民工群体身上得到了体现。① 经济发展与社会发展呈现不同步性、不协调性，文化变迁中则普遍存在堕距现象。农民工的职业流动与社会身份的转变不一致、不协调，身份变迁落后于职业变迁，各种歧视性的制度制约着农民工的创业。因此，应着重于创业主体、创业环境和创业过程之间的动态关系分析，建立一种通过自身奋斗和政策推力可以实现向上流动的机制，使那些想通过创业而改变社会地位的农民工的梦想得以实现。

（四）社会壁垒

马克斯·韦伯认为社会壁垒（social closure）是社会的强势集团在实现自身利益最大化时形成的。"社会集体（social collectivities）企图把资源和机会限制在具有一定资格（或身份）的有限范围内，并以此实现自身利益的最大化。……几乎任何一个群体的属性——种族、语言、家庭出身、宗教信仰，只要它被用来垄断特定的、通常是指经济的机会，它都可以作为建构社会壁垒的材料。"② 韦伯的这一阐释是较为深刻的。拥有较高经济

---

① 堕距（lag）这一概念最初是由美国人类学家威廉·奥格本（William Ogbum）提出的。奥格本在研究社会变迁时发现，非物质文化变迁滞后于物质文化变迁，从而产生文化滞后（Cultural Lag）。参见〔美〕威廉·费尔丁·奥格本《社会变迁——关于文化和先天的本质》，王晓毅、陈育国译，浙江人民出版社，1989，第133～144页。"文化滞后"亦译为"文化落后""文化堕距"，有学者以此说明农民工的职业身份与社会身份的不一致。参见陆学艺主编《当代中国社会流动》，社会科学文献出版社，2004，第334～335页。另外，帕森斯也就制度理性化与文化堕距进行了论述。参见 Talcott Parsons, *The Social System*, Routledge & Kegan Paul Ltd., 1951, pp. 505–535.

② Frank Parkin, *Marxism and Class Theory: A Bourgeois Critique*. London: Tavistock Publication, 1979, p. 45.

地位、社会地位和较大政治权力的群体，为了自身利益最大化，垄断重要的资源和机会，并以垄断手段把资源控制在部分拥有特别资格的群体范围内。社会壁垒的构建也是特权群体为实现自身利益最大化而采取的社会行动，通过多种途径、手段，强势群体控制了社会资源，从而建构了他们与其他群体的界限。韦伯的这一观点在新韦伯主义分层理论的代表人物弗兰克·帕金（Frank Parkin）、安东尼·吉登斯（Anthony Giddens）和约翰·戈德索普（John Goldthorpe）的论述中得到了阐发。尽管他们分析的角度不尽相同，但出发点是一致的。"社会壁垒"、"排他"（exclusion）、"内固"（solidarism）是帕金在论述中使用的重要概念。帕金用"排他"和"内固"来解释社会壁垒形成的原因，他的主要观点反映在《马克思主义与阶级理论》《阶级不平等和政治秩序》以及一些专题论文中。如弗兰克·帕金指出：

> 社会壁垒是通过"排他"与"内固"形成的。"排他"是所有社会分层系统中社会封闭的主导模式，是指某一社会群体为了维持和增强它自身的特权而企图制造一个在它之下的阶层或群体。"内固"则是被排挤的阶层由于不能采取排他策略来最大化自身的奖酬而做出的集体的响应。"排他"起到了巩固现有分层秩序的作用，而"内固"则是对现存分层体系的一种潜在的挑战。[1]

弗兰克·帕金认为"排他"与"内固"是社会系统中的上层排斥下层的两个手段。排他是特权阶层排斥他人的手段，而内固则是被排斥阶层对特权阶层的一种反应。"排他"与"内固"发展了韦伯社会壁垒的观点。由于社会资源的有限性，一定的社会群体总是试图将本来属于统一的整体的某个部分边缘化，以维持他们对社会资源的控制。在他们看来，"任何社会都会建立一套程序或规范体系，使得资源和机会为社会上某些人享有而排斥他人。在社会分层方面，主要有两种排他方式：集体排他和个体排他"。[2]"集体排他"与"个体排他"是社会排斥的两个主要表现形式，这

---

[1] Frank Parkin, *The Social Analysis of Class Structure.* London：Tavistock Publication, 1974, pp. 4 - 5.

[2] Frank Parkin, *Marxism and Class Theory：A Bourgeois Critique.* London：Tavistock Publication, 1979, pp. 53 - 58.

样，受到排斥的可能是集体也可能是个人。根据帕金的解释，"集体排他"是以种族、民族、宗教为区分标准，某些群体集体性地受到排斥，而"个体排他"则相反。帕金甚至还看到了在社会群体之间存在"缓冲带"（buffer zone）以及缓冲带在社会结构形成中起了一定的作用。他认为缓冲带有助于避免阶级、阶层之间的分割，并特别分析了在资本主义社会中，工人阶级与中产阶级之间存在一个缓冲地带——低层白领群体。他强调："绝大多数的流动……都是流入或流出这个地带的运动，而不是跨越阶级两端的运动。"①

吉登斯对社会壁垒概念进行继承并使其进一步发展。吉登斯认为社会排斥的手段体现在三个方面：经济排斥（economic exclusion）、政治排斥（political exclusion）和社会排斥（social exclusion）。因为经济排斥、政治排斥，个人被排斥于劳动力市场与政治活动之外，而由于社会排斥，个人被排斥在社会网络之外，公共事务参与度低。由于受到排斥，个体或群体参与经济、政治和社会生活受到限制，而减少了生活机会。同样，在对社会流动的看法上，吉登斯与弗兰克·帕金有许多相似之处，他们都是从阶级结构的角度来看待流动现象。在《发达社会的阶级结构》中，吉登斯认为，因为所属的阶级或阶层不同，人们享有的经济机会或具有的市场能力也不同，他关注的是现代社会的阶级结构和相互关系是如何形成的。

> 一般来说，流动机会的封闭程度越强——既包括代际的也包括个人职业在内，就越有助于有着一致性阶级的形成。因为代际运动的封闭性造成了代际共同生活经历的再复制，而经历的同质性在某种程度上又使个人在劳动力市场中的流动局限在那些产生相似物质效果的职业中。……阶级的结构化在某种程度上使流动的封闭性在任何一种特定形式的市场能力中表现出来。②

吉登斯认为，固化的阶级结构限制着不同职业的流动。阿马蒂亚·森则考察了社会排斥对个体能力的影响，他认为：

---

① Frank Parkin, *Class Inequality and Political Order*. New York：Praeger, 1971, p. 56.

② Anthony Giddens, *The Class Structure of the Advanced Society*, Hutchinson & Co. （Pulishers）Ltd., 1981, p. 107.

　　社会排斥本身不但是能力剥夺的一部分，而且也是造成各种能力的不足（capability failure）的原因之一。……斯密极为关注那些会造成困苦生活的关系剥夺。如某些人（通过立法）被排斥于市场之外或是（由于缺少私人资金与公共支持）被剥夺了受教育的机会。①

　　社会制度的排斥剥夺了人们最为基本的教育权，并由此扩展至可能的每一个领域。戴维·伯恩（David Byrne）对社会排斥做了全面评价。他讲道：

　　　　我们处在一个变得更不平等的不平等社会，社会排斥存在于社会的每一个领域，包括空间、种族、性别、年龄以及一些新出现的领域。②

　　由社会壁垒发展到社会封闭、社会排斥意味着流动被限制。一个流动的社会需要打破社会壁垒，因此社会封闭性的消除有利于社会的正常流动。在我国城乡"二元结构"的制度背景下，农民工虽然可以进入城乡壁垒松动后的劳动力市场，与城市居民生活在同一空间，但他们只能参与有限的竞争，很难融入城市社会，"当大量的农村居民利用渐渐软化的户籍制度的缝隙涌入城市的时候，昔日互相隔绝的两个世界被压缩到了同一个空间之中。而在它自己的内部又复制了一种二元的结构，一个共同的城市生活着两种完全不同的人群。如何在这两个世界之间架设一座桥梁，使那个居住在城市但又被这个城市所排斥的世界能融合和同化进来"。③ 社会流动渠道的多元化构建正是消除社会壁垒、消除城乡二元结构、打破社会封闭的需要。

（五）系统整合与社会整合

　　社会整合和系统整合是社会理论中一对核心概念。帕森斯（Talcott Parsons）把社会看成是一个互动的系统，他的结构功能主义理论突出了社

---

① 〔印〕阿马蒂亚·森：《论社会排斥》，王燕燕摘译，《经济社会体制改革》2005 年第 3 期，第 1～3 页。

② David Byrne, *Social Exclusive*, Open University Press, 2005.

③ 孙立平：《失衡——断裂社会的运作逻辑》，社会科学文献出版社，2004，第 102 页。

会整合在社会系统中的作用。帕森斯将社会结构具体分为经济系统、政治系统、社会系统、文化系统四个子系统，其中经济系统执行适应环境功能，政治系统执行目标达成功能，社会系统执行整合功能，文化系统执行模式维持功能。社会各个子系统的结构适应性高，整个社会系统就会保持稳定。后来，社会学研究者把它作为分析的工具，把适应和目标达成归并为"系统整合"，而认为模式维持和整合承担了"社会整合"功能。系统整合与社会整合的思想具体体现在洛克伍德、哈贝马斯、吉登斯的思想中。而对社会整合和系统整合的区分则是洛克伍德引入社会学文献的。①洛克伍德认为社会整合与系统整合关注的内容是不一样的："社会整合专注的是行动者之间的有序的或者是不协调的关系，而系统整合则着眼于社会系统各个组成部分之间的有序的或者是不协调的关系。"②

在洛克伍德看来，从不同的整合方式出发也会产生不同结果。"社会整合是从行动者和他们之间的关系角度来看社会整体，导致了从社会合作/社会冲突的角度研究社会秩序问题。而在系统整合层面，重心从能动作用转向系统视角。占据中心舞台的不再是行动者，而是系统各部分。"③系统整合的载体是部门，社会整合的载体是行动者，系统整合实际上是对制度的分析，社会整合则是对行动者之间的合作关系的分析。在现代社会里，不但应从行动者之间的关系来讨论社会整合，而且要借助于社会整合机制。

此外，尤尔根·哈贝马斯也对社会整合与系统整合概念进行了区分。他提出了"系统－生活世界"的双层架构，把适应、目标达成称为系统，而把整合与模式维持称为生活世界，塑造了系统和生活世界的二元社会观，这样就把社会整合机制（整合和模式维持）和生活世界联系起来。针对社会整合与系统整合的功能与目标，哈贝马斯进行了说明：

　　社会整合与系统整合这两个词的表述来自不同的理论系统。社会

---

① David Lockwood, "Social Integration and System Integration", *Explorations in Social Change*, edited by George Zollschan and W. Hirsh: London: Routeledge, 1964.

② Nicos Mouzelis, "Social and System Integration: Habermas' View", *The British Journal of Sociology*, Vol. 43, No. 2（Jun.）, 1992, p. 267.

③ 〔英〕N. 莫塞利斯：《社会整合和系统整合：洛克伍德、哈贝马斯、吉登斯》，赵晓力译，载北京大学社会学系编《社会理论论坛》1997 年第 3 期，第 12 页。

整合涉及的是有生命的主体在其中发生的关系的制度系统。社会系统在这里被看作由符号构成的生活世界。而我们谈论的系统整合则是为了论述自我调节系统的驾驭功能。社会系统是从下述观点加以考察的：它通过错综复杂、不断变化的环境，来维持界限和继续生存。①

在哈贝马斯看来，社会整合机制的建立应立足于理解的活动的结构。"哈贝马斯超越了社会整合与参与者的内部视角相联系、系统整合与观察者的外部视角相联系的观点，而且他把社会整合和规范性获得与交往性获取联系起来，而把系统整合与越出行动者意识的不规范的个人的决策联系起来。"② 哈贝马斯保留了洛克伍德能动作用/系统这一视角。"社会整合指的是对社会世界的一种内在的能动作用导向的观点，而系统整合则指一种外在的视角。"③ 他在《交往行动理论》中，以这种方式阐述了同样的观点：

> 社会整合确定活动方向，系统整合则沿着这些活动方向正确地前进。在社会整合的情况下，活动体系是通过共识获得统一的，而这种共识或者是由规范保证的，或者是由交往达到的；在系统整合的情况下，活动体系是通过对个人决策的控制获得统一的，而不是通过主体间的协调一致。④

社会整合的重要方面是主体间性的沟通，但需要制度的保证。哈贝马斯注意到社会整合与系统整合的统一性问题。但我们同时要看到，哈贝马斯把社会的、内在的视角以及对应的规范性、沟通性局限在特定的领域，而否认它在另一些制度领域的适用性，这是不合逻辑的。

吉登斯则把"整合"的内涵理解为行动者或集合体之间（自主与依

---

① 汪行福：《走出时代的困境——哈贝马斯对现代性的反思》，上海社会科学院出版社，2000，第 235～236 页。

② Nicos Mouzelis, "Social and System Integration: Habermas' View," *The British Journal of Sociology*, Vol. 43, No. 2 (Jun.), 1992, pp. 268 – 269.

③ 〔英〕N. 莫塞利斯：《社会整合和系统整合：洛克伍德、哈贝马斯、吉登斯》，赵晓力译，载北京大学社会学系编《社会理论论坛》1997 年第 3 期，第 14 页。

④ Jürgen Habermas, *The Theory of Communication Action Action*, Vol. 2, London: Press, 1987, pp. 304 – 305.

赖）实践的交互关系。吉登斯认为："社会再生产就意味着面对面互动层次上的系统性，而所谓系统再生产，指的是与那些在时间或空间上不在场的人之间的关联。系统再生产的机制无疑是以社会再生产的机制为前提的，但在某些关键性的方面，前者与那些共同在场关系里包含的机制也会有所差异。"① 这段话说明现代社会整合和社会系统连接的方式是非连贯性的。对吉登斯来说，"社会整合要求的是这样一种机制，这种机制把行动者行为的交互性带进共同在场的环境；系统整合则指行动者或集体跨越伸展开去的时空、超出共同在场的交互性"。② 于是，吉登斯的社会再生产就是指共同在场情景下的行动者之间的交互关系，而系统再生产则是指跨越一定时空范围的行动者或集合体之间的交互关系。

但吉登斯并没有说明社会整合与系统整合的基础，究竟是社会关系中共同在场与不在场的区别，还是联结行动者与集合体之间纽带的区别，其实这两种区别总是紧密交错的。"即使是最复杂的社会组织形式，从根本上说也是由日常生活的例行常规构成的。个体在日常活动过程中，在具体定位的互动情景下，与那些身体和自己共同在场的他人进行着日常接触。共同在场的社会特性以身体的空间性为基础，同时面对他人及经验中的自我。"③

在系统整合与社会整合的认识问题上，洛克伍德、哈贝马斯、吉登斯存在一定分歧，但"社会的"和"系统的"二元论分析这种解释图式在社会变迁的经验研究中是很有用的。通过系统整合与社会整合的作用，在一个社会体系中，个人或群体之间相互协调，有特定功能的社会系统由此形成。在这里，我们并不停留在概念层面的讨论，而是着重探讨这一对概念对我们理解系统支持与社会支持的意义。社会的分化对社会整合机制造成了冲击，"整合问题总是随着新的分化层次的出现而出现，对这些问题的认识是分化概念的主要理论涵义之所在"。④ 在中国社会，系统整合与社会

① 〔英〕安东尼·吉登斯：《社会的构成：结构化理论大纲》，李康、李猛译，三联书店，1998，第 92 页。
② 〔英〕N. 莫塞利斯：《社会整合和系统整合：洛克伍德、哈贝马斯、吉登斯》，赵晓力译，载北京大学社会学系编《社会理论论坛》1997 年第 3 期，第 15 页。
③ 〔英〕安东尼·吉登斯：《社会的构成：结构化理论大纲》，李康、李猛译，三联书店，1998，第 138 页。
④ 〔以〕S. 艾森斯塔德：《结构分化的方式、精英结构与文化观》，载谢立中、孙立平主编《二十一世纪西方现代化理论文选》，上海三联书店，2002，第 328 页。

整合是相互作用的，不能排斥系统整合，或者单讲社会整合，这两者不是"非此即彼"的关系，而是有联系的。

分析至此，出现了一个问题：恰恰在全球化背景下，国家对经济问题的干预，不是在减弱，而是在增强。我们对系统整合与社会整合这一对概念的讨论，要放在不同的语境之中，否则就无法解释。如果从民族国家的层面上来看系统的作用，则可以看出相反的情况。事实上，在全球化时代，民族国家对经济的干预反而凸显出来。如果国家不加强对经济的指导，保证民族资本的竞争力，民族资本在竞争中就会处于不利地位。从这一意义上来看，系统的作用并没有减弱，民族国家对经济的干预也没有减弱。在参与国际资本的竞争中，民族国家也必须用行政手段（如通过税收杠杆）来保护民族资本。虽然我们处在全球化的背景下，但我们对民族资本的保护，仍是以民族国家为单位而体现出来的。可见，"全球本土化"（glocalization）既是全球化过程，又是本土化过程，全球化与本土化是两极互动的，全球本土化体现了两者的对立统一。全球本土化意味着民族的传统与世界特殊的地区风格的融合，需要强调本土的特征，用自身的条件整合世界，如果只是一味地减少国家干预，就等于将部分国家利益拱手相让。

就现代化理论来看，主要有两个研究对象：（1）以发达国家的现代化为研究对象；（2）以拉丁美洲、非洲和东亚模式为研究对象。东亚国家的模式与西方资本主义国家在运动方式、运行手段，以及政府功能上存在差异。东亚选择的是"政府主导型"模式，这种模式并不是传统的"政府替代"模式（即完全替代市场作用的经济体制），而是指政府为市场经济发展提供制度框架，既要避免政府无视市场、代替市场主体的行为，又要力求政府的宏观调控更加灵活。在市民社会背景中，既要强调国家、政府的整合作用，又要强调社会组织的作用，两者之间必须保持适度张力，从而为社会成员提供更多社会支持。

（六）社会支持与社会组织

社会支持（social support）概念的正式提出是在20世纪70年代。首先，精神病学（精神健康）领域的学者开始对社会支持进行研究。社会支持理论成为社会病原学所采用的一种理论，它以心理失调的社会原因为研究对象，以此来说明社会环境对人们的心理受挫感和剥夺感所产生的影响，然后，才出现从社会学视角用定量评价的方法，对身心健康与社会支持的关系进行的研究。对社会支持的内涵与外延的分析是多角度的，社会支持也就成为社会学常用的概念。对社会支持的衡量，常常是根据社会供给维度进行的。社会成员的需要与社会关系不同，得到的社会支持也不同。罗伯特·韦斯（Robert S. Weiss）认为社会支持有两种："一种是与物质帮助相关的，包括可靠的联盟、依恋、指导、社会整合，另一种是与价值评价相关，包括获得发展机会以及价值的恢复。"① 这对社会支持的解释更加具体化。佩吉·索茨（Peggy A. Thoits）与罗伯特·韦斯的分析结果一致，他从社会关系角度来探讨社会支持："重要的他人如家庭成员、朋友、同事、亲属和邻居等为某个人所提供的帮助功能。这些功能典型地包括社会情感帮助、实际帮助和信息帮助。"② 佩吉·索茨等还从功能取向对社会支持进行分类，把社会支持划分为工具性支持、评价性支持、信息性支持、情感性支持。佩吉·索茨认为："情感上的支持与从他人那里获得的爱、同情、理解、尊重的数量有关。工具性支持指的是对一些实在需要的帮助，主要是指经济上的支持。"③ 这与豪斯（J. S. House）提出的观点相类似。豪斯把社会支持具体为现实生活中的资源，强调这些资源能帮助人们处理困境压力。正是通过这样的分析思路，他解释了社会支持的来源：

> 把工具性支持界定为对金钱、劳力的帮助，而评介性支持往往与帮助采取决定、给予答复、采取某一行动有关，信息上的支持则指给予有关特定需要的信息或者建议。情感性、评价性和信息性支持有时是难以区分的。④

1987 年，社会学家马特·范德普尔（Mart ven der Poel）使用问卷法对902 名 20～70 岁的个人的社会支持情况调查后指出：除了情感支持（如精神安慰、重大事项咨询）、实际支持外，社会支持还包括对社会交往或社

① R. S. Weiss, "The Provisions of Social Relationships," in Z. Rubin（ed.）, *Doing unto Others*. Englewood Cliffs, NJ: Prentice Hall, 1974, pp. 17 - 26.

② 〔荷〕马特·G. M. 范德普尔：《个人支持网概述》，《国外社会学》1994 年第 4 期。

③ P. A. Thoits, "Life Stress, Social Support, and Psychological Vulnerability: Epidemiological Considerations," *Journal of Community Psychology*, Vol. 10, No. 4, 1982, pp. 341 - 361.

④ 〔美〕伯克曼等：《从社会整合到健康：新千年的涂尔干》，唐礼勇译，《国外社会学》2002 年第 2 期，第 52 页。

会活动参与的支持。他还进一步认为日常生活世界中的每一个人都可能是社会支持的个体。① 每一个社会成员都可以成为社会组织的成员，从组织中获得他所需要的组织化、制度化的社会支持。

再来看看戴维·雅各布森（David E. Jacobson）的看法：

> 社会支持通常有情感性支持、认知性支持与物质性支持。其中认知性支持表现在信息、知识和建议方面，以帮助个人理解如何随着世界的变化而做出调整。不同的时期需要不同的社会支持。情感性支持指的是从他人那里获得关心、安全、尊重、爱护。物质性支持指的是对实在需要的帮助，主要是指物质和服务等方面的帮助，以解决实际问题。认知性支持指的是在知识、信息方面给予支持以不断地适应他所生活的世界。②

社会支持的形式、内容总是变动的，不同的环境需要不同内容的社会支持，各种压力环境是对社会支持类型进行区分的基础。戴维·雅各布森指出了社会支持类型与压力环境的关系（见图1-1）。③

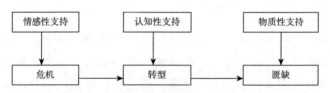

图1-1　社会支持类型与压力环境的关系

从以上的这些概述中可以看出社会支持的实际内容：一方面是有形的支持，主要是指物质方面的支持，包含各种正式的和非正式的制度、组织的支持；另一方面的支持体现在主观的感受上，是个体获得的情感支持。李汉林等在《组织变迁的社会过程——以社会团结为视角》一书中正是以这种方式阐述了同样的观点。

---

① 〔荷〕马特·G. M. 范德普尔：《个人支持网概述》，《国外社会学》1994年第4期。

② David E. Jacobson, "Types and Timing of Social Support," *Health and Social Behavior*, Vol. 27, 1986, pp. 251 – 255.

③ David E. Jacobson, "Types and Timing of Social Support," *Health and Social Behavior*, Vol. 27, 1986, pp. 254.

社会支持所讨论的应该限定在组织内部个人与个人之间的关系层面，因此，它决不表现为组织对其成员单一方向上的强制作用，即便是制度规定意义上的支持作用。虽然社会支持很有可能来自于组织内部的制度安排所形成的支持关系，但我们所考察的社会支持，不单限定在制度所规定的组织角色关系上，而是社会生活所实际发生的人际关系。在这个意义上，社会支持是指在组织内部来自他人在实际业务或日常生活中的帮助……社会支持是组织成员对其他成员建立信任和认同的主要方式，而且，这样的认同一经产生，一般都以相互认同的形式存在，具有互动的效果，也是形成组织团结的有效方式。①

社会支持概念的定义多种多样，"从一般意义上，社会支持指人们从社会中所得到的、来自他人的各种帮助"。② 这些帮助包括物质支持和精神支持。来自政府、正式组织的各种制度性支持属于正式的社会支持，而来自家庭、亲友、邻里、同事和非正式组织的非制度性支持属于非正式的社会支持。而社会学视角中的社会支持尤其强调社会组织方面的支持。转型社会中的体制转轨冲击着原有的社会支持体系，对于社会组织也提出了新要求，各种社会组织需要实现功能上的整合。在开放的社会，社会支持体系的建立必须动态地适应社会结构的变迁。主体的活动需要社会组织的支持做依托，需要从社会组织中获取资源，这就要求社会组织功能的创新。社会组织作为次级社会群体的主要形式，与初级群体有明显的不同，明确的、具体的目标的存在，是社会组织最重要的特征，也是组织存在的依据。

动态地透视社会组织，它表现为在辅以一定的物质、能量和信息的前提下，社会行动者组合其行动的过程；静态地透视社会组织，它则表现为动态组织过程中社会行动者的组合关系相对凝固而形成的实体，形式上它是一定的物质设施、沟通渠道、活动规范、固定成员等

---

① 李汉林、渠敬东、夏传玲、陈华珊：《组织变迁的社会过程——以社会团结为视角》，东方出版中心，2006，第36页。

② 张文宏、阮丹青：《城乡居民的社会支持网》，《社会学研究》1999年第3期，第12~24页。

的聚合体，实质上却是秩序和文化的载体。①

社会组织是具有一定社会职能，为了完成一定组织目标，而结成的比较稳定的社会关系网络。社会组织是随着社会的进步而发展的，并不是一成不变的。现代社会强调社会成员对社会组织的支持和参与，强调社会组织的整合作用。迪尔凯姆提出了不同于机械团结的社会整合方式，认为在机械团结的传统社会里，人们更依赖于机械联系（即集体意识、共同信仰和感情），而在工业社会中，新的社会整合机制是有机联系（即社会团结），这种有机联系是建立在社会分工的基础之上的。对有机团结的社会整合方式以及人们之间的互赖关系，迪尔凯姆进行了再探微。

> 劳动分工降低了人们在活动和信仰上的一致性，从而限制了社会整合的这个根源，但同时产生了互相依赖的关系，从而为社会整合提供了新的源泉。②

在传统社会中，社会组合的主导形式表现为社会群体。而在现代生活中，社会组织增强了社会的整合程度，初级群体结构较松散、目标较宽泛，而社会组织的结构更严谨、目标更明确。社会组织的整合功能确保了社会子系统各个部分或各个单位整体组织和整体运行的协调一致。社会组织构造的不合理制约着新旧体制的转变以及新的社会结构的形成。

当今我国社会组织类型的定位具有模糊性，在资源整合能力上明显不足，在有效性方面明显缺失。我们要在中国特有的"语境"中，根据社会组织的性质、职能理解社会组织，尽管工会、共青团、妇联属于社团组织，却又明确地被纳入公务员管理系统。社会的功能并不都能依靠正式的组织形式来维持，非正式组织，如群体、社区，以及各种中间组织同样也起作用。

社会组织是中国社会结构变迁研究的重要内容，是社会管理的基石。随着政府原有的社会管理功能逐步"还原"或"让渡"于社会，"社会"领域范围不断扩大，一些非政府组织协调履行了相应的社会管理功能，促

---

① 陆学艺主编，苏国勋、李培林副主编《社会学》，知识出版社，1991，第108页。
② Durkheim Emile, *The Division of Labor in Society*. Translated by George Simpson. New York：Free Press, 1933, p.131.

进了社会群体的利益实现。有效发挥社会组织的作用，促进市场经济中政府与市场关系的均衡，是合理的社会体制框架所不可缺少的。

四 理论取向

社会学研究需要一定的理论视角或者理论分析模型。就本研究相关的国内外研究现状而言，以索罗金、李普塞特、本迪克斯为主要代表的西方主流社会流动理论提供了有针对性的理论参考。社会流动理论认为，一个开放的、正常的社会，必须要有合理的社会流动渠道，社会成员能够通过后天的努力改变阶层次序，从较低的经济、社会地位向更高的经济、社会地位转变，实现向上流动。我们认为，农民工发生的"初次"或"再次"职业转变，以及发生创业的行为，是外部的社会结构与内部主体性因素互动的结果，同时也是农民工实现阶层流动的过程。随着不断发生的代际更替、代内多次分化，农民工群体逐渐体现出分层的状态。农民通过打工变成"产业工人"，然后再转变为管理人员或个体工商户，进而通过创业成为私营企业老板，这体现的是农民工的职业流动过程，更蕴涵着社会阶层结构变化过程。这需要我们更深层次地理解"社会流动"、"社会结构"、"社会壁垒"和"创业行为"这些概念，这样才能给农民工创业行为一个合理的解释。

我们已指出系统整合与社会整合是社会理论的核心概念，并以这一概念来解读农民工创业再结构化行为。社会学视角更偏重于社会整合，而社会整合的形成需要通过社会支持、社会组织来实现。事实上，农民工创业行为是各个部门共同作用的结果。虽然我们探讨的是创业这一现象，但其理论背景涉及国家、市场与市民社会的关系。创业要真正成为向上流动的渠道，需要社会的支持、社会力量的整合。在转型社会，系统整合的"弱化"是趋势，需要从系统整合转向社会整合。本书还有两点需要澄清：首先社会不是分散的，而是有组织的，其次从"系统"到"准系统"再到"社会"是社会发展的必然趋势。

第二节 国内外相关研究综述

从动态的角度描述社会结构中各阶层的流动方向、速度，分析社会结构分化的过程是社会流动研究的要点。在社会阶层流动的研究中，农民工流动是重要的课题，以往学者从各自的角度，采用综合调查、个案研究和专题研究等方式对农民工群体展开了多方位的研究，对他们研究的理论和经验的学习、借鉴形成了本书研究的基础。

一　国外方面

国外一些研究中国人口流动的学者以中国劳动力流动中存在户籍限制的特殊制度环境为研究视角，看农民工流动问题，并在转型期农民与政府、市场之间的关系方面做出了有价值的探讨。与这些学者对话，有助于我们提升对农民工流动的理解以及对这一群体流动趋势的预测。

（一）关于农村劳动力流动问题的理论模型

刘易斯在1954年《劳动力无限供给下的经济发展》一文中提出了经济发展的二元结构模型。刘易斯把发展中国家经济划分为资本主义部门（城市工业部门）和自给农业部门，认为资本越多，就会有越多的劳动者从自给农业部门转移到城市工业部门，当剩余劳动完全被吸收到城市工业部门中去时，二元结构就变成了一元结构。刘易斯把农业劳动力转移看作一个持续并且单向的过程。刘易斯转折点并不是也不应该是一个黑白分明的、把前后发展阶段截然切断的分界线，而是一个连接两个发展阶段的转折区间，或者是经济发展过程中一个长期历史趋势的起点。[①] 托达罗（Michael P. Todaro）于1969年提出了著名的"托达罗模型"。他提出，吸引农村迁移者的是城乡预期工资之差，而不是实际的收入差距，即把城乡实际工资差由城市失业率进行修正。[②] 正是预期的收入差距使流动得以发生，托达罗以此认为农业劳动力转移可以是双向流动过程，通过保持城乡劳动力迁移的两极在推力和拉力上的平衡，可以发挥农村化解社会风险的功能。撇开制度因素，这种分析视角对发展中的中国劳动力流动具有借鉴作用。

在20世纪50年代末60年代初，弗里德曼、尤曼、帕洛夫等一些区域

---

① Minami, Ryoshin, "The Turning Point in the Japanese Economy", *The Quarterly Journal of Economics*, Vol. 82, No. 3, 1968, pp. 380 – 402.

② Todaro, M. P., "A Model of Labor Migration and Urban Unemployment in Less Developed Countries", *American Economic Review*, Vol. 59, No. 1, 1969, pp. 138 – 148; Harris, J. and M. Todaro, "Migration, Unemployment and Development: A Two-Sector Analysis", *American Economic Review*, Vol. 60, No. 1, 1970, pp. 126 –142.

经济学家提出了"核心与边缘区模型"。这些理论与观点为农村劳动力流动研究提供了分析框架。1964 年,美国经济学家费景汉和拉尼斯的《劳动剩余经济之发展》一书出版,对刘易斯的农村剩余劳动力转移模型进行了补充和发展。同年,舒尔茨在《改造传统农业》一书中,提出了"三态论",被认为是发展中国家农村剩余劳动力转移理论研究的突破。分析、研读国外有关人口流动方面的文献,尤其是了解发展中国家城市化、工业化的经历和过程,并与我国本土情况进行比较,对认识和处理农民工流动问题会有一定的启发。

(二)关于农村劳动力流动的社会学解析

维克多·尼(Victor Nee)提出市场转型理论的三个命题——市场权力命题、市场动力命题和市场机遇命题,并认为社会主义市场经济的改革,使市场成为新的资源整合方式,改变了由权力、特权控制资源的状况,使生产者成为再分配的主体,这有利于激发个人的努力,为社会流动开辟了新的渠道和机遇。[①] 市场转型理论对理解和解释农民工的流动与创业行为具有启发意义。大量农业人口向城市流动并非纯经济现象,因此,仅用经济学的角度来解释是不够的。农民工做出流动的决定,既有结构性因素的作用,也有非结构性因素的作用。黄宗智是从农民工流动的结构性因素来分析的:农民进入城市,直接动因是城乡之间结构性的差别,是农村的"过密化""内卷化"。[②] 在他看来,农民工的外出或转移并不是简单的个人追求利益最大化的选择,也不是单纯的制度安排的阻碍或推动,而是体现了主体与结构的二重化过程。我国地区之间存在明显的经济、社会发展不平衡现象,引起欠发达地区的农村人口向发达地区和城市流动。

研究中国人口流动最有影响的学者是多萝西·索林杰(Dorothy J. Solinger),他认为,中国流动人口虽已越出了国家原有体制的范围,但

① Nee, Victor. "A Theory of Market Transition: From Redistribution to Markets in State Socialism," *American Sociology Review*, Vol. 54, No. 5, 1989, pp. 663-681.

② 吉尔茨(Clifford Geertz)提出"农业过密化"。"过密化"概念被黄宗智译作"内卷"和"内卷化",另外,黄宗智使用的"过密化"概念在某些方面不同于吉尔茨。吉尔茨讲了过密化带来的边际报酬递减,但没有黄宗智分析的中心概念——"过密型增长"和"过密型商品化"。吉尔茨仅把"农业过密化"定义运用于水稻生产,黄宗智则不然。参见〔美〕黄宗智《华北的小农经济与社会变迁》,中华书局,2000,第 65 页;〔美〕黄宗智《长江三角洲小农家庭与乡村发展》,中华书局,2000,第 18 页。

仍然依附于国家，因为国家虽然不能将流动人口拒于城门之外，却可以不授予他们一系列的正式权利，流动人口因此处于边缘地位。缺乏"正式权利"，就会在制度和文化层面强化贫困，导致缺乏机会与缺乏能力并存的现象。并且他还把中国的劳动力流动与从墨西哥到美国的非法移民的身份、待遇相比，认为农村劳动力的流动是一个"争取公民身份"的过程。[①]流动人口没有城市户口，不能融入城市生活，这影响了他们在城市中的地位。美国学者怀默霆（Martin King Whyte）在其论文《中国发展过程中的城市与农村》中做了解析："农村居民依旧不能轻易得到城市户口，即使他们留在城市地区工作多年，他们还是保持自己分离的、低贱的社会地位。他们大多数从事的是城市居民不愿干的即苦又脏的工作。虽然如此，许许多多的农民还是感到做社会地位低下的城市工作比留在农村好……并且这种迁移遍布了整个农村地区……大多数流动者的城市身份的边际性意味着他们不能建立城乡之间的人际纽带，除非他们取得比较长期的城市地位。"[②] 尽管处于边缘状态，遭遇了尴尬的身份，但由于城乡的收入差距，他们还是选择流入城市。

有的学者是从流动的社会关系网络来阐述上述问题，如格兰诺维特（M. S. Granovetter）提出"强关系"和"弱关系"理论。格兰诺维特这样认为：在以基本生存为主导的生活结构中，必须有信任提供的强关系，个体才能牢固地嵌入社会关系之中，而在严酷的生存境遇中获得一席之地，甚至可以说，只有强关系才能构成生存的基本前提，而弱关系的信息传播作用，只对边际意义上的创新具有意义。[③] 如彼得·诺兰（Peter Nolan）认为当迁移变得越来越普遍时，许多迁移者会发展自己的网络，以便使自己的迁移变得更为容易。[④] 肯尼思·罗伯茨（Kenneth Robert）甚至认为中国的社会关系网络在人口迁移中的重要性，可以与许多国家的非法外籍劳

---

① Dorothy J. Solinger, "Citizenship Issue in China's Internal Migration: Comparisons with Germany and Japan", *Political Yience Quarterly*, Vol. 114, No. 3, 1999, pp. 455 – 478.

② 〔美〕怀默霆：《中国发展过程中的城市与农村》，《国外社会学》2000 年第 5 期，第 9 ~ 10 页。

③ 〔美〕格兰诺维特：《经济行为与社会结构：嵌入性问题》，载北京大学社会学系编《社会理论论坛》1997 年第 2 期，第 14 ~ 32 页。

④ Peter Nolan, "Economic Reform, Poverty and Migration in China", *Economic and Political Weekly*, Vol. 26, 1993, pp. 1369 – 1377.

工的类似情况相比。[1]

（三）关于创业行为的考察

国外学者关于创业行为的研究，主要是从资源资本、人力资本和社会资本三个维度展开的。创业者竞争优势首先取决于其可利用的资源。莫里斯（Morris M.）认为，创业者所具有的资源是贯穿整个创业过程的核心要素，对新创企业的组织架构和资源属性起到决定性作用。[2] 对资源条件较少的个体，创业显得更加艰难，但这又是获得自身社会地位提升的一条路径，人力资本、社会资本不足的群体更倾向于选择自主创业来改变原有地位。贝茨（Bates T.）提出"地位获得论"，认为个体可以通过创业提高自身的社会地位，进入市场创业是一种向上流动的路径。[3] 如果创业者仅仅依靠内部资源不仅效率低下，而且往往缺乏竞争力。Storey 和 Thurik 认为拥有资金较少的创业者会更多地受到创业成本的限制，从而影响创业者的行业选择。[4] 所以对占有资源较少的群体提供帮助是必要的。

创业者竞争优势与其人力资本、知识积累也直接相关。库珀和邓克尔伯格（Cooper and Dunkelberg）从人力资本的角度来考察创业行为，认为创业者的职业经历和其所在组织（企业）的状况会对其今后的创业行为产生重要影响。[5] 普拉格和克拉默（Praag and Cramer）比较看重创业行为生成的人口学特征，认为个体的性别、受教育状况可能会对其是否成为一名创业者产生影响，女性成为创业者的可能性比男性低，受教育程度越高的个体成为创业者的可能性也越高。[6]

---

[1] Kenneth D. Roberts, "Chinese Labor Migration: Insights from Mexican Undocumented Migration to the United States", in West, Loraine & Zhao, Yaohui (eds.) *Rural Labor Flows in China*, Institute of East Asian Studies, University of California, Berkeley, 2000.

[2] Morris M. *Entrepreneurial Intensity: Sustainable Advantages for Individual, Organizations, and Societies.* Praeger, 1998.

[3] Bates, T. Race, *Self-employment, and, Upward Mobility: An Illusive American Dream.* Woodrow Wilson Center Press. 1997.

[4] David J. Storey and A. Roy Thurik. *The Effect of Business Regulations on Nascent and Young Business Entrepreneurship.* Holland: University of Erasmus Press, 2006.

[5] Cooper, A. C. and W. C. Dunkelberg. "Entrepreneurship and Paths to Business Ownership," *Strategic Management Journal*, Vol. 7, No. 1, 1986, pp. 53 – 68.

[6] C. M. van Praag, J. S. Cramer. "The Roots of Entrepreurship and Labour Demand: Individual Ability and Low Risk Aversion." *Economica*, Vol. 68, No. 269, 2001, pp. 45 – 62.

从已有研究成果来看，社会资本状况中的创业网络嵌入对创业成长的作用受到高度关注。里特（Ritter）和 Gemunden 认为，网络化能力本质上是企业有效操纵、使用、利用跨组织关系的能力。① 奥尔德里奇和吉玛（Aldrich and Zimmer）研究了创业者社会关系网络在企业创建和成长阶段的作用，认为创业者的社会网络联系着创业者、创业机会和创业资源。② 社会关系嵌入有助于创业者识别创业机会、挖掘资源。从资源资本、人力资本和社会资本三个维度对创业行为进行考察，具有一定的启发意义。

国外学者也关注政策对创业者创业行为的作用。瑞典学者安德斯·伦德斯特伦和路易斯·史蒂文森（Anders Lundstre and Lois Stevenson）较早提出创业政策理论框架，其核心观点是：政策框架应围绕创业机会、创业技能和创业意愿三个核心要素建立。③ 保罗·雷诺兹与尼尔斯·博冠（Paul Reynolds and Niels Bosma）认为创业政策主要涉及两个关键环节：其一，激励更多的人参与创业；其二，为这些创业者提供积极的支持。④ 创业政策体系也需要从促进创业者资源资本、人力资本和社会资本的提升来构建和完善。

（四）关于中国农民工创业问题的研究

从现有文献上看，国外学者关于农民工创业问题的研究主要集中于对发展中国家城市化进程中农民迁移、教育与创业关系的考量。如 Zhongdong Ma 认为发展中国家的劳动力流动是重要的城—乡联系，这种联系对农村发展有着潜在的影响，并从人力资本产生变化的角度，提出发展中国家劳动力的城—乡回流可以促进农村发展，即迁移过程中社会资本的增加

① Ritter, T. & Gemunden, H. G. "Network Competence: Its Impact on Innovation Success and Its Antecedents." *Journal of Business Research*, Vol. 56, 2003, pp. 745 – 755.
② Aldrich, H. and Zimmer, C. *Entrepreneurship through Social Networks*, *The Art and Science of Entrepreneurship*, Cambridge, MA: Ballinger Publishing Company, 1986.
③ Anders Lundstre S. and Lois Stevenson A. *Theory of Entrepreneurship Policy*, Cambridge, MA: MIT Press, 2001.
④ Paul Reynolds and Niels Bosma. "Global Entrepreneurship Monitor: Data Collection Design and Implementation 1998 – 2003," *Small Business Economics*, Vol. 24, No. 3, 2005, pp. 205 – 231.

促进了当地社会资本的流动性，从而提高了创业的可能性。① 马塞尔和基松宾（Marcel Fafchamps and Agnes R. Quisumbing）考察研究了巴基斯坦农村地区之后得出结论：受教育越多的家庭成员越易成为市场竞争中的一员。②

爱尔兰学者瑞雪·墨菲（Rachel Murphy）比较关注城乡劳动力迁移对中国农村的影响，其通过实地调查对返乡农民工企业家与经济多样化、城镇化等做了深入的探索，成为我们看待中国农民工问题的重要借鉴。③ 墨菲通过对江西南部信丰县与于都县的调查认识到：农民工的返乡创业有助于缓解经济落后地区存在的技能型劳动力短缺现象，也为那些没有外出经历的农民工提供了增加收入的机会；而返乡农民工运用他们在城市获得的经验、资源与地方政策接洽，促进了地方政策环境与基础设施的变化，使地方社会营造了更有利于创业的环境。④ 美国密歇根大学社会学系李静君指出："经过个人工资的长期积累，农民工最终拥有自己工厂的现象日益多见，地方官员热切盼望这些回村农民工创造新的工作机会，或购买低效的国有、集体企业，并且同伴的成功造成了这样一种集体意识，即农民工的未来是一个可以实现的工程。"⑤ 瑞雪·墨菲认为农民工返乡创业路径与诸多目标是相联系的，"通过农民的外出打工和回流，农村家庭和农民得

① Zhongdong Ma. "Social Capital Mobilization and Income Returns to Entrepreneurship: The Case of Return Migration in Rural China," *Environment and Planning A*, Vol. 34, 2002, pp. 1763.

② Marcel Fafchamps and Agnes R. Quisumbing. "Social Roles, Human Capital, and the Intrahousehold Division of Labor: Evidence from Pakinstan." *Oxford Economic Papers*, Vol. 55, 2003, pp. 36 – 80.

③ 〔爱尔兰〕瑞雪·墨菲：《农民工改变中国》，黄涛、王静译，浙江人民出版社，2009；〔爱尔兰〕瑞雪·墨菲：《移民对农村中家庭间的不平等的影响：对江西万载的案例研究》，《中国季刊》第165号（2000年12月），第965~982页；〔爱尔兰〕瑞雪·墨菲：《返乡农民工企业家与地方政府法团主义：江西南部两个县的经验》，《当代中国杂志》2000年第9期，第231~248页；〔爱尔兰〕瑞雪·墨菲：《中国江西南部的返乡农民工企业家与经济多样化》，《世界发展杂志》1999年第11期，第661~672页；〔爱尔兰〕瑞雪·墨菲：《江西农村的返乡农民工、企业家与国家资助的城镇化发展》，载于 John R. Logan 主编《中国新城市：全球化与市场改革》，牛津布莱克维尔出版公司，2001，第229~224页。

④ R. Murphy. "Return migrant entrepreneurs and economic diversification in two counties in south Jiangxi, China," *Journal of International Development*, J. Int. Dev. 11, 1999, pp. 661 – 672; R. Murphy. "Return Migration, Entrepreneurship and Local State Corporatism in Rural China: The Experience of Two Counties in South Jiangxi," *Journal of contemporary China*, Vol. 24, No. 9, 2000, pp. 231 – 247.

⑤ 李友梅、孙立平、沈原主编《当代中国社会分层：理论与实证》，社会科学文献出版社，2006，第69页。

以在一个将农村和城市都包含其中的社会经济环境中活动；农民工返乡创业的目标包括挣钱、与爱人团聚、逃离城市劳动力市场的压榨以及加强在当地的政治经济地位"。[1] S. Démurger 和 H. Xu 基于 2008 年安徽无为县的调查发现：返乡农民工比起那些没有外出经历的农民工来说更可能会选择创业，他们通过打工带回的积蓄与流动期间的工作经验，增加了其创业的可能性。[2] 其实，基于家庭、资源、政策的综合考量是农民工选择回乡创业的主因。

农民工的流动改变了中国农村的状况，农民工的返乡促进了农村创业者数量的增加。各个国家和地区在不同时期实际表现各异，似乎难以看到中国劳动力流动类似的变化轨迹。以上国外学者的研究为界定和评价农村人口的大量流动与创业搭建了一个理论平台。当然，这些国外研究者对中国背景下的农民工群体流动的认识同样存在一定的局限性。

二 国内方面

以往农民工流动的研究大都从两个方面入手：一是对农民工流动的动力、流动实现的机制、流动的方式的研究；二是对农民工创业问题的研究。按照目前存在的各种分析角度，本研究主要从农民工流动的机制、动力、方式以及农民工创业等方面来介绍具有代表性的研究。对农民工流动的判断、解释以及理论建构也从此展开。

(一) 农民工流动相关研究

1. 农民工流动的动力

动力是促使人们采取行动的力量，各种外部以及内部的力量促使人们将动机转化为具体的行动。对于农民的研究，早就有"理性小农"之说，农民自觉地把握经济活动过程中的自然法则以实现自身利益最大化的非农转移，无疑是为了获得新的发展机会和"发展性资源"。这种有意识的行动体现出这一群体对物质利益以及精神利益的追求。正如苏国勋阐述的："在韦伯那里，利益却被区分为物质利益和精神利益两种，并认为两种利

---

[1] 〔爱尔兰〕瑞雪·墨菲：《农民工改变中国》，黄涛、王静译，浙江人民出版社，2009，第2、211页。

[2] S. Démurger, H. Xu. "Return migrants: The Rise of New Entrepreneurs in Rural China," *World Development*, Vol. 39, No. 10, 2011, pp. 1847 – 1861.

益都能成为诱发社会行动的动机；而精神利益又被解释为身份、声望、爱国心一类的民族感情。……这样一种看待利益的观点，无疑在原有的经济学意义上增添了社会学意涵，其立论的基础已然超越了'经济人'的预设，还包含了'社会人'（Homo Sociologicus）的内容。"① 确如韦伯所言，物质利益和精神利益的追求都可作为行动的驱动力，物质利益是最原始、原初的动力，到后期，逐步提升到精神利益的层面，这也体现在农民工流动的动因中。

有许多学者从流动的主客观因素展开研究。黄平提出生存理性，认为农民工流动是为寻求生存而并不是追求利润最大化的市场行为。他认为农民工是否外出，是家庭整体决策而非个人行为的结果。② 由于较发达地区第二、第三产业的发展对劳动力需求的增加，劳动力从农业向非农产业部门、从收入较低的部门向收益较高的部门流动是必然现象，这也说明农民工流动的动因。文军则从理性选择理论出发，把人的理性行为分为三个层次，即生存理性、经济理性和社会理性，并认为农民工外出就业初期，更多的是生存理性选择，随着外出就业次数的增多和时间的拉长，社会理性选择和经济理性选择将表现得越来越突出。③ 李强用"推拉理论"模型进行的解释，也具有比较强的说服力。李强利用这一模型对影响农民工流动的因素进行分析，研究发现："生存策略的形成受到诸如性别、教育程度、城市中的生活机会、地位上升的可能性等因素的影响。"④ 农民工做出流动的决定，要经历经济行为的决策心理过程，他们的这一行为是具有因果性的，并且逐步从"工具理性"向"价值理性"扩展。"就农民的行为而言，农民在外出和转移过程中总是不断反思自己的行动，改变自己的目标。因此，这些有目的的活动所产生的许多后果，常常是未曾预料的，更

---

① 苏国勋：《马克斯·韦伯与经济社会学思想》中译本序言，载〔瑞典〕理查德·斯威德伯格著《马克斯·韦伯与经济社会学思想》，何蓉译，商务印书馆，2007，（序言）第4~5页。

② 黄平：《寻求生存——当代中国农村外出人口的社会学研究》，云南人民出版社，1997，第78~79页。

③ 文军：《从生存理性到社会理性选择：当代中国农民外出就业动因的社会学分析》，《社会学研究》2001年第6期，第25~29页。

④ 李强：《影响中国城市流动人口的推力与拉力因素分析》，《中国社会科学》2003年第1期，第125~136页。

不一定是合乎理性的。"①

2. 农民工的分化与社会重构

农村外来人口的群体特性不是凝固不变的，而是不断建构、解构与重构以适应城市生活的过程。我国学者李培林认识到农民工群体始终处于变动状态，"流动民工实质上并不是一个稳定的社会阶层，而是一个过渡的边缘群体，他们的出现在城乡之间和工农之间创造了一个广阔的中间过渡地带，不是加剧了而是缓解了城乡之间的对立和差异，并正在以其特有的边缘群体身份（工人的职业身份，农民的社会身份）创造一个新的结构层次，并通过这个新的结构层次的扩大和推延来实现社会相对稳定的重组"。② 农民工流动与社会分层过程也被一些学者联系起来加以分析，他们还对农民工流动状况进行了解读："一是在地域上从农村向城市、从欠发达地区向较发达地区的流动；二是在职业上从农业向工商服务等非农产业的流动；三是在阶层上从低收入农业劳动者阶层向其他收入较高的职业阶层流动。流动民工经过职业分化，实际上已经完全分属于三个不同的社会阶层，即占有相当生产资本并雇用他人的业主、占有少量资本的自我雇用的个体工商业者和完全依赖打工的受薪者。"③ 农民工这个边缘性群体中每个人所拥有的人力资本和社会资本发生了分化，成为内部差异性很大的异质性群体，从而孕育出具有创业意识的农民工。唐灿、冯小双通过对北京"河南村"废品回收业的系统调查，也得出了同样的结论：农民工这一群体内部结构发生了变化，群体的同质性被打破，在资本占有、经济收入、社会声望、价值取向等方面出现了很大差异。"河南村"流动农民工中开始产生层级意识和交往的层级界限，交往范围逐渐跨越身份边界，形成新的认同和群体关系的重新组合。这一分化受到封闭的城乡身份结构的制约，造成了在城市主体分层结构之外相对独立的流动农民工群体内部的分层体系。④ 符平、唐有财、江立华利用 2012 年全国性调查数据，分析了农民工内部职业分割和流动的现状及其决定因素，研究发现，传统的农民工

---

① 黄平：《从乡镇企业到外出务工》，《读书》1996 年第 10 期，第 64 ~ 70 页；黄平：《寻求生存——当代中国农村外出人口的社会学研究》，云南人民出版社，1997，第 3 ~ 8 页。

② 李培林主编《中国新时期阶级阶层报告》，辽宁人民出版社，1995，第 45 页。

③ 李培林：《流动民工的社会网络和社会地位》，《社会学研究》1996 年第 4 期，第 42 ~ 52 页。

④ 唐灿、冯小双：《"河南村"流动农民的分化》，《社会学研究》2000 年第 4 期，第 72 ~ 85 页。

特征已淡化，30% 左右的农民工从事的职业呈现"去体力化"或"去农民工化"的特征。① 随着中国的产业转型，对技术型农民工的需求越来越明显。王春光从代际认同角度分析了农民工的分化，指出第一代农村流动人口和新生代农村流动人口的区别，认为农村流动人口发生了代际变化，强调他们在流动动机、社会特征上存在很大差别。新生代农村流动人口对制度性身份的认可在减弱，他们对家乡的乡土认同也在减弱，有一些人开始认同流入地社区，且有越来越多的农村人口游离出农村社会体系和城市社会体系。② 这对深入理解农民工群体出现的新特点具有一定的意义。

农民工进入城市，在城市社会中体现出"社会重构"现象，乡土网络的扩展贯穿于农民工流动的整个过程。有学者把农民工的流动行为放在格兰诺维特的理论框架中进行解释，在此基础上提出了"强信任关系"和"弱信任关系"理论来说明农民工的社会关系网，"农民工按照相互间信任和亲密程度即关系强度来构建关系网络，在这种互动基础上形成非正式、非制度化、具有社会和情感支持系统的社会关系网络，也带有工具理性的性质，他们之间的非制度化信任是虚拟社区的基础"。③ 李培林采用地位实现模式来分析农民工的流动，认为农民工的社会关系网络的作用贯穿于农民工流动、生活和交往的整个过程。④ 同样，在对"浙江村"和其他流动人口群体的观察中，项飚用"系"，或者"关系丛"，类似于平常所说的"圈子"这一新的行动单位来指以某一行动者为中心的多种关系的组合。他认为是"系"内的变化与不同"系"之间的互动，促进了"浙江村"的形成。⑤ 在"浙江村"中，亲友圈、生意圈之间利益交叉，彼此之间在此基础上建立的信任往往被作为"浙江村"维持的基础，也成为他们从事经济活动的关系网络。"对于中国人来说，两个彼此之间没有交往的人，只要有天然的血缘和地缘关系存在，就可以义务性地和复制性地确保他们

① 符平、唐有财、江立华：《农民工的职业分割与向上流动》，《中国人口科学》2012 年第 6 期，第 75～82 页。

② 王春光：《新生代农村流动人口的社会认同与城乡融合的关系》，《社会学研究》2001 年第 3 期，第 63～76 页。

③ 李汉林、王琦：《关系强度作为一种社区组织方式》，载柯兰君、李汉林主编《都市里的打工农民——中国大城市的流动人口》，中央编译出版社，2001，第 27、35～37 页。

④ 李培林：《流动民工的社会网络和社会地位》，《社会学研究》1996 年第 4 期，第 42～63 页。

⑤ 项飚：《跨越边界的社区：北京"浙江村"的生活史》，三联书店，2000，第 24 页。

之间保持亲密和信任关系。农民工求职时关心的主要问题不是信息多少和重复与否，也不是关系的强弱，而是信息的真假。农民工在流动中的求职过程，首先是研究谁是最可能依赖的人的过程。"① 社会关系网络结构在农民工就业与从事经营活动中的作用可见一斑。通过对农民工社会关系网络的研究，有学者得出这样的结论："从社会网络的角度切入农民工群体的互动关系及其结成的社会纽带，是一种更容易走进他们特殊生活的研究范式，并将个体的流动过程看作是社会网络建立的结果。从某种意义上说，农村外来人口本身，以及他们的社会网络乃至人们常常从地域角度出发所认定的社区，都不过是社会网络及其运动的效果。"②

农民工就业方式的多元化并没有从根本上改变他们对乡土网络结构的依赖，尤其是对初次外出打工的农民工来说。刘林平通过对一个跑运输的湖南平江人聚居社区——深圳"平江村"的调查得出结论：平江人到深圳发展，主要利用的是社会资本，利用的是强关系，他们靠的不是较充分的人力资本和金融资本，他们的关系网络结构是动态的建构过程，而不是既定的。强弱关系是可以互相转化的，而如何转化则依赖于个人努力。③ 把关系强度作为农民工"虚拟社区"组织的特殊方式，有利于我们从深层次上理解农民工的生活世界，了解农民工与城市社会融合的方式与进程。

农民工居住在价值观趋同的"社区"，这一社区无疑成了他们交流的平台。在这样的公共空间内，人们具有同样的语言、习俗与价值观，也容易形成归属感。通过对外来人口社区比较深入的研究，可以观察到农民工流动造成的城市社会的重构现象。王春光根据田野研究的经验，对北京一个温州人聚集的"浙江村"做了全景式描述，分析了其行业分布、经营活动和人际关系及其社会效应，认为"在制度性整合力度不足和功能互赖性整合较弱的情况下，浙江村转而求助于认同的整合"。④ 在特定区域居住

---

① 翟学伟：《社会流动与关系信任——也论关系强度与农民工的求职策略》，《社会学研究》2003 年第 1 期，第 3 页。

② 渠敬东：《生活世界中的关系强度——农村外来人口的生活轨迹》，载柯兰君、李汉林主编《都市里的打工农民——中国大城市的流动人口》，中央编译出版社，2001，第 44 页。

③ 刘林平：《外来人群体中的关系运用——以深圳"平江村"为个案》，《中国社会科学》2001 年第 5 期；刘林平：《关系、社会资本与社会转型——深圳"平江村"研究》，中国社会科学出版社，2002。

④ 王春光：《社会流动与社会重构——京城"浙江村"研究》，浙江人民出版社，1995，第231 页。

的、带有地缘色彩的流动群体形成了相互之间的社会认同。王汉生等从外来农民进入城市的方式这一角度对浙江村做了研究，认为从事经营的温州农民以"产业－社区型进入"是一种独特的进入方式。这些聚集区不仅是一个聚居地，而且以"内部市场"方式分工协作，促成了一种新的产业组织形式的产生。① 然而，这样的"内部"认同过程从某种程度上也造成了他们与外部世界的隔离。

3. 农民工流动实现的机制

许多研究表明，农民工流动中最为突出的制约因素是户籍制度。"城乡之间的社会经济制度分割是城市对外来人口的排斥力的主要原因，造成了城市中城市居民与外来人口（边际群体）的分割——职业与居住地的分割以至于人格的分割。"② 李培林注意到了农民工流动与身份制之间的关系。农村人口进入城市工作、居住、生活，而现有的户籍制度却造成了他们与城市居民之间的认同边界，使他们成为都市中的边缘群体或边缘阶层。③ 同样，农民工正式的迁移面临包括户籍在内的多方面限制和约束，从而形成一种就业和生活在某一地区但又不具有当地居民身份的"准迁移人口"——外来人口，这一特殊社会群体是中国经济社会发展的产物，也是影响中国社会结构变革和社会稳定的重要力量。④ 类似的观点散见于许多研究之中。

社会群体或阶层的边缘化倾向意味着社会运行不协调，而在身份制存在的背景下，大量农村劳动力无法公平流动，他们丧失了按照"比较利益"自由选择职业的权利。李强采用了美国社会学家帕金（Frank Parkin）的模式，即"集体排他"与"个体排他"，认为我国对农民工采取的是集体排他的对策。相对于未流出的农村人口而言，流入城市中的农民工是具有较高素质的群体，是特殊的精英（elite），但由于户籍制度、就业政策对农民工职业的限制，进城农民工被排斥到与城市居民不同的"次属"劳动

---

① 王汉生、刘世定、孙立平、项飚：《"浙江村"：中国农民进入城市的一种独特方式》，《社会学研究》1997 年第 1 期，第 56～67 页。

② 蔡昉主编《中国人口流动方式与途径（1990～1999）》，社会科学文献出版社，2001，第 209 页。

③ 李培林主编《中国新时期阶级阶层报告》，辽宁人民出版社，1995，第 82～85 页。

④ "外来农民工"课题组：《珠江三角洲外来农民工状况》，《中国社会科学》1995 年第 4 期，第 92～104 页；"外来女劳工研究"课题组：《外出打工与农村及农民发展——湖南省嘉禾县钟水村调查》，《社会学研究》1995 年第 4 期，第 75～85 页。

力市场上，成为城市社会的底层。如果他们长期处于社会底层（under-class），这样的制度安排会引起下层精英的不满。[①] 假如农民工群体中的精英被"集体排他"，这一特殊的群体就会普遍地存在隔离、不公平感。不足够的社会参与、话语权的缺乏，会使他们难以被城市社会所认同，农民工阶层的劣势就从就业层面扩展到多个层面。"实际上，任何社会中都有地位低下的群体与阶层存在。因此，问题不在于有没有地位低下的群体或阶层的存在，而在于地位低下的群体与阶层有没有向上流动的机会。"[②] 而现在，由于农村迁移人员基本上被排斥在城市的组织系统以外，所以他们多以廉价劳动力的形象存在于城市之中。农民工离开了农村，改变了农民的职业，却无法获得新的户籍身份。客观上，这种身份认同，也给了他们理由，让他们去接受在城市中的不公平地位与待遇。[③] 有学者通过大量调查研究得出："城乡壁垒的制度设置——户口制度，长期以来都影响着中国人职业地位的获得。那些因出身于城市或城镇而具有非农户口的人，比出生在农村因而被安排了农业户口的人有更多的机会获得较好的工作，并升迁到较高的社会阶层。"[④]

农民工流动面临的障碍体现在各个方面，户籍制度是关键因素。他们进城后还是原有的身份，受到与之相应的就业体制、教育体制与自身因素等的限制。由于存在利益不同且地位差别较大、强弱悬殊的社会集团与社会群体，强势群体常常利用他们特殊的地位对"弱者"实施限制性措施，这就限制了"弱者"的竞争力，减少了其继续发展的机会。王春光提出"半城市化"概念来分析农村流动人口在城市的社会融合问题。[⑤] 由于社会流动机制的不完善，农民工在流动过程中受到各种各样的排斥，造成了许多问题。为此，应该逐渐消除社会流动障碍，实现社会流动规则从先赋性向自致性转变，既实现职业的流动又实现身份的转变。农民工的流动不仅

---

① See Frank Parkin: *Marxism and Class Theory*: *A Bourgeois Critique*, New York : Columbia University Press, 1979, pp. 53 – 58；李强：《中国城市中的二元劳动力市场与底层精英问题》，载《清华社会学评论》第 1 辑，鹭江出版社，2000，第 151～167 页；李强：《转型时期的中国社会分层结构》，黑龙江人民出版社，2002，第 121～141 页。

② 孙立平：《失衡——断裂社会的运作逻辑》，社会科学文献出版社，2004，第 91～92 页。

③ 陈映芳：《"农民工"：制度安排与身份认同》，《社会学研究》2005 年第 3 期，第 130～131 页。

④ 陆学艺：《当代中国社会流动》社会科学文献出版社，2004，第 188 页。

⑤ 王春光：《农村流动人口的"半城市化"问题研究》，《社会学研究》2006 年第 5 期，第 107～122 页。

是城乡地域的变迁，还包括个体与社会之间的关系融合及社会的重新整合，流动人口市民化应以身份转变与心理的适应为重点，促进流动人口的再社会化。江立华、谷玉良从流动人口秩序构建的角度出发，提出流动人口治理问题，并归纳出"中山经验"，认为流动人口积分制管理政策有利于促进流动人口与当地居民融合，应着力于户籍制度改革的成本分担机制建立，加快推进流动人口管理的信息化、就业制度和公共服务等其他配套制度的改革。[①] 流动人口积分入户的制度化措施有利于推进市民化，对农民工市民化具有一定的借鉴价值。

4. 农民工流动的方式

我们可以从社会群体流动的总体特征来反映这一群体的流动走向。对农民工来说，他们向城市流动，成为产业工人、企业管理者、个体户，或者自己创办企业，都通常被看作向上流动。"农民一旦发生了职业或社会地位的流动，那么不论流动是以何种形式出现的，绝大多数都是向上的流动。"[②] 尤其是创业农民工，通过创业实现了向上流动，无论是在外创业或者回流创业都被看作农民工实现向上流动的重要方式。农民工的流动方式发生了变化，流动也有了新的特点：从原来的"离土不离乡"（指的是在乡镇企业从业）变成新的意义上的"离土不离乡"（指的是回流创业，或者是实现了"回流式"市民化），也有的是留城创业而融入城市。无论是回流创业，或者是一般的回流，抑或是留城创业都可以看作农民工市民化的途径，是在社会现实的条件下对外部结构及内部主体能动性条件进行反思的结果。戚迪明、张广胜、杨肖丽等运用辽宁省三县市数据，对回流农民工市民化进行考察，发现90.98%的回流农民工已成为县镇的永久迁移者，所有回流县镇农民工群体的市民化程度为78.72%。[③] 回流式市民化是行为主体基于自身禀赋与外部结构环境而做出的一种能动实践活动，是新型城镇化的必然结果。

在农民工流动的研究中，农民工创业形成机制是备受关注的。随着农

---

① 江立华、谷玉良：《城市流动人口积分入户政策——户籍制度改革的"中山经验"》，《社会建设》2014年第1期，第68~76页。

② 李强：《中国大陆城市农民工的职业流动》，《社会学研究》1999年第3期，第93~101页。

③ 戚迪明、张广胜、杨肖丽等：《农民工"回流式"市民化：现实考量与政策选择》，《农村经济》2014年第10期，第8~11页。

民工群体内部结构的变化，他们的需求层次逐渐由生存型向发展型转变，普遍表现出较强的创业意向，并逐渐成为创业主体。这是在农民工创业政策与城乡融合的关系研究中应该考虑的问题。

（二）农民工创业的相关研究

21世纪以来，农村经济体制改革逐渐深化、城乡一体化步伐逐渐加快，孕育了一批创业农民工。陆学艺在早期的研究中就已开始关注农民工的流动及创业，并提出："要把农村剩余劳动力转移出去，光讲发展多种经营还不够，还必须鼓励、支持农村办工业，办商业，办服务业等等。"[①] 这一前瞻性的研究，在不断涌现的农民工创业群体中得以体现，许多学者也从不同角度关注这一群体的创业行为。在持续变动的社会历史语境中，农民工流动的含义不断丰富和延伸。"城市生活所特有的劳动分工和细密的职业划分，同时带来了全新的思想方法和全新的习俗姿态。这些变化在不多几代人的时间内就使人们产生巨大的改变"，因此，"城市环境的最终产物表现为，培养了新型人格"。[②] 在这一进程中，农民工的思想意识和行为方式发生了嬗变，从而孕育了创业精神。

1. 对农民工创业意愿的分析

创业是农民工获取经济、社会地位的一种方式。虽然农民工在市场中处于被支配地位，但主观上有强烈的向上流动愿望，渴望通过创业活动改变自身命运。唐有财基于全国性调查数据的实证研究发现，"近半数以上的农民工具有较强的创业意愿，更是有将近2成的农民工有强烈的创业冲动，仅有14.3%的农民工表示不强烈或没想法。男性、新生代和文化程度高的农民工的创业意愿相对更强烈"。[③] 这一研究表明了创业意愿的代际差异、文化程度上的差异。刘芳芳、尚明瑞、王建兵等的研究表明：年龄小、已婚、受教育程度高、有创业经历、能得到家人支持且社交广泛的农民工创业意愿强烈。[④] 从外在因素来看，客体性力量也作用于农民工的返

① 陆学艺：《联产承包责任制研究》，上海人民出版社，1986，第157页。
② R.E. 帕克等：《城市社会学》，宋俊岭等译，华夏出版社，1987，第265、273页。
③ 唐有财：《从打工到创业：农民工创业的发生学研究》，《人文杂志》2013年第8期，第105～112页。
④ 刘芳芳、尚明瑞、王建兵、杜晓帆：《城镇化进程中农民工创业意愿及其影响因素研究——基于甘肃省农民工调查数据的实证分析》，《中国农学通报》2015年第18期，第240页。

乡创业。胡俊波运用来自四川省连续四年的混合横截面数据和模型检验了农民工外出务工职业经历、家乡的区域环境对其返乡创业意愿的影响，认为农民工创业意愿的影响因素更可能来自当地政府的重视与支持，以及当地的创业文化等软环境。[①] 江立华、陈文超的研究归纳出"三位一体"的创业内在机制：农民工创业动力主要来自对稳定生活际遇、经济效益以及体面生活形式的追求。[②] 这三种激励因素是相互作用的，创业行为也满足了农民工这三个方面的需求与愿望。这也验证了理论界关于区域宏观环境会对农民工创业产生重要影响的观点。

2. 对农民工创业发生与成长机理的分析

农民工创业是一项复杂的社会行为，是个体社会特征、创业动机、外出打工经历和市场机会结构等共同作用的结果。揭示农民工创业的内在机制，除了要研究这一群体的创业意愿，更要考虑这一群体的人力资本、资源资本和社会资本。只有分析农民工创业成长的影响因素，才能提高农民工创业的绩效。韦雪艳认为农民工创业成长的动因与路径受到个人特质因素、社会资本和人力资本因素、行动策略因素三个方面的影响。[③]

从个人禀赋方面分析农民工的个体性特征对其创业的影响受到学者关注。"农民工抗风险能力较为脆弱，创业能力也很差，是创业的弱势群体。因此农民工新创企业规模普遍较小，企业的知识和能力不强。"[④] 农民工创业成长需要资源与能力相统一，必须重视农民工在创业过程中的自主性建构，以及他们在创业过程中采用的资本和策略。江立华、陈文超在研究中指出：创业农民工承担着相应的风险，规避和缩减创业实践历程中的不确定性，需要他们拥有面向较广、存量及增量较高的多样化资本。[⑤] 农民工创业的先天弱性使其难以依靠自身内部力量满足资源需求，从而需要寻求更多的外部资源的支持。

---

① 胡俊波：《职业经历、区域环境与农民工返乡创业意愿——基于四川省的混合横截面数据》，《农村经济》2015 年第 7 期，第 111～115 页。

② 江立华、陈文超：《返乡农民工创业的实践与追求——基于六省经验资料的分析》，《社会科学研究》2011 年第 3 期，第 91 页。

③ 韦雪艳：《中国背景下农民工创业成长的过程机制》，《心理科学进展》2012 年第 20 期，第 197～207 页。

④ 张健：《浙江省返乡农民工创业的现状、问题与对策的调研——以杭州地区为例》，《区域经济》2013 年第 5 期，第 149～151 页。

⑤ 江立华、陈文超：《返乡农民工创业实践中的资本和策略——基于个案研究的扩展》，《科学社会主义》2010 年第 6 期，第 121～124 页。

也有部分学者倾向于从社会结构、所处的环境与个体社会特征相结合视角进行解释。李长峰、庄晋财认为创业者的资源禀赋、外部的创业环境影响了创业者初期的行业选择行为。[①] 张秀娥、姜爱军等对内部因素和外部因素做了具体划分：内部因素包括创业者的成长能力和所拥有的成长资源，外部因素包括金融支持、政府政策、政府项目、教育和培训环境、商务环境等。[②] 宏观环境、资源可得性影响着农民工的创业成长。庄晋财、杨万凡归纳出农民工创业企业成长有两条路径："以资源累积为基础，在企业规模扩张过程中实现能力提升，进而实现资源与能力均衡；以能力提升为基础，在企业核心能力累积过程中实现规模扩张，进而实现能力与资源均衡。"[③]

通过拓展网络关系获得创业资源是农民工创业中社会资本获得的需要。陈瑶、李敏从社会网络视角分析了农民工创业，认为农民工拥有的社会网络越发达，创业行为越活跃。[④] 农民工创业在成长过程中，社会网络的有限性和对产业网络嵌入的困难，制约着农民工创业参与度与创业成功率。那么，如何实现网络嵌入？庄晋财、杜娟认为："农民工创业者的网络构建能力提升需要从提高关键资源需求的匹配分析能力、提高判断不同关系发展潜力与价值贡献的能力以及政府搭建网络成员交流平台三个方面入手。"[⑤] 弥补农民工创业网络关系缺口，提升网络化能力，对促进农民工创业成长有着重要意义。从现实情况来看，网络化能力直接影响到新创企业的成长。考虑到农民工群体的人力资本、资源资本和社会资本状况以及创业模式的差异，要建立农民工创业的"创业资本 – 政府支持 – 创业动机"的理论框架，以此提高创业绩效。

3. 对农民工返乡创业现象的关注

目前对农民工创业的研究主要集中于返乡创业问题方面。在一份关于

① 李长峰、庄晋财：《农民工创业初期行业选择影响因素的实证研究》，《农村经济》2014年第 1 期，第 109～113 页。
② 张秀娥、姜爱军、王丽洋：《我国返乡农民工创业企业成长影响因素及对策研究》，《企业研究》2012 年第 7 期，第 55～58 页。
③ 庄晋财、杨万凡：《基于资源和能力观的农民工新创企业成长路径探析》，《西北农林科技大学学报》（社会科学版）2015 年第 3 期，第 21 页。
④ 陈瑶、李敏：《社会网络视角下农民工创业互助组织发展探析》，《南京工业大学学报》（社会科学版）2013 年第 4 期，第 127～132 页。
⑤ 庄晋财、杜娟：《农民工创业成长的网络化能力提升路径研究》，《求实》2014 年第 6 期，第 92～96 页。

中国国情与发展的报告中，大量的调查结果显示："许多外出农民工在掌握了技术，积累了资金后，回到家乡创办乡镇企业，在一些地区已是非常普遍的现象。"① 王西玉、崔传义、赵阳等通过对山东省桓台县 10 村 737 名返乡农民工的调查，也得出同样结论。② 正如蔡昉所言："很多年纪较大的农村劳动力并不打算在城市长期住留，城市的高消费的生活方式和他们对自身就业前景的预想使他们作好了返乡的精神和物质准备。以他们每年返乡的次数以及财富积累的方式就可以明显地看出这一趋势。"③ 对创业前景的预想使一部分农民工在务工经商过程中产生了创业的想法，正是在精神或物质方面的储备，促成他们回流创业。

农民工返乡创业在纵向上则表现为较强的阶段性特征。农民工回流创业现象始于 20 世纪 90 年代，最初的数量较少，仅限于结构单一的小规模创业，但 90 年代中期以后，农民工回流创业渐成气候，开始频繁出现。进入 21 世纪以后，农民工返乡创业的步伐进一步加快。国务院发展研究中心农村经济研究部课题组的百县调查表明："72% 的县回乡创业比较明显。301 个调查村截止 2006 年回乡农民工占当前外出农民工的 23%，回乡创业者占回流农民工的 8.3%。这些村 3026 名农民工回乡创业的时间分布是：1990 年以前回乡创业的占 4%；1990～1999 年的占 30.6%；2000 年之后回乡创业占 65.4%。这表明 2/3 的回乡创业是近 6 年实现的。其中 2003 年～2007 年 4 月，创业人数相当于 90 年代每年回乡创业人数的 3.1 倍。"④ 这一研究显示：农民工回乡创业呈逐年上升态势，也反映出农民工回乡创业的时空差距。尤其是 2008 年以来创业人数倍增，表明农民工具有强烈的创业意向。当前出现的沿海发达地区的劳动密集型产业向内陆地区推进的现象，也引发了较大规模的农民工返乡创业。返乡创业本身既是农民工的主观愿望，也是外部客观经济因素所致，是农民工适应市场经济发展要求的结果。刘俊威、刘纯彬运用 Probit 模型对安徽省庐江县农民工创业性回流的决定因素进行实证分析，回归结果表明："技能、农民工家庭到城镇的

① 李培林主编《中国新时期阶级阶层报告》，辽宁人民出版社，1995，第 129 页。
② "农民流动与乡村发展"课题组：《农民工回流与乡村发展——对山东省桓台县 10 村 737 名回乡农民工的调查》，《中国农村经济》1999 年第 10 期，第 63～67 页。
③ 蔡昉主编《中国人口流动方式与途径（1990～1999）》，社会科学文献出版社，2001，第 287 页。
④ 宋洪远：《中国农村改革：过去与未来》，中国农业出版社，2008，第 139 页。

距离、回流前家庭年收入、本地城镇建设的速度与规模及民间借贷的难易程度是农民工创业回流最显著的决定因素。"① 如果条件具备，回家乡创办企业，对普通农民工而言，无疑是一种更好的选择，也无异于是一次"跨越式发展"，这种"逆向"流动对农村地区经济发展也产生了巨大的影响。

4. 对农民工返乡创业原因的分析

农民工返乡创业是在个人、家庭、宏观社会经济环境等多种因素影响下，进行利益比较后做出的一种理性选择。一方面，城乡分割的管理体制依然存在，二元体制的排斥成为农民工返乡创业的外界推力。另一方面，由于沿海发达地区"退二进三"和"腾笼换鸟"等产业升级战略的实施，不少劳动密集型企业逐步向中西部转移，同时中西部地区投资条件逐渐改善、交通设施更加便利、各种招商引资政策相继出台，这些都为创业提供了更大的空间。林斐对 20 世纪 90 年代安徽省回流农村劳动力的创业行为进行了个案研究，从动机、资源、资本等多角度阐明了外出打工与回乡创业之间的内在联系，探讨了回流农村劳动力的创业机理，指出不发达地区政府应鼓励和支持有一定积累的外出打工农民回乡创业，以推动本地区的经济发展。② 显然，农民工的回流并非都是被动的，也极有可能是考虑到返乡具有的优势而主动回流创业。"在东部地区劳动力和土地成本提高的条件下，按照比较优势的变化进行产业结构的升级；与此同时，广大西部地区仍然具有丰富的劳动力资源，土地成本也相对低廉，则相应承接从东部地区转移出来的劳动密集型产业。"③ 这样，中西部地区开始承接从东部地区转移出来的劳动密集型产业，区域产业链得到延伸，也创造了更多的创业机会。陈文超、陈雯、江立华通过对 2949 名农民工的调查数据分析指出：当政府扶助力度达到一定程度后，才会真正促进农民工返乡创业。④因此，应该深化政策的实施力度，促进农民工创业。

---

① 刘俊威、刘纯彬：《农民工创业性回流影响因素的实证分析——基于安徽省庐江县调研数据》，《经济体制改革》2009 年第 6 期，第 85～89 页。

② 林斐：《对 90 年代回流农村劳动力创业行为的实证研究》，《人口与经济》2004 年第 2 期，第 50～54 页。

③ 蔡昉：《"十二五"时期中国经济增长新特征》，《青海社会科学》2011 年第 1 期，第 5 页。

④ 陈文超、陈雯、江立华：《农民工返乡创业的影响因素分析》，《中国人口科学》2014 年第 2 期，第 96～105 页。

5. 对农民工返乡创业利益表达的分析

农民工创业不可能都是一帆风顺的，存在数量增长与质量增长失衡的矛盾。陆彦、王晶、杜圆圆等认为虽然有越来越多的农民工回乡创业，但他们创业的成功率很低，资本积累不足、缺乏足够的创业资金、自身素养低、创业后劲不足是农民工创业的劣势。[①] 胡明文、黄峰岩、谢文峰2008年对江西省某县10个村进行的追踪调查显示："2007年前外出务工农民回乡创办工商企业94家，2007年底继续开业的还有71家，倒闭23家，占24.4%。"[②] 这一研究表明，回乡创业型企业所面临的制度环境不容乐观。农民工返乡创业在利益表达方面，也受到一定程度的关注。但返乡创业作为外出打工的"派生"现象仍存在不少限制性因素，面临诸多困难。农民工返乡创业常常受到社会环境、个人特征等因素影响。韩俊、崔传义在分析农民工回乡创业面临的困难后指出："农民工回乡创业与其他群体相比存在政策不公平，回乡创业面临办事难、融资难、用地制约的现象。"[③]"筑巢引凤"优惠政策落实不到位，抬高了创业门槛、增加了创业难度。投资环境不理想，"业未创、心先疲"的创业现象就不难理解了。

农民工在创业过程中面临的资金、市场和创业服务问题制约了农民工创业，政府应增强服务意识，主动为返乡农民工创业搭建平台。近年来，有学者调查发现，农民工创业环境有了很大变化，如史振厚对中西部地区农民工创业问题进行了研究，认为中西部省份出台的发放贷款、开展税费减免、放宽工商登记、提供信息咨询和技术支持等方面的优惠政策，提高了农民工创业的积极性。[④] 刘小春、李婵、朱红根通过对江西省1145例返乡农民工调查数据的分析，发现农民工创业急需的扶持政策为创业技能培训及创业项目支持、创业用地优惠及创业信贷扶持等，农民工创业面临的主要困难为缺乏创业信息及资金等。[⑤] 由此可见，农民工创业需求呈现阶

---

① 陆彦、王晶、杜圆圆等：《安徽省返乡农民工创业SWOT分析》，《中国人口·资源与环境》2014年第5期，第443~446页。

② 胡明文、黄峰岩、谢文峰：《外出农民工回乡创业现状分析》，《江西农业大学学报》（社会科学版）2006年第5期，第56~59页。

③ 韩俊、崔传义：《我国农民工回乡创业面临的困难及对策》，《经济纵横》2008年第11期，第5~7页。

④ 史振厚：《中西部地区农民工创业问题研究》，《学习与探索》2009年第10期，第92页。

⑤ 刘小春、李婵、朱红根：《农民工返乡创业扶持政策评价及其完善》，《农村经济》2011年第6期，第101~104页。

段性的变化特征，从多重困境渐向缺乏信息、缺乏资金转化，要求政府向服务型政府转变，这一点，在笔者近期的调查中也得到印证。可以预见，完善创业扶持政策、改善金融服务，并保证政策能够真正落到实处，是助推农民工创业发展的有利因素。徐辉、陈芳认为："创业公共支持政策不仅对激发创业动机、学习创业技术、增加创业机会及提高创业成功率有着积极的作用，而且直接影响创业绩效，提出：政府应坚持和完善农民工创业补贴政策，给予新生代农民工创业更大比例的税费减免，金融支持时应关注培育创业项目和控制创业风险，以新生代农民工创业需求为导向开展创业教育与培训。"[1]

胡俊波从政策"知晓度、利用度、难易度、满意度、重要度"五个方面构建了对政策宣传、推广落实各环节绩效进行评估的框架，调查显示："仅有约6成的创业者利用过政策，但只要创业者利用过政策，他们的满意程度都比较高。"[2] 这与政策内容及实施状况有很大关系，必须在政策激励机制、具体环节上调整落实。胡俊波基于四川省2009~2011年农民工返乡创业调查数据，运用Logit模型对影响农民工创业行为选择的个人特征、家庭财富、职业经历等因素进行了实证研究，结果显示："务工期间所在行业、单位类型、职务等因素均对创业行为选择产生了显著影响，并认为关注农民工创业，必须强化提升其经营管理、财务管理、市场营销和风险规避能力。"[3] 创业能力培育是创业政策实施的重点及方向。

6. 关于农民工"返乡创业"与"留城创业"的讨论

农民工创业地域选择主要有两种：在务工经商地发现创业机会而留城创业；利用家乡资源获得创业机会而返乡创业。"留城创业"是农民工创业的一种形态，是指选择在打工地城市（或城镇）从事创业活动，是融入城市社会的具体行为表现。而"返乡创业"是指回到家乡不同行政级别的地点创业，既包括农村，也包括地级市。

创业地选择是创业者运用现有的创业政策，依据自身和拥有的资源状

---

[1] 徐辉、陈芳：《公共支持政策对新生代农民工创业绩效影响评价及其影响因素分析》，《农村经济》2015年第8期，第126~129页。

[2] 胡俊波：《农民工返乡创业扶持政策绩效评估体系：构建与应用》，《社会科学研究》2014年第5期，第79~85页。

[3] 胡俊波：《农民工返乡创业行为影响因素研究——以四川省为例》，《农村经济》2014年第10期，第12~16页。

况而做出的。当前农村劳动力呈现双向流动的新局面，对农民工返乡创业的"逆向"流动，学术界有各种看法。比较突出的有杜鹰、白南生的研究，他们根据托达罗（Todaro）模型来解释这一现象，认为决定农村劳动力进城的条件是：城市中的预期收入（包括实际收入和人力资本增值收入）乘以城市就业概率减去外出的成本（包括实际成本、机会成本、心理成本等）后为正值。反过来看，已经外出就业的劳动力决定回流的条件就是，综合考虑上述诸种因素后认为继续外出得不偿失。白南生、何宇鹏两位学者在对安徽、四川两省农村外出劳动力回流研究中，认为"创业潮"还只是假设而不是结论。他们指出："在城市化的各种体制障碍一时很难消除的背景下，在大半径的转弯即体制转轨中，以政策渐变的方式调整结构偏差——农村劳动力候鸟式的流动正是逐步实现中国城市化的独特方式，从城市化进程的历史角度观察问题，农村劳动力外出就业的意义远大于回流。"① 这种观点把回乡创业视作劳动力回流的特殊现象，认为返乡创业只是个别现象，是一种有悖于城市化的过程。同样，白南生、宋洪远等认为，返乡投资并不是回流的主体，难以为劳动力回流具有发展意义的判断提供足够的支持，而以往学者对劳动力返乡投资创业，给出了过于乐观的判断和估计。② 可见，农民工外出就业得到了肯定，但农民工回流的意义并没有得到普遍认可，对农民工"逆向"的返乡创业还没有形成共识。而近些年的发展表明，由于大城市的人口压力加剧，农民工转移到大城市的可能性比较小，中西部地区、中小城市以及小城镇成为下一步城镇化的主阵地。"农民工回乡创业不是城镇化方向上的倒退，是在不发达地区把创业和城镇化结合起来，促进以小城镇为主的城镇化发展，提高了小城镇发展的水平和质量。"③ 农民工创业，尤其是农民工返乡创业得到了较为积极肯定的评价，在工业化、城镇化的快速发展中，农民工返乡创业是工业化、城镇化与农民工市民化协同推动的重要渠道。"留城"与"返乡"反映了农民工创业的选择性，通过打工积累的资金、人力资本以及对创业环

① 白南生、何宇鹏：《返乡，还是外出？——安徽四川两省农村外出劳动力回流研究》，《社会学研究》2002 年第 3 期，第 64～78 页。

② 白南生、宋洪远等：《返乡，还是进城？——中国农村外出劳动力回流研究》，中国财政经济出版社，2002，第 42～43、139 页。

③ 国务院发展研究中心《农民工回乡创业问题研究》课题组：《农民工回乡创业现状与走势：对安徽、江西、河南三省的调查》，《改革》2008 年第 11 期，第 22 页。

境的比较而做出选择，是他们城市生存能力和返乡适应性的表现。这两种发展取向既是城市发展空间推进的结果，也是拓展、延伸城市发展空间的表现。农民工创业有着自己的独特逻辑，是客观条件下理性选择的结果。

创业需要的内外部条件是农民工创业地点选择的基础。赵浩兴、张巧文 2008 年、2009 年分别对浙江上虞市和湖北沙洋县进行调查，结果显示：有 70% 以上农民的创业行为与其早年在沿海地区务工的行业、企业、社会网络等有直接的关系；返乡创业和留在沿海务工地创业的人数各占一半左右。而农民工返乡创业的地点主要集中于市、县级的二、三线城市及乡镇。影响创业者地点选择的主要因素可归纳为潜在创业者的人口特征、创业经济环境和社会网络关系三个方面。① 当前中国的社会发展表明，农民工由城市转移到城镇创业，可促使资金、技术、信息、人才等流向农村地区。赵浩兴的研究还表明："对于有创业意愿的农民工而言，其创业地点的选择受创业者个体及家庭特征、沿海生活及工作特征和外部社会环境特征等三方面的影响，其中个人的受教育程度、沿海打工时间及收入、对打工地的满意度和社会网络关系特点是关键因素。"② 蔡玲、徐楚桥以及朱红根等的研究表明：个人素质、年龄对创业地点的选择也产生影响。③ 郭星华、郑日强通过对京粤两地新生代农民工创业地选择倾向的实证研究得出："地域属性不仅影响了两地新生代农民工的创业地选择倾向，还对影响其创业地选择倾向的因素产生作用；应给予地域属性足够的关注，不仅分析政策环境和经济发展水平的影响，还需要探索地域文化及其他地域要素的可能影响。"④ 创业地域文化、创业主体之间的代际传承、创业主体的生活经历等诸多问题都值得关注。

"留城创业"反映了农民工对城市生活的向往，也是对他们城市生存能力的一种认可。城市生存能力包括人脉关系、市场经济头脑、经营管理

---

① 赵浩兴、张巧文：《内地农民工返乡创业与沿海地区外力推动：一个机制框架》，《改革》2011 年第 3 期，第 60～68 页。

② 赵浩兴：《农民工创业地点选择的影响因素研究》，《中国人口科学》2012 年第 2 期，第 103 页。

③ 蔡玲、徐楚桥：《农民工留城意愿影响因素分析——基于武汉市的实证调查》，《中国农业大学学报》2009 年第 1 期，第 39～46 页；朱红根、康兰媛等：《劳动力输出大省农民工返乡创业意愿影响因素的实证分析——基于江西省 1145 个返乡农民工的调查数据》，《中国农村观察》2010 年第 5 期，第 38～47 页。

④ 郭星华、郑日强：《农民工创业：留城还是返乡？——对京粤两地新生代农民工创业地选择倾向的实证研究》，《中州学刊》2013 年第 2 期，第 64～69 页。

方法、获得的资金和技术状况等，这是农民工留城创业应重要考量的因素。农民工普遍认为城市的创业环境好于农村，但又存在融入城市难的现象。"城乡二元结构惯性使农民工自主创业面临诸多困难。农民工身份是农民，职业是工人，户籍在农村，工作在城市的群体特征性，导致他们在创业问题上面临着'留城创业'还是'返乡创业'的两难选择：一方面，农民工难以融入城市社区，留城创业缺乏资金、技术、信息等资源支持；另一方面，由于习惯了城市的生活，返乡创业在情感上难以接受，而且在城市以务工行业经验（主要是制造业、建筑业、服务业）为基础的创业活动，在城市难以获得产业网络中分工合作的收益。"① 鉴于此，留城创业也应引起一定程度的重视，这也是农民工的一种创业模式，而财政扶持、金融支持、税收优惠等公共政策难以惠及留城创业农民工，制约着农民工留城创业。"经济落后地区的创业，不仅是在本地区创业，还可以借助一技之长到经济发达地区创业。应该以各种方式推动经济落后地区人们的创业。"② 为此，在农民工流动与创业政策的调整中，需要关注农民工返乡创业和留城创业的瓶颈问题，鼓励农民工在适当的地方创业。

新生代农民工更看重的是城市的工作环境和上升空间，同时他们也很适应并认同城市的生产和生活方式，因此，他们选择留城的倾向更明显。这也反映了农民工在创业选择时的趋势和特点。"在创业地点的选择上，54.33%的调查对象选择在工作所在地，这与以往的相关研究结果有所偏差，以往的研究中农民工多是回乡创业，可能是由于第二代农民工的特点已经明显不同于第一代农民工，所以选择也有所不同。"③ 对城市的认同等社会心理因素能给予新生代农民工留城创业一定的解释。张改清通过对河南16村1251个农户的调查样本分析发现，新老两代农民工在返乡创业意愿与行为选择、能力与机会把握、绩效与效应扩散等方面存在差异。④ 当前，农民工群体已经呈现显著的代际分化，新生代农民工的创业需求和老一代农民工相比有较大差异，"新生代农民工在创业地点上更倾向于异地

---

① 庄晋财：《自主创业视角的中国农民工转移就业研究》，《农业经济问题》2011年第8期，第76页。

② 魏杰：《基于国民生产总值的经济结构调整》，《学术月刊》2010年第6期，第65页。

③ 隋艳颖、马晓河、夏晓平：《金融排斥对农民工创业意愿的影响分析》，《广东金融学院学报》2010年第3期，第88页。

④ 张改清：《农民工返乡创业：意愿、行为与效应的代际差异比较》，《统计与决策》2011年第18期，第94～97页。

城市，而不是返乡"。① 然而，"新生代农民工作为城市阶层中相对弱势的群体，他们的创业活动往往受到起点低、资金少、技术弱等先天因素的制约。除此之外，城市融合的不充分、创业理论和技能的匮乏等发展性的障碍也日益成为他们创业活动顺利开展的桎梏"。② 这是在农村流动人口社会认同与城乡融合的关系研究中应该考虑的问题。创业扶持政策应尊重农民工创业自主性，同时兼顾返乡创业和留城创业，把创业扶持落实到区域发展的各个方面。

通过对农民工流动与创业研究的归纳和脉络梳理发现：现有研究成果忽视对创业主体的个案考察，以及对创业主体之间的代际传承考察，对创业过程的研究也缺少动态性的持续考察。为此，基于农民工创业的实际困境，从政府制度层面采取积极的政策调整，发挥社会力量支持农民工创业，是今后农民工政策必须全面考量的。

三 国内外研究动态评述

以上是从农民工流动机制、动力、方式与农民工创业的相关讨论方面对前述研究的阐释。可以说，对农民工流动的研究成果颇为丰硕，尤其是国内学者，对这一群体进行了长期的研究，特别是农民工流动行为的特征、农民工创业等方面的研究为本书提供了借鉴。但从总体上讲，农民工创业研究还处于起步阶段，缺乏系统研究，尤其是从流动、社会支持视角来分析创业的研究尚显不足。第一，对农民工群体的内部分化多是描述、解释，停留在静态社会分层框架中，很少从微观的视角对农民工流动就业与创业做动态分析，对农民工未来的状况或趋势也鲜见预测性的研究，更难以显示出调查对象之间的前后差异性。对农民工流动的研究还需要进行全面的、整体性的理论反思。以往研究更多的是从农民工的弱势地位来考察，而对农民工如何通过创业改变弱势地位方面的研究不多。客观评价农民工的创业行为，探索农民工成功创业的途径，实现对农民工研究的"集成"，并引申出对政策制定的影响，是本研究的要旨。第二，现有研究成果忽略与创业实际过程相关的因素，对创业过程的研究缺乏系统性，对创

---

① 傅晋华：《新生代农民工创业政策设计的三个维度》，《中国国情国力》2015 年第 8 期，第 21 ~ 22 页。

② 黄兆信、曾纪瑞、曾尔雷：《新生代农民工城市创业的职业教育初探》，《东南学术》2012 年第 6 期，第 321 ~ 322 页。

业主体缺乏深入的调查研究，对转型期农民工创业环境的动态变化研究不足，尤其是对农民工留城创业与返乡创业之比较，关注较少。第三，针对农民工创业与社会支持政策方面的研究不多、深度不够。我国农民工创业面临的最大问题之一就是缺乏基于创业需求的政策支持和平台。第四，有关农民工创业的形成模式、社会支持体系，以及创业这一表象背后的代际传承、生活经历、人力资本、地方文化历史传统等诸多问题都有待更深入地挖掘。因此，应多层次、多视角拓展农民工创业行为研究。

中国社会处于不断变迁之中，农民工问题也是动态的、发展的，农民工的内涵正在发生变化，一个具有明显创业意识的农民工群体正在形成、发展，如何扶持、保护农民工创业，从而让农民工走向成功创业，是值得深入研究的问题。

第三节　研究思路与分析策略

一　调查区域确定

（一）H 县样本的分析意义

在我国，城乡之间存在复合二元性，即经济与社会二元性，而传统农区的发展瓶颈是我国二元结构弊端的集中体现，那么，传统农区在城乡二元结构转换的过程中，如何逐步实现农村发展模式从"内向型"向"内外结合型"的转变呢？

在进入研究前，我们必须对研究对象的代表性、可行性进行综合考虑。作为中部地区的山区县，2011 年 H 县①有 316806 人，人力资源丰富，全县有劳动力资源 15.6 万人，在外务工人员在 8 万人以上，特别是县城劳动力充足，为对接与转移沿海发达城市服装针纺企业提供了便利条件。其组织构造、社会变迁状况和中西部的许多地区一样。在改革开放前，每个村落都自成体系，农民的流动少，交流也少，村庄之间无论在语言，还是在风俗等方面都存在较大差异，由此形成了不同风格、不同传统的村庄。

---

① 需要说明的是：出于学术研究惯例，在课题研究中我们把个案县称为 H 县，涉及的人名、地名等均做了相关技术处理，用拼音代号。因为中西部大多数不发达地区具有同质性，所以，笔者认为对 H 县的考察可以用来进行总体性推论。

随着经济社会转型，各村职业结构也发生了很大变化。笔者选择的样本县具有中西部劳务输出县的普遍性与特殊性。

其一，传统农区。H 县是江西进入闽西粤东必经之地，素有"闽粤通衢"之称。H 县是农业县，地处偏僻，交通闭塞，原有的经济基础比较薄弱，全县经济结构以农业为主，农业又以粮食生产为主。H 县是农业大区与传统经济作物主产区，普遍保留着自给自足的现象，也面临传统农区的普遍问题——人多地少、工业不发达、产业结构不合理。人谓"八山半水一分田，半分道路和庄园"，是个典型的东南丘陵低山地区。据县志记载：H 县工业基础薄弱，新中国成立前唯手工造纸业比较发达；新中国成立后工业发展较快，新兴工业有电力、采掘、机械制造、化工、建材、食品、印刷、制药等。① 大力发展工业是落后地区缩小与先进地区差距的重要途径。近年来，工业经济快速发展，传统的机械制造业以及由于农民工流动而兴起的自创产业都得到了快速发展，其综合效益进一步提升。2011 年全县工业企业实现总产值达 19.6 亿元，同比增长 34%。全县规模以上工业完成增加值 1.73 亿元，同比增长 33.3%；实现主营业务收入 7.3 亿元，同比增长 54.2%；实现利税 0.56 亿元，同比增长 106.7%。各项主要指标增幅均排在全市前列。在园区建设方面，全年新开发园区面积达 1728 亩，其中 GZ 工业园三期 691 亩、PS 工业园 737 亩、XS 工业园 300 亩，平整面积 1100 亩。GZ 工业园获省政府批准增挂牌"台商创业园"。从入园企业来看，重点引进轻纺企业，如服装业、针织业、棉纺业、鞋业、箱包业，其中包含一批农民工创业项目。

H 县提出走"生态立县、旅游兴县、工业强县"之路，力求不断增强工业基础及承接沿海地区产业转移的能力，逐步由农业大县向工业大县转型。农民工返乡创办的企业总数占比较高。一批曾在省内外务工经商的农民工，陆续带着技术、项目、资金返回到家乡创业，并正在成为地方经济发展的生力军，"以创业带动就业"得到了社会的支持和肯定。农民工创业领域不断增多，主要涉及制衣、制鞋、电子、轻纺等多个领域，因此，产业结构也得到了优化。

其二，与自己的生活贴近。笔者的很多朋友、亲戚也是农民工，曾目睹他们的经历，考虑到对 H 县的调查具有可行性，笔者才把它选定为研究

---

① H 县县志编撰委员会编《H 县县志》，书目文献出版社，1990，第 4~5 页。

"样本"。也就是说，调查者应该容易接近被调查对象，才能掌握所需要的材料以及进行更密切的观察。生活背景与调查内容的"吻合"有利于得到调查的第一手资料，研究也会更具有可行性。据笔者平时对农村"自己社会"的经验推测，笔者用"熟人社会"的运作逻辑，既可以得到真实材料，也便于逻辑推演。

其三，农民工流动具有普遍性。H 县与中西部其他地区有相似的发展模式，经济发展主要依靠劳务输出，当地企业的发展也是靠打工者带动，走的是依靠劳动力转移以发挥"打工经济"作用的道路，属于农民工创业很活跃的地区。自 20 世纪 90 年代起，农民工创业成为经济社会发展的新增长点，日成趋势的"创业潮"为回流农民工"本土化"再就业、农民就地就近就业提供了平台。早在 2005 年就有调查显示："全县已有 1200 多名务工能人返乡创办、领办各类企业和经济实体 600 多家。到目前，该县务工能人返乡创办了塑料制品厂、针织厂等工业企业 110 多家，兴办运输、维修、餐饮、娱乐行业和农业特色种养等各类经济实体 520 多个。"[①] 2008年以来返乡创业的农民工越来越多，所办企业可集中归类为电子、服装、制鞋、矿产品冶炼及加工、木材加工以及针织加工。创业对县域经济的作用明显，其产业发展呈现"无中生有，有中生特"的特点，初步形成了产业集群。

H 县具有中部地区农村共同的特点：改革开放以后，当地青壮年在家务农的少，外出打工的多，"转型"转得快，留下的多是妇女、孩子和老人，即"386199 部队"。H 县是农民工创业比较活跃的区域，外出务工的文化比较浓厚，外出打工与创业的人数也较多，对经济社会发展的带动较大，其创业方式与地域和人文环境相关。农民工流动和创业成为改变当地经济、社会结构的巨大动力。

在传统农区，农民工中的能人通过打工实现了资本积累而创办了"草根工业"，这在某种程度上改变了依靠小农经济的传统，是农村工业化实现的一条路径。农村地区的发展模式是多元的，从"打工经济"发展到"老板经济"是农村经济、社会发展的突破口。就如费孝通等指出的："模式是指它的运行方式，是一定地区，从各自的具体情况出发，发挥本地优

---

① 参见中共 H 县县委办公室编《H 县信息》第 15 期（全民创业专刊），2005 年 8 月 29 日。

势，制定自己的发展战略。"①

（二）"村庄记忆"：作为田野工作地点的赣南 W 镇

W 镇是赣南苏区的一个中心镇。据县志记载，位于县城南 27 公里的
W 镇，是第二次国内战争时期太雷县苏维埃政府所在地，集市规模与繁荣
境况仅次于县城，历史上是著名的 HJ 重纸和"福木"（优质红衫木）集散
中心，近年来所产针织品逐渐打入省内外市场。镇内除从外嫁入的女性
外，大都为刘姓、赖姓（在当地，一般是同姓或同宗的人构成自然村落）。
村民之间社会交往密切、信息通畅，在农业生产以及其他经营活动中都是
如此。W 镇土地少，人均土地只有 0.8 亩。新中国成立前，因为土地稀
缺，仅仅依靠少量的土地农业收益很难维持基本的家庭生活需求，当地农
民就从土地之外寻求生活出路，他们在务农的同时，也从事工副业生产，
制作鞭炮和造纸一直是传统产业。而在计划经济体制下，副业的发展空间
小，村民多以农业为生，当地农民主要的分化来自私自制作鞭炮。20 世纪
80 年代有很多人开店、卖小百货，也有人率先开始做货运，当地"转型"
转得快的村民，现在的变化程度也较大。W 镇主要的传统有以下三种。

1. 制作鞭炮的传统

W 镇是当地制作鞭炮的发源地，也带动了附近的一些县、村。20 世纪
20 年代左右，W 镇就有人制作鞭炮，一开始只有四家人做。在年约 60 岁
的大婶 LFY（个案 1－1）的"村庄记忆"中有这样一段历史：

> 我出生后，过了 15 天，就被送到 W 镇一赖氏家庭做养女。LKJ
> 是我爷爷，当时他们家也比较苦，有三个儿子，也愁没出路。于是他
> 就从本地区的 XG 县请来师傅教他们制作鞭炮。当时的材料也是从 XG
> 县进，以前我们也不想把制作鞭炮的技术传给别人，但后来还是传给
> 许多人。……生产鞭炮有很多工序，每家每户都可以参与，日夜都可
> 以做。因为有鞭炮做，全村人都有事做了，连小孩都有零花钱用。

在她的"村庄记忆"中，村民做生意的行为是受到禁止的（要躲起来
做），他们的流动也受到约束，虽然他们受到制度安排的约束，但仍然与

---

① 费孝通、罗涵先：《乡镇经济比较模式》，重庆出版社，1988，第 37～38 页。

市场保持着"隐蔽"的联系。由于受到各种限制，那时生意的规模和范围较小，村落与村落之间也很少有互动，基本上是处于封闭状态。所以，他们在外的生意也不可能发展。随着市场的扩大、人们之间的交换增多，商品的流动、创业行为的发展才有了便利条件。

2. 造纸的传统

在 W 镇村民的"村庄记忆"中，除了有经商的传统，还有一些传统工业技术，如造纸，也是远近闻名的。虽然 W 镇没有村办企业，但镇里有造纸厂，造纸业是 W 镇的传统产业。W 镇所属的几个乡办企业，主要从事手工造纸（用芦苇做材料）。在集体制下（人民公社时期），W 镇还存在一些社队企业。有一段时间县里还办了综合厂，就设在 W 镇。W 镇除了有做鞭炮、轴瓦、木制品、泥水的，也有做竹制品的，但规模最大的还是造纸业。当时也出现了一些集体企业，但只是"长不大的经济"。W 镇有一些村民仍延续着造纸的传统，有许多人现在改做金银纸（祭祀用品）。一村民（个案 1-2）说：

> 那时能够进社队企业的人很少，县里的企业也很少招收农村来的劳动力，基本上都只招城镇劳动力。所以村民一般只能种田，要当工人，不是想去就能去。……当时有很多村民还参加了培训。我们村最早做金银纸的是 LZZ，现在已经 60 多岁了。他原来在社队企业中造纸，也是半工半农。……LZZ 在 1986 年就开始自己出来刷纸，他原来也做鞭炮外销，有一阵子还通过亲戚关系，在邻近乡镇工商所做过临时工。后来没做临时工了，就又做金银纸。现在有许多人继续做，销路也广了，可销往广东一带。不过现在金银纸的生意不好做了，做的人太多，生意也就淡下来了。

3. 货运的传统

早在 1993 年，W 镇就有人跑运输。他们主要是买旧的大三菱汽车搞长途货运。LJZ（个案 1-3）是 W 镇最早做货运的。

> 我父亲原来是做鞭炮生意的，我也做过这个生意。在 70 年代，我们大队买了拖拉机让我开，我还到县城培训过。……1993 年我花了 30 万元买了货车，帮别人运货，当时我们都是有什么货就运什么货，主要

是挣运费。我们一般是雇别人开车，但雇人开车容易亏本。我亏本后改行，后来在县城做承包。我的徒弟LDD，开始也学做鞭炮，后来买了货车。1993～1996年生意少，和外面交往也少，一般只是给本地开杂货店的老板带点货。这样，杂货店老板也不用自己去进货，双方都划算。

沿海一带开始发展后，我们这里渐渐有许多原来在家乡做货运的人向外发展。在1996年以前我们做货运，流通的货物少，而且仅限于在本地做，出去搞货运的极少。由于车经常坏，我亏了本。我们那一批做货运的，有60%的人挣了钱，40%的人亏本。1998年以后，我们这里想做货运的人也渐渐向外地发展，越来越多的人在广东、福建、江浙一带做。

已经50岁的LDY凭着在广东的亲戚关系，也发展了一条做货运的路线，他说："我父亲小时候是用钱从广东买来的，所以我们在广东也有许多亲戚，改革开放以后，我们和那边也有更多的联系了。我搞货运早，因为在广东的堂兄弟有办厂的，如纺纱厂，我就把他们厂的运输管理权弄过来（承包），雇别人管。我把广东的关系都找出来后，货运的生意就慢慢扩大了。"

从这三个传统可以看出，经商的机会给村民提供了更多的农业之外的选择空间，牢固的经商文化根基孕育了当地村民的创业理念，由于注重向外发展，他们也能很快适应现在的社会，更好地参与市场。市场化又进一步改变了他们的命运轨迹，虽然他们从事鞭炮、造纸的经营活动断裂或终结了，但是村落的历史还在延续，故事的主题并没有改变，改变的是故事的内容。LJQ对笔者说："本村外出打工的人干个体的较多，如果做工，也想办法做收入较高的工作，一般不做又脏又累的工作。"很多外出打工的农民工，经过市场拓展，积累了一定的经验、资本后，走向了创业之路。W镇的发展轨迹给我们提供了实际的分析样本，使我们可以从微观的视角了解农民工流动后的变化，以探讨不同地区的农村发展道路。

二　研究方法、资料获取、调查实施

（一）研究准备及样本说明

1. 前期的准备

在对H县农民工创业行为考察前，笔者已经与当地创业农民工有长期的联系，比较熟悉他们的创业过程。在本研究立项前，已分三阶段进行了调研。第一阶段，2006 年春节前夕，对返乡创业农民工做深入访谈，同时收集有关资料。根据县劳动局提供的数据，分析了农民工创业基本概况，总体上把握了创业农民工创业进程，并确定了访谈乡镇的农民工创业特色。第二阶段，2006 年国庆前夕与国庆期间，调查内容为 W 镇流动农民工的职业分化，主要针对的是 H 县在北京从事调料生意的农民工群体。第三阶段，2007 年春节前夕，补充一些深度访谈的个案，对 H 县个案进行全面调查。

要说明的是，笔者有幸参加了由陆学艺研究员主持的中国社会结构课题组的调查研究工作，曾经实际深入深圳市龙岗区布吉镇南岭村，四川省成都市大邑县晋原镇、安仁镇、新场镇，访谈了相关的干部、农民工，听取了非农化过程中农民工流动中出现的情况与问题，通过就业局、社会保障局收集了一些关于进城农民就业、培训、参保的资料，也接触了一些私营企业，了解了他们的创业发展过程。这为本研究的调查实施打下了基础，其意义具体体现在：首先为实质性调查的理论框架、研究假设的提出提供了源泉；其次为接近调查对象以及建立社会关系网络做了初步准备。

2. 研究拓展

在课题立项后，进行相关理论的深化，以及跟踪调查和补充调查，调查的范围涉及 9 个市县①，以及样本县 9 个乡镇 16 个村。对于异地创业，主要是以创业者比较集中的北京、东莞、福州为观察点，兼顾其他地方的情况。调查的对象是样本县留城创业与返乡创业的 100 多个农民工，并对多位县乡级的干部，包括发改委、人力资源和社会保障局、工信局、民营企业局、就业局等部门进行了集中访谈与个案访谈，收集了大量可靠而真实的第一手材料，并对各方面资料进行了鉴别、筛选。本研究的调查集中在三个时段：第一段，2010 年 8 月，在东莞进行留城创业农民工的调查。第二段，2013 年 8 月~11 月，集中开展问卷调查、数据分析，补充相关个案资料。第三段，2014 年 7 月 25~8 月 2 日，补充相关个案资料。以上是几次集中的实地调查，针对课题研究内容笔者还做过偶遇访谈；在资料调查、整理过程中，还进行过电话访谈。

---

① 9 个市县指北京、东莞、中山、西安、福州、晋江、厦门、泉州、H 县。

3. 数据来源及样本说明

本研究的案例和数据来源于笔者负责组织的"社会流动与农民工创业行为"调查。

该项调查的对象是拥有农村户籍（也包括后来获得了城市或城镇户籍的）且有过在城市创业、返乡创业经历的人口，调查的问题涉及外出前状况、打工经历与创业状况以及未来发展等方面。

本研究的资料获得方式：第一，个案访谈。通过深度的访谈、观察等方式，笔者获取了大量第一手资料。在研究中，笔者还通过比较研究的方法，理解农民工日常生活逻辑，从常识中解析农民工的行动逻辑，并以此推演"事实"、解释"现实"。第二，问卷调查。通过大量的文献研究、征询专家意见、试调查，最后确定研究问卷分两个部分：第一部分是针对已经创业农民工的问卷，内容包括创业农民工的基本信息、行为特征、需求分析、创业环境评价等。主要变量的测量条目包括创业态度、创业知识、创业能力以及创业经历。第二部分问卷主要针对未创业农民工，内容包括未创业农民工的创业意愿及创业地点的选择等。笔者通过这两个方面的问卷调查，对"留城创业"以及"返乡创业"者对创业环境的评价、创业扶持政策的需求等进行了分析。

对创业农民工采用面对面填写问卷的方式，总共发放问卷120份，回收有效问卷104份，回收率为86.7%。未创业农民工的问卷样本合计为302份，其中剔除无效样本30份，余下有效样本272份，既涉及一般生产工人，也涉及管理人员。需要说明的是，在有效问卷中，有个别漏填或不填的没有统计在内。

第三，对样本县以及样本村的大致情况通过档案材料、县志、村志或统计材料获得，同时收集地方政府协助提供的资料，相关政府文件、法规以及新闻报道等作为参考资料。

（二）研究思路

本研究的基本思路是：首先，以马克思主义的分层理论为基础，借鉴西方社会流动理论及方法，以"事件－过程"的分析框架与方法，研究农民工创业的特征、本质。其次，基于农民工创业是向上流动的一种途径的基本认识，将农民工创业需求中的利益协调、社会支持等统一起来，运用统计分析、个案分析等方法，研究能够促进创业的社会支持系统、理论模型。最后，将农民工创业与建立社会流动机制统一起来，运用系统分析方法研究农民工创业扶持与社会流动之间的互动关系，并从选择政策角度，研究如何通过制度制定、政策调整，满足农民工创业中的制度需求。

本研究的技术路线如图 1-2 所示。

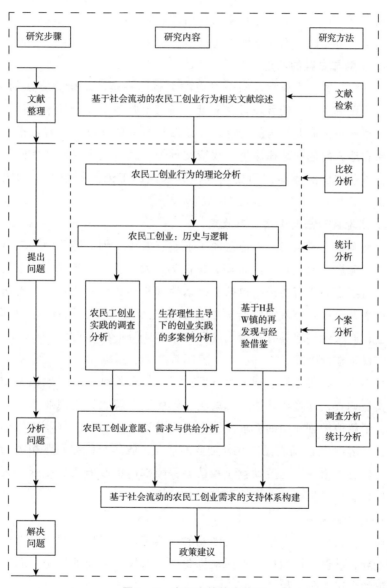

图 1-2　本研究的技术路线

（三）研究方法

从研究的角度考虑，由于农民工流动的动态性和创业过程的复杂性，仅仅用结构性的问卷去记录农民工的创业过程具有一定的难度。为了尽可能反映农民工创业的经历，我们同时采用了社会学的个案研究方法，对重点个案进行分析，并对部分对象的生活圈进行了跟踪和扩大访谈，要求被调查对象尽可能详细而完整地表述自己从初次流动到创业的整个经历。

1. 文献与史料的利用

从内容上看，主要涉及两个方面的文献。一是学术研究方面的文献，主要收集相关学者的论著和研究文献。通过与其他学者的学术对话，可以深化关于农民工创业行为的研究。二是政策方面的文献，需着重把握和查询国家和地方的创业法律法规、政策文件等。通过历史纵向和横向的比较研究，可获知创业政策的历史变迁，分析农民工创业行为发生的结构性因素。

2. 实地调查法与个案资料收集

实地调查主要是对调查地区的工业园、农民工创业孵化园、人事劳动和社会保障局、就业局、经贸局、招商局、发改委、统计局、档案局、乡政府、村委会等进行访谈，包括个别访谈和集体访谈。笔者先后走访了地市级市委办公厅、市农业综合开发办公室、市发改委、工业园、乡政府、村委会，同时还选取具有一定代表性的样本县创业农民工以及样本县 W 镇流动农民工作为个案。

个案资料收集主要包括三个方面：第一，笔者到 H 县对农民工创业者进行实地调查，通过访谈法、观察法、体验法了解农民工创业行为发展的痕迹，了解他们创业中的需求。第二，笔者到几个农民工创业比较集中的城市，了解 H 县流动农民工在外创业的情况，收集与研究问题相关的一些资料、信息。第三，与劳动就业和社会保障部门的政府人员、管理人员交流，探讨农民工创业政策支持中存在的问题。

3. 比较研究法

通过比较研究，分析农民工创业的经典案例，对比不同阶段农民工创业的差异，从微观层面探讨不同动机驱动下农民工创业的轨迹，总结不同动机下的农民工创业模式。

4. 问卷调查法与统计分析

问卷调查首先涉及抽样方法的选择，抽样分为随机抽样和非随机抽样、方便抽样。由于 H 县农民工流动与创业的人数无法进行全面统计核定，因而考虑到调查的便利，本研究采用随机抽样法进行调查，以问卷调查方法获得数据，对农民工创业情况进行分析，采用 SPSS 和 Excel 两种统计软件对数据进行描述性统计。

三 研究现场的进入

（一）调研任务的展开

在开展创业农民工调查之前，笔者阅读了大量有关农民工创业状况的文献，了解、思考农民工如何在城市空间中演绎具体生活情景，发现了一种在社会变迁语境下全新的流动农民工的"存在"方式。这是农民工主体性实践和话语重新构建的过程。在社会变迁语境下，流动农民工在城市中的具体情景发生了重大变化。"流动人口也并非完全甘愿于永远生活在夹缝之中的个体，他们是作为意义的载体和传播者、不断跨越边界和结构宰制的主体。他们通过寻求自己的生活方式、创立自己空间的积极性现实以及能动的加以选择的关系，为自己创造出一种属于自己的崭新生活方式以及支撑其生活方式背景的共同性，不断开拓个体的多种可能性。"[1]

需要说明的是，在调查过程中，笔者采用的是"熟人社会"的运作逻辑，主要采用了滚雪球的方式。调查基本上是靠亲属、朋友关系，即"亲串亲、邻串邻"。如对在北京做调料生意的 W 镇农民工的考察，是基于笔者的一个当中学老师的朋友展开的。他有一个学生 XH 的父亲 XHQ 也在北京做调料生意，通过对他的访谈，笔者结识了东郊批发市场的十几个 W 镇人，并经他们介绍，又认识了这些人的几个亲戚。[2] H 县来北京发展的人较多，也形成了初步的关系网络结构。这几个关键性人物对笔者的调查的顺利完成起了很大作用。

---

① 潘泽泉：《社会、主体性与秩序：农民工研究的空间转向》，社会科学文献出版社，2007，第 5 页。

② 来北京做调料生意的 H 县人，多来自 W 镇所属的乡，其他的外乡人也是通过亲戚、朋友关系带动的。譬如，来自 H 县上游 FS 乡的 XHQ，他是通过和下游 HJ 镇的 LXM、LXP 之间的表兄弟关系进入该行业的。

（二）研究的困难

1. 完整收集资料的困难

定量资料包括原有的统计数据和实地调查中获得的第一手资料。原有的统计数据最大的问题是其真实性、准确性，而第一手资料比较真实，但较为零散。问卷调查的难度相对较大，涉及调查范围、调查对象、调查内容方面的设计，也涉及调查对象能否很好地按照要求回答问题。为了解决这一问题，本研究采用问卷调查与个案访谈相结合的方法，保证了问卷发放与回收的有效性，也在一定程度上保证了问卷调查的信度和效度。

2. 创业者的防备心理

访谈对象防备性较强、警惕性高、合作意识缺乏是调查中碰到的最大困难。有的人不愿意提及创业的资金投入和盈利问题，这与税收有一定的关系，有的人担心调查与人口计划生育有联系，怕是查户口，或认为调查是地方政府的行为，担心对自己不利，或者是对社会的负面消息接触多，对社会学的研究不信任。

场景一：在北京一调料市场的对话片段（H：笔者；L：个体户，W镇人;?：旁观者）。

（前面是笔者的简短介绍，并说明来意：了解农民在市场化背景下的成功转型。）

> H：W镇打工人口多，创业也比较有特点，我想通过对本村农民工的创业行为做调查，以对这一个问题有更为直观的了解。
>
> （我们互相交换了名片。然后L接过表格，认真看了一下，皱了几下眉头，或许是对农民工的字眼比较反感，显然他对我的调查没有兴趣。因为他实际上已经是一个拥有好几个调料店的老板。）
>
> L：我的经历比较简单，没什么内容可填。
>
> H：你就简单地谈谈即可。因为我的研究不是针对一个人，而是探讨这个群体是怎样转型的。你们的配合有助于我对这一问题的总体把握（我尽量少用农民工这一字眼）。
>
> L：你还是找别人吧……
>
> （虽然我再三说明，并且还有人"带路"，但没有办法，调查还是告吹了。）

还有一些怀疑的声音，这些声音主要出自一些比较年轻的女性。

?：（有个女的说）会不会是县里派来搞人口统计的？

?：（又有一个女的说）会不会是来查户口的（他们担心我的调查与"计划生育"有关）？

?：（一位男性帮着圆场）不会的。×××是在北京读书的，大老远地跑来这里不太可能。

……

场景二：在 H 县一乡镇鞋厂的对话片段（H：笔者；L：创业农民工；?：鞋厂员工）。

（前面是笔者的简短介绍，通过他们愿意接受的拉家常式的聊天方式来切入来意：了解农民工的创业需求。）

H：老板，这么忙，生意做得很红火啊……创业过程中有困难吗？能不能帮忙填一份问卷来反映你们创业过程中的期盼和困难？

（我出示了工作证、名片与课题立项通知。L 接过材料，看了一下。）

L：现在假记者都很多，你有没有介绍信？

?：（有个工人说）又没有盖钢印，谁知道是真是假。

（L 要求再次查看身份证，再三看过后，问卷填写才勉强进行，并且要求不留笔迹，只能我念题，他口述选择。）

……

笔者在调查之前会反复说明来意，一般经过一番拉家常式的谈话，可和他们拉近距离，交谈起来也就顺利多了，他们特有的坦诚和热情的本色也会显示出来。但由于人与人之间的不信任感增加，在调查中也经常会碰到一些意想不到的情况。

四　研究意义

从学术角度看，农民由打工到创业正是具有宏观意义的微观话题。针对农民工创业行为的发展轨迹，对农民工创业的动态过程及其影响因素、创业意愿、创业动机与创业认知、创业需求与供给的分析，可以补充农民工问题理论研究的不足，并在此基础上，提出通过创业实现流动的理论模型，由农民工创业而提升到社会流动层面，丰富和完善了农民工创业行为的社会学理论基础。本研究的社会学意义在于，有助于理解农民工通过创业活动，突破既有的结构和制度性障碍的全过程，充实了"社会分层与流动"的实证研究，进而完善和深化了社会分层与流动的学科体系构建。

从实践角度看，扶持农民工创业无疑为打造"众创"发展新形态、新理念，以及精准扶贫找到了一个突破口，也有利于促进社会阶层结构的合理化。以农民工创业带动就业，成为缩小收入差距的根本。拓展"众创"新途径，体现了农民工流动与创业在贫困治理中的减贫效应。实践表明，提高农民工创业率和创业成功率、加强创业优惠政策与现行扶贫政策的融合、促进社会相对弱势的群体愿意创业，成为农民工实现社会流动的主要方式。鉴于我国城乡结构调整对资源、机会的空间聚集效应没有得到充分展现，将农民工创业纳入政策扶持范围，可以促进农村劳动力平稳有序转移。通过对农民工创业行为的社会流动分析，阐释农民工创业路径、创业行为特征、创业模式、创业意愿、创业认知、创业需求与供给，在此基础上提出农民工创业的社会支持框架，对国家进一步构建和完善农民工创业的扶持政策、促进农民工社会流动具有重要意义。

第四节　基本结构与创新之处

一　章节安排

本研究以构建合理的社会阶层结构为目标，通过对农民工创业模式和影响创业的各种因素的比较与分析，在此基础上构建符合农民工创业需求的社会支持体系。基于上述架构，本书分成九个部分，具体章节设置如下。

前面两章主要是提出问题。第一章，绪论，主要阐述研究背景、研究内容和研究设计以及界定相关概念，包括选题与研究目的、内容、理论取向，国内外研究状况，以及研究进路、研究方法、资料来源、创新点，侧重于研究背景、意义以及技术路线、相关概念的界定。

第二章，相关理论基础。在探讨梳理劳动力资源与流动理论的基础上，对创业相关的研究文献做分析，为本研究提供理论支持。

第三章，农民工创业的历史背景与逻辑，偏重于从宏观层面描述农民工流动、创业与社会结构背景之间的关系，对农民工创业的"结构性"因素做纵向历史考察，从而考察农民工创业行为与社会支持、社会流动的关系。

第四章，农民工创业实践的调查分析。该部分主要通过实践调查和访谈资料，从复杂性和动态性两方面分析农民工创业路径、农民工创业行为特征，在此基础上分析农民工的创业模式与创业适应性。

第五章，生存理性主导下的创业实践的个案研究，根据个案的逻辑关系，以"故事"的形式阐述农民工创业的动力，通过具体发生的创业"故事"来反映他们的利益表达与实现状况；主要运用个案调查挖掘农民工创业演化过程、创业组织形式，偏重于考察农民工创业过程中的机会获得、资源利用，以及所遇到的困难与问题；运用典型案例对该模型加以验证和解释，以便阐述农民工创业模式的适用性；同时，对农民工创业个案进行历时性的跟踪调查，从而形成创业环境的对比分析。

第六章，中间考察。这一章是对前几章的呼应，从更为微观的层面，对农民工的职业分层以及创业意识进行分析，结合 H 县 W 镇的案例分析，通过对该地农民工日常生活形态的考察，从一个侧面了解农民工与市场、社会的关系，以及农民工的社会分层、流动方式，这样会使我们对农民工从打工到创业的形成、发展的路径有更清晰的理解。

第七章，社会流动与农民工创业意愿、需求、供给分析，主要利用问卷调查数据，分析农民工的创业意愿、创业动机、创业认知；并根据描述性统计，将农民工创业需求分为环境需求、政策需求、社会需求以及信息需求；最后开展农民工创业服务供给的案例研究。

第八章，基于农民工创业需求的优化策略，偏重于考察社会支持在农民工创业中的作用，构建农民工创业的政策环境、融资环境、文化环境、服务环境支持体系，从而形成支持创业的政策转型和服务体系。

第九章，总结和展望，主要讨论农民工创业行为与社会支持、社会流动的关系，并得出结论：农民工创业需要从"生存型创业"向"发展型创业"转变，农民工政策的制定要促进农民工的社会流动，要能够引导更多的农民工实现双向流动就业与创业。最后指出本研究的不足以及需要进一步讨论的问题。

二 创新点

本研究的主要观点和创新点体现在以下几个方面。

第一，视角上的创新。对农民工的研究常常是"逆光"或者"负面"的刻画。① 本书试图从社会流动的独特视角来重新认识、了解变革社会中的农民工。从社会流动切入农民工群体的创业行为，对农民工创业的趋势与方向进行分析，可以形成对农民工这一群体的社会流动的全面理解。在新阶段、新形势的背景下，农民工"顺向"的留城创业与"逆向"的返乡创业都可以成为他们向上流动的途径。对农民工返乡创业与留城创业进行比较分析、跟踪调查，从而提出今后城镇化道路的突破点，是本研究的一个创新，也是从根本上解决多年来农民工难题的需要。

第二，理论上的突破。一是对流动的经济学和社会学两个视角的双重解读，扩展了社会流动研究领域。二是从社会学层面来看社会支持、社会组织，深化了对系统整合与社会整合概念的认识，是对组织理论研究的突破。三是对社会学研究方法的拓展。在多样而多变的社会事实中，采用"过程－事件"的分析策略，将创业实践个案放在特定的动态事件过程中，揭示创业这一表象背后的代际传承、生活经历、人力资本、地方文化历史传统，这为所有相关问题的研究指明了探索的方向。虽然我们所观察的只是特定数量的创业实践对象，但其体现的是整个群体及其总体行为。因为，创业者的行动并不只是简单的个体行为选择的过程，而是在一定社会结构中的动态建构的过程。

第三，梳理出农民工创业形成的模式，并建立社会支持系统。农民工创业成功与否，与创业模式的选择、扶持创业的力度有密切关系。目前对农民工创业的支持措施还比较薄弱，特别是没能搭建起资源信息共享的公共服务平台，未建立起创业融资、信用担保（如在省、县、乡分级设立农民工创业担保基金）、法律保护制度等，这些研究成果可为农民工创业提供决策和指导。

第四，基于案例分析和统计分析较为全面而深入地揭示了农民工创业的主要行为特征、农民工创业成长的内在机制，相关研究结论回应了国内外有关创业成长的理论进展，有助于相关理论的深化和发展。

---

① 著名社会学家罗伯特·埃利亚斯（Norbert Elias）在对胡格诺教徒进行研究时，发现了"污名化"（stigmatization）过程。

第二章　相关理论基础

随着农民工创业活动在社会发展中的作用和影响力增强，关于农民工创业问题的研究引起了越来越多学者的关注。国内外学者提出各种理论和视角来研究和解释农民工的流动与创业行为，如劳动力流动理论、二元经济理论、社会分层理论、社会资本理论等都是常见的解释理论。本章主要是对马克思主义经典作家关于劳动力资源及其流动的理论进行简单评述，对社会学与经济学领域关于流动的主要理论进行分析，在此基础上展开创业相关理论探讨，以期分析和评估农民工的创业行为。

第一节　马克思、恩格斯关于劳动力资源及其流动的理论

社会结构的调整使社会各阶层的利益关系发生了分化。马克思、恩格斯虽然没有专门论述农业劳动力转移的著作，但是相关的见解在他们的著作中并不鲜见，如有关劳动力资源与流动、城乡问题的看法等，都对我国农村人力资源的开发、转移具有指导意义。通过对马克思、恩格斯关于劳动力资源及其流动论述的新解读，我们可以从中寻找劳动力转移的理论根源，这有助于对我国农村劳动力转移的思考。

一　乡村城市化是社会发展的必然趋势

农业劳动力转移是乡村城市化的必然产物。早在 19 世纪中叶，马克思、恩格斯就对城市起源、城乡差别对立以及城市在促进经济与社会发展中的作用做了详尽研究。他们从社会历史发展的不同阶段，阐述了城市的不同性质、特点，揭示了城市产生和发展的一般规律，认识到城市在资本化生产、社会经济发展中的中心地位。

城市是社会生产力发展到一定阶段的产物，社会分工、生产力的发展

是城市产生的决定性因素。"第一次大分工，即城市和乡村的分离，立即使农村人口陷于数千年的愚昧状况。"① 马克思、恩格斯从生产力发展、社会分工的角度论述了城市的产生与城乡的分离，以及分离后对农村所产生的消极后果。在《德意志意识形态》一文中，马克思、恩格斯指出："某一民族内部的分工，首先引起工商业劳动和农业劳动的分离，从而也引起城乡的分离和城乡利益的对立。分工的进一步发展导致了商业劳动和工业劳动的分离。"② 他们同时认识到"物质劳动与精神劳动的最大的一次分工，就是城市与乡村的分离。城乡之间的对立是随着野蛮向文明的过渡、部落制度向国家的过渡、地方局限性向民族的过渡而开始的，它贯穿着全部文明的历史并一直延续到现在"，③"资产阶级使乡村屈服于城市的统治，它创立了巨大的城市，使城市人口比农村人口大大增加起来，因而很大一部分居民脱离了乡村生活的愚昧状态"。④ 在私有制条件下，城乡分离与对立不可避免，但在不同的历史时期有不同的特点。所以他们说："一切发达的、以商品交换为媒介的分工的基础，都是城乡的分离。可以说，社会的全部经济史，都概括为这种对立的运动。"⑤ 并且他们指出，集中是城市的本质特点，"城市本身表明了人口、生产工具、资本、享乐和需求的集中；而在乡村所看到的却是完全相反的情况：孤立和分散"。⑥ 封闭的乡村不可能形成规模效应，规模经营使城乡差距进一步拉大。这描述的是资本主义社会发展早期的状况。

工业化不应是脱离乡村的工业化，不应是"分裂"城乡的工业化。"一部分农村居民的被剥夺和被驱逐，不仅为工业资本游离出工人及其生活资料和劳动材料，同时也建立了国内市场。事实上，使小农转化为雇佣工人，使他们的生活资料和劳动资料转化为资本的物质要素的那些事件，同时也为资本建立了自己的国内市场。"⑦ 现代工业需要具有一定规模的城市，一定规模的城市也有利于生产的发展，并且城市的繁荣使农业从中世纪的简陋状态中解脱出来，推动了农业的发展。到了近代，城市突破了城

---

① 《马克思恩格斯选集》第 3 卷，人民出版社，1972，第 330 页。
② 《马克思恩格斯全集》第 3 卷，人民出版社，1960，第 24~25 页。
③ 《马克思恩格斯全集》第 3 卷，人民出版社，1960，第 56~57 页。
④ 《马克思恩格斯选集》第 1 卷，人民出版社，1972，第 255 页。
⑤ 《马克思恩格斯全集》第 23 卷，人民出版社，1972，第 390 页。
⑥ 《马克思恩格斯全集》第 3 卷，人民出版社，1960，第 57 页。
⑦ 《马克思恩格斯全集》第 23 卷，人民出版社，1972，第 815~816 页。

围的限制，成为经济、文化、政治发展的中心，城市的逐渐开放是不可阻挡的趋势。正如恩格斯在描述伦敦时所说，现代的城市不知道从何时开始，界限在哪里。近代城市都是开放性的，与外界有广泛的经济联系。资金的流放与吸收、技术的引进与输出、产品的进口与出口、劳动力的流入与流出，使城市与周围地区连成一片，成为一个综合有机体。马克思、恩格斯从工业的发展来看待近代工业城镇的发展，并充分肯定了城市的作用，提出乡村城市化的思想。在《政治经济学批判》中，马克思指出："古典古代的历史是城市的历史，不过这是以土地财产和农业为基础的城市；亚细亚的历史是城市和乡村无差别的统一，真正的大城市在这里只能干脆看作王公的营垒，看作真正的经济结构上的赘疣；中世纪（日耳曼时代）是从乡村这个历史舞台出发的，然后，它的进一步发展是在城市和乡村的对立中进行的；现在的历史是乡村城市化，而不象在古代那样，是城市乡村化。"[1] 城乡发展的一体化是必然趋势，城市的发展使人口密集起来，使生产资料、生产过程以及产品实现社会化，"这些各不相同的产品的主要市场在各个中心地点形成，这些地点所以成为中心地点，或者是由于进出口的关系，或者是由于它本身要么是某种生产的中心，要么是这种中心的直接供应地"。[2]

不难理解，现代工业的发展为农业剩余劳动力的转移提供了前提与条件，工业化与城市化是社会发展的必然要求。随着城市化、工业化的进程加快，城乡之间的对立、差别逐渐缩小，城乡二元经济社会结构得到缓解。马克思、恩格斯认识到工业的增长要依靠工业规模的扩大和工业中就业人数的增加，也预见到城市发展以及城乡差别的消失是历史的必然趋势。他们认为根据共产主义原则组织起来的社会，"城市和乡村之间的对立也将消失。从事农业和工业劳动的将是同样的一些人，而不再是两个不同的阶级"。[3]他们还看到，城市和乡村的对立的消灭已经成为工业生产本身的直接需要，"消灭城乡之间的对立，是社会统一的首要条件之一，这个条件又取决于许多物质前提，而且一看就知道，这个条件单靠意志是无法实现的"。[4] 马克思、恩格斯还指出："大工业在全国的尽可能平衡的分

---

① 《马克思恩格斯全集》第 46 卷（上），人民出版社，1979，第 480 页。
② 《马克思恩格斯全集》第 46 卷（上），人民出版社，1979，第 238～239 页。
③ 《马克思恩格斯全集》第 4 卷，人民出版社，1958，第 371 页。
④ 《马克思恩格斯全集》第 3 卷，人民出版社，1960，第 57 页。

布，是消灭城市和乡村的分离的条件，所以从这方面来说，消灭城市和乡村的分离，这也不是什么空想。"① 由于历史条件的限制，马克思、恩格斯不可能集中、全面地阐述城市发展的理论，但他们的看法实际上预示着城乡发展过程中必然会出现差异，这种差异会随着社会的发展逐渐消灭，这也符合当今城市发展的实际。

在工业化和非农化的过程中，社会结构要从以农村为主的社会转向以城市为主的社会。如果不能实现这种转变，农村人口与市场的分离就会导致分裂的工业化，没有城市化的工业化就是滞后的城市化，就会形成"断裂"的社会。换个角度来说，在进入工业化阶段的时候，如果大量的农民仍然滞留在工业和城市之外，就不可能顺利实现社会结构的转变。

二 社会流动与劳动力市场的开放

社会结构的转型在很大程度上体现为一种利益调整。20 世纪 80 年代以来，我国城乡的界限逐渐被打破，城市的资源被更多的群体所分享，这其实就是一种利益博弈，意味着每一阶层都能寻找自己生存与发展的空间，但是强势的群体成为社会的主流。由于城乡二元结构仍然存在，农民只能以一种不平等的社会身份进入城市，虽然他们居住在城市，但从制度上，他们并没有成为城市社会中的一员，无疑是城市社会中的"边缘人"。要使农民工融入城市，就必须要有开放的劳动力市场以及合理的社会流动法则。

首先，劳动力市场应该具有开放性。城乡二元结构的消解，必须要有统一的、开放的劳动力市场，以充分利用、开发劳动力资源。马克思关注的是资本主义生产关系条件下的劳动与资本的关系，分析的是资本主义生产条件下的劳动力，认为要进行资本主义生产就要有足够的劳动力。马克思认为社会劳动力成为商品的两个基本条件是：（1）首先劳动者是自身劳动力的所有者，他有权利出卖劳动力的使用权；（2）生产资料掌握在少数人的手里，劳动者同生产资料相分离。劳动力是否成为商品，主要取决于所有制形式以及相应的劳动制度。在社会主义社会，就总体而言劳动者是生产资料的主人，就个体而言他们同时又是自己劳动力的所有者。要充分利用劳动力资源，就必须允许劳动者与足够的生产资料相结合，以更好地

---

① 《马克思恩格斯全集》第 20 卷，人民出版社，1971，第 321 页。

促进生产力的发展，就必须开放、完善劳动力市场，让更多的农村剩余劳动力进入流通领域。

就我国农村来说，土地承包责任制的实施，使农民获得了土地耕作的相对自主权和对自身劳动力的支配权，农民也就有了自由流动的可能，农民可以自由选择职业。同时，个体、私营、"三资"等非公有制企业的大量出现，创造了更多的就业机会，只要制度允许，农村潜在的过剩人口就有足够的就业空间。我国的劳动力市场一度处于分割状态，这种分割主要存在于城市劳动者和农村进城民工、本地劳动者与外来劳动者、不同地区以及不同行业劳动者之间，其表现是劳动条件和收入水平悬殊。二元结构的现象也已经在城市社会内部表现出来——"一城两制"，存在城（有本地户口的人）与乡（没有本地城市户口的人）之间的分割壁垒。这种差异最近几年在不断地缩小。

其次，社会流动具有必然性。由于工业化的快速发展，生产效益低的部门向生产效益高的部门流动是必然的。马克思对社会流动以及流动趋势提出了自己的见解。在对社会法则进行归纳时，马克思指出："现代工业通过机器、化学过程和其他方法，使工人的职能和劳动过程的社会结合不断地随着生产的技术基础发生变革。这样，它也同样不断地使社会内部的分工发生革命，不断地把大量资本和大批工人从一个生产部门投到另一个生产部门。因此，大工业的本性决定了劳动的变换、职能的更动和工人的全面流动性。"①

马克思用阶级对抗、分化揭示了资本主义社会的性质和发展趋势，这也反映出马克思对社会流动的一些看法。资本主义社会中阶级的两极分化也意味着中间阶级或阶层（处于两大对抗阶级之间）流向两个对立的阶级，并且随着资本主义社会的产生和发展，无产阶级的人数日益增加。"以前的中间等级的下层，即小工业家、小商人和小食利者，手工业者和农民——所有这些阶级都降落到无产阶级的队伍里来了，有的是因为他们的小资本不足以经营大工业，经不起较大的资本家的竞争；有的是因为他们的手艺已经被新的生产方法弄得一钱不值了。无产阶级的队伍就是这样从居民的所有阶级中得到补充的。"② 无产者的壮大是残酷的竞争导致贫

---

① 《马克思恩格斯全集》第 23 卷，人民出版社，1972，第 533～534 页。
② 《马克思恩格斯选集》第 1 卷，人民出版社，1972，第 259 页。

困、破产，而向下流动。但同时，马克思还看到，随着工业化水平的提高，中产阶级的人数会出现增加的趋势。马克思在其著作《剩余价值学说史》中指出，马尔萨斯的"最高希望是——中等阶级的人数增加，无产阶级（从事劳动的人）成为总人口中日益较小的部分（虽然绝对地说也在增加）。事实上，资产阶级社会的进路也是如此"。① 这显然隐含资本主义制度将导致社会流动的不合理，大多数人只能向下流动。马克思还在文章的另一处说道："里嘉图忘记指出的事情是：在以劳动者为一方，资本家土地所有者为另一方的中间，还有一些中间阶级人数在不断增加，这些阶级在越来越大的范围内，直接靠收入来养活。"② 的确，我们可以从经典作家中寻找社会流动的理论依据，尤其是可以从他们现有的生产资料私有制观念入手，分析造成工人向上流动受阻的成因。

列宁重点论述了由农村向城市的流动，意识到迁移对农民思想意识方面变化的影响，"迁移是防止农民'生苔'的极重要的因素之一，历史堆积在他们身上的苔藓太多了。不造成居民的流动，就不可能有居民的开化"。③ 他认为："与居民离开农业而转向城市一样，外出做非农业的零工是进步的现象。它把居民从偏僻的、落后的、被历史遗忘的穷乡僻壤拉出来，卷入现代社会生活的漩涡。它提高居民的文化程度及觉悟，使他们养成文明的习惯和需要。"④ 在传统乡村社会结构里，土地是人们维持自身生存的唯一源泉，是安身立命之本，"乡村里的人口似乎是附着在土地上的，一代一代的下去，不太有变动。这结论自然是应该加以条件的，但是大体上说，这是乡土社会的特性之一。我们很可以相信，以农为生的人，世代定居是常态，迁移是变态"。⑤ 由农业社会向现代社会转型，必然要打破这种传统格局，让人们接受迁移是常态的观点。

现在，工业化、城市化的发展，产业结构的演变，创造了更多的就业岗位。这样，社会的流动频率增加了，才能实现劳动力和人才的合理配置。社会流动渠道的畅通，能够调动社会各个阶层尤其是中低阶层社会成员的积极性，使他们有机会通过自致性规则实现向更高层次流动的愿望。

---

① 《剩余价值学说史》第 3 卷，人民出版社，1978，第 61 页。
② 《剩余价值学说史》第 2 卷，人民出版社，1978，第 664 ~ 665 页。
③ 《列宁全集》第 3 卷，人民出版社，1984，第 220 页。
④ 《列宁全集》第 3 卷，人民出版社，1984，第 530 页。
⑤ 费孝通：《乡土中国》，三联书店，1985，第 3 页。

为了寻求更多生存与发展的机会，农民走向非农产业，客观上推动了社会化大生产的发展，也使社会结构更加合理。

三　剩余劳动力向城市流动是工业发展的条件

马克思从历史与逻辑的角度对资本主义工业发展条件做了深入分析，揭示了资本主义形成和发展的残酷历史。马克思认为，资本的原始积累伴随着劳动者和生产资料的分离，即在简单商品生产的条件下，因竞争而破产的手工业劳动者丧失生产资料，农业劳动者与土地分离，这为资本主义工业的发展创造了条件。可以说，没有农业劳动者与土地的分离，就不可能有资本主义工业的迅速发展。马克思指出："小土地所有制的前提是：人口的最大多数生活在农村；占统治地位的，不是社会劳动，而是孤立劳动；在这种情况下，再生产及其物质条件和精神条件的多样化和发展，都是不可能的。"① 这深刻地揭示出劳动力转移的条件是城市工业化的快速发展。乡村人口向城市的流动以及城市区域的扩展，增强了城市作为区域中心的聚集效应。正如恩格斯在谈到伦敦时所说："这样的城市是一个非常特别的东西。这种大规模的集中，250 万人这样聚集在一个地方，使这 250 万人的力量增加了 100 倍。"② 在其他条件不变时，劳动生产率又取决于生产规模。当今，大量的农业劳动力滞留在农业使劳动生产率和农产品商品率都很难提高。只有剩余劳动力从农业部门转移出来，现代工业才有更广泛、更稳固的农村市场。马克思指出："事实上，使小农转化为雇佣工人，使他们的生活资料和劳动资料转化为资本的物质要素的那些事件，同时也为资本建立了自己的国内市场。以前，农民家庭生产并加工绝大部分供自己以后消费的生活资料和原料。这些原料和生活资料都变成了商品。"③

在论述大工业和农业的关系时，马克思指出："如果说机器在农业中的使用大多避免了机器使工厂工人遭到的那种身体上的损害，那末机器在农业中的使用在造成工人'过剩'方面却发生了更为强烈的作用，而且没有遇到什么抵抗。"④ 可见，机器在农业中的使用是农业剩余劳动力形成的直接原因。当农业劳动生产率达到一定程度时，农业劳动力所推动的生产

① 《马克思恩格斯全集》第 25 卷，人民出版社，1974，第 916 页。
② 《马克思恩格斯全集》第 2 卷，人民出版社，1957，第 303 页。
③ 《资本论》第 1 卷，人民出版社，1975，第 816 页。
④ 《资本论》第 1 卷，人民出版社，1975，第 551 页。

资料相对减少，大量绝对过剩的人口便流入城市。

劳动力的转移，不仅使城市人口稠密化，而且使农村协作得到发展，使生产手段得到改进。随着经济的发展和劳动生产率的提高，越来越多的劳动力转移到工业和非农生产领域，"使农村人口从他们数千年来几乎一成不变地栖息在里面的那种孤立和愚昧的状态中挣脱出来。断定说人们只有在消除城乡对立后才能从他们以往历史所铸造的枷锁中完全解放出来，这完全不是空想"。① 列宁指出："如果城市的优势是必然的，只有把居民吸引到城市去，才能削弱（正如历史所证明的，也确实在削弱）这种优势的片面性。如果城市必然使自己处于特权地位，使乡村处于从属的、不发达的、无助的、闭塞的状态，那么，只有农村居民流入城市，只有农业人口和非农业人口混合和融合起来，才能使农村居民摆脱孤立无援的地位……正是农业人口和非农业人口的生活条件接近才创造了消灭城乡对立的条件。"② 列宁的这一设想为城乡融合提供了很好的理论途径。

必须说明的是，经典作家有关劳动力资源及其转移、流动，以及对城乡问题的看法，对我国农村劳动力的转移具有一定的启示。但是，研究农村劳动力转移不能脱离一个国家或地区的特定的社会经济发展阶段，农村劳动力转移的速度和规模是由国家或地区的经济发展水平决定的。由于经济社会发展的水平不同，农村劳动力转移的方向、方式也会不同。根据这一启示，结合我国目前的现实，解决我国农业"过密化"问题，要走农村城镇化与工业化相结合的道路。

第二节　当代经济学、社会学关于流动的主要理论

以上考察可以使我们了解到经典作家关于劳动力资源与流动的理论阐述。无论是在社会学还是在经济学中，人口流动及其带来的收益问题都始终是其难以绕开的话题。经济学较为关注劳动力转移问题，在经济学领域人口流动被定义为劳动力流动，而社会学视角的人口流动是社会流动，两个视角的融合是本研究又一重要理论工具。

---

① 《马克思恩格斯全集》第 18 卷，人民出版社，1964，第 313 页。
② 《列宁全集》第 2 卷，人民出版社，1984，第 197 页。

一 劳动力流动：经济学维度下的流动

关于劳动力转移的理论分别从微观、宏观层面展开：（1）二元经济理论，包括以威廉·阿瑟·刘易斯（W. Arthur Lewis）为先导的二元经济（Dual Economies）模型以及费－拉就业转化三阶段论；（2）个人选择理论，主要包括唐纳德·柏格（Donald Bogue）等提出的"推拉理论"以及托达罗的期望收入理论。

（一）二元经济理论

"二元经济"概念主要是指在发展中国家存在生产和组织的不对称性。20世纪50～60年代，有经济学家以欠发达国家和地区的发展经验为基础，认识到欠发达国家与地区的农村剩余劳动力通过转移到工业部门使劳动力得到重新配置，从而使经济得到持续增长。劳动力迁移理论尤以刘易斯模型和费景汉－拉尼斯模型最为著名，他们共同描述了二元经济结构转变过程，并试图证明：劳动力从农业部门向工业部门转移可以使经济不断发展。

1. 刘易斯就业转换两阶段理论

在20世纪50年代，美国著名发展经济学家、诺贝尔经济学奖得主威廉·阿瑟·刘易斯提出人口流动模型，从宏观层面对劳动力从第一产业向第二产业的流动做了阐发，认为农村劳动力从传统农业部门向现代工业部门转移是工业化过程的必然。1954年威廉·阿瑟·刘易斯在《劳动力无限供给下的经济发展》一文中，首次提出二元经济理论模型。这一理论又在《无限的劳动力：进一步的说明》（1958年）、《对无限的劳动力的反思》（1972年）、《再论二元经济》（1979年）中得到补充和完善。在这些著述中，刘易斯更为细致地阐述了有关见解，尤其是对无限劳动力做了进一步阐发。这一理论后经许多经济学家发展，形成了两部门理论（Two Sectors Theory）。刘易斯的理论框架体现在两个方面。[①]

从初始条件来看，刘易斯进行逻辑分析的假设条件有两个：（1）发展中国家的经济分为两个部门。刘易斯提出了在劳动力无限供给条件下二元结构的传统部门向现代部门转化的理论模式："一个是以传统生产方式进

---

① 详细的论述参见谭崇台《发展经济学概论》，辽宁人民出版社，1992，第112～120页。

行的、劳动力生产率极低，只能'维持生计'的传统农业部门，它的产品不是用资本生产出来的，这就是它被称为'非生产性'的原因；另一个是现代方式进行的，使用再生产资本而谋取利润的'资本主义'部门，劳动生产率与工资水平较高。"① 在他看来，第一个部门是传统的农业，传统的农业部门内，人口多、资本少，自给自足，拥有大量的失业和隐形失业者，劳动力的边际生产率很低，甚至为零；而第二个部门以工业部门为代表，工业部门的扩张需要农业部门提供丰富的廉价劳动力。传统部门和现代部门具有不同的生产效率，这两个部门之间最根本、最关键的差别就是劳动效率不同，一个属于劳动密集型，一个属于资本密集型。两个部门之间收入差距的存在是现代城市部门能吸收传统农业剩余劳动力的根本原因。（2）无限劳动供给。刘易斯模式的前提是农村存在无限供给的剩余劳动力，而城市不存在失业问题，在竞争条件下，农村剩余劳动力在被完全吸收之前，城市工业的工资将保持不变。

刘易斯把农村剩余劳动力分为两个阶段：第一阶段，在能维持生计的传统农业部门，劳动生产率很低，并且存在大量边际生产率等于零的农村剩余劳动力（有没有都不会影响部门的价值）。发展中国家农业部门所占的比重较大，有大量的劳动力，工业部门扩大生产规模，也往往可以按照现行不变的工资水平雇用到所需的劳动力。第二阶段，以低生产率为特征的剩余劳动力全部转移到工业部门就业，农业生产率由于劳动减少而提高，农民的收入也会相应地增加。农民的收入要增加必然要求工业部门也相应地提高工资，如果工资没有提高，农业劳动力就不会自动地流入城市寻找工作。这时，劳动供给不再是无限的。当传统农业部门逐渐摆脱了剩余劳动力的包袱，实现现代化，农村生产率就会提高，收入水平也会相应提高。这时，如果工业部门要雇用更多的农村劳动力，就必须提高工资来与农业部门竞争，工农业就会均衡发展，城乡社会经济结构一体化将实现，二元经济就变成了一元经济。

刘易斯模式的重点是现代工业部门的扩张，在他看来，农业只是一个向现代工业部门提供劳动力的消极的部门。刘易斯的二元经济结构理论主要用来解释发展中国家的经济结构和特征，发展中国家要从二元转向一

---

① 〔美〕阿瑟·刘易斯：《二元经济论》，施炜等译，北京经济学院出版社，1989，第 7～8 页。

元，最根本的就是农业部门的剩余劳动力要向工业部门转移。按照刘易斯的二元模型，"工业区域的劳动生产率实际上要远远高于传统的农业区域。结果是工业区域可以提供比农业区域高得多的工资，这样的工资差别就吸引农业劳动力大量转向工厂。……刘易斯的模型仅在以下两种情况下发挥作用：一是不存在农业劳动力从农业转向工业的制度障碍；二是拥有理想的信息流的两个劳动力市场之间可实现完全竞争。"①

刘易斯模型也引起了争议。其忽视了农业，只把农业作为劳动力输出部门，没考虑到城市也存在失业，这与现实有一定的脱节。应该看到，农业部门的积累，对于工业起支撑作用，农业不是被动的，而是能动的。由于刘易斯理论存在许多缺陷，到了 20 世纪 60 年代，费景汉和古斯塔夫·拉尼斯由此进行了理论创新，形成了费－拉就业转化理论。

2. 费－拉就业转化三阶段论

费－拉理论修正了刘易斯假定，提出了就业转化三阶段论。与刘易斯的重要区别是，费－拉二元模型颇为重视农业的地位，强调经济的发展必须是工业和农业平衡发展，并提出工业应先采取资本浅化政策以吸收更多的农业剩余劳动力。这意味着农产品的相对价格会上升，从而引起工业部门的贸易条件恶化。费－拉就业转化理论把农业劳动力的流动过程分为三个阶段。②

第一阶段：传统农业部门阶段，农业部门存在隐性失业，劳动的边际生产率为零，劳动力的供给弹性无限大。在这一阶段，边际生产率等于零（无贡献或基本贡献为零）的那部分劳动力是多余的，他们在向现代工业部门转移时，农业总产量保持不变，不会降低农业生产，农业剩余劳动力因资源重新配置而释放出能量，提高了效率，同时获得超过维持生存限度的工资收入，工业产值也得到增加。

第二阶段：存在隐性失业（disguised unemployment）。③ 边际生产率大于零但小于不变制度工资的那部分劳动力的流出会引起农业产出的下降，

① Gang Deng, *The Premodern Chinese Economic: Structural Equilibrium and Capitalist Sterility*, London and New York: Routledge, 1999, p.16.

② 谭崇台：《发展经济学概论》，辽宁人民出版社，1992，第 121～129 页；〔美〕费景汉、古斯塔夫·拉尼斯：《增长和发展：演进观点》，洪银兴、郑江淮等译，商务印书馆，2004，（序）第 2～7 页以及有关章节。

③ 隐蔽性失业，是指劳动力边际生产率接近于，甚至等于零时的剩余劳动力在撤出时不会减少总产量，这一部分劳动力就处于隐蔽性失业状态。

导致出现农业劳动力短缺、粮食不足的情况。到这一阶段，农业劳动力的转移会使农业总产出受到影响，但工业产值继续提高，还提高了效率。

第三阶段：在这一阶段，农业部门已经商品化，农业劳动力已经变成竞争市场的商品。费景汉、拉尼斯将第一和第二阶段的交界处称为"短缺点"（shortage point），这时会出现粮食短缺现象；将第二和第三阶段的交界点称为"商业化点"（commercialization point），①进入商业化点之后，农业部门进入商业化阶段，二元结构结束。

简单地说，到第二、三阶段，农业劳动生产率的提高将会减少农业工人人数和总劳动剩余。农业中逐步形成生产剩余，有利于农业部门的剩余劳动力向工业部门转移，农业和工业就可以共同发展。从表2－1可见三个阶段与工农业产值的变化情况。

表2－1　三阶段与工农业产值的变化情况

初始	农业	工业	全社会
第一阶段	0	+	+
第二阶段	－	+	+
第三阶段	+	0或+	+

说明：0表示不变，+表示增长，－表示降低。通过这一张表，可以看出刘易斯模型与费－拉模型的区别与联系以及费－拉模型是在哪些方面深化了刘易斯的理论。第一阶段，刘易斯也看到了，但刘易斯只讲工业部门吸收了农业部门的剩余劳动力，引起了工业部门与全社会经济的增长，而没有考虑到后两个阶段。费－拉理论模型则拓展了这一理论，推演出第二、三阶段。

费－拉模式与刘易斯模式都是以二元经济结构的存在为分析的出发点。两者的重要区别在于对待农业的态度上，刘易斯模式关注的只是工业部门的积累。刘易斯模式把资本积累看成是工业部门扩张的唯一泉源，忽视了技术进步的作用，而费－拉模式看到了刘易斯模式的缺陷，同时看到了两者的作用。而且费－拉的就业转换理论认识到，工农业部门必须平衡，这反映了发展中国家城乡统筹发展问题。显然，二元经济模型试图抓住发展中国家的特征，这对于我国转变二元结构具有指导作用。遗憾的

---

① "短缺点"即所谓"费－拉粮食短缺点"，它发生于农产品的边际价值开始上升到零这一时刻，其实质是农产品短缺。而"商业化点"是指农产品价格上升、工业部门的贸易条件恶化、工业利润减少，由于农业边际生产力比制度性工资大，从而抑制了工业部门的扩张。

是，刘易斯模型与费-拉模型的前提假定是农村存在剩余劳动力，城市不存在失业，以及在第一、二阶段的农业劳动者的收入不变，这些假设是不符合事实的。

另外，美国经济学家戴尔·乔根森（D. W. Jorgenson）于20世纪60年代提出农业剩余与二元经济理论，认为农业剩余是农村剩余劳动力转化的充分和必要条件。乔根森认为，他的二元经济理论属于新古典经济理论，而刘易斯和费-拉的二元经济理论属于古典模式。古典模式假设存在剩余劳动力，而新古典模式则假设劳动力不出现过剩。[①] 在我国，完全寄希望于城市，或者仅仅依靠农村自身的就业机会来接纳农村剩余劳动力都是不现实的。一方面，必须提高城镇化水平对农村劳动力的吸纳能力，这就必须加强制度创新、降低城镇流动成本。另一方面，农村内部的产业结构调整以及农村工业化水平的提高对农业劳动力的就地转移也是非常重要的。

（二）个人选择理论

刘易斯模型的假定是城市不存在失业，由于城乡存在收入差距，农村劳动力由此迁入城市。但从20世纪60~70年代来看，发展中国家的失业问题越来越严重。这样，充分就业的假定就受到挑战，刘易斯模型的有效性受到了质疑。唐纳德·柏格的"推拉理论"与托达罗的期望收入理论均属于个人选择理论。与二元经济理论不同的是，他们认为个人或群体因对收益与成本（不利于劳动力流动的那些因素就可以称为成本）的利弊判断而采取行动。推拉理论主要立足于当前的"现实"，而期望收入理论的高明之处是对流动结果的"预期"，它是在推拉理论的基础上发展而成的。推拉理论与期望收入理论都是从微观层面的阐述，并没有对部门之间关系进行分析，这与刘易斯和费-拉理论考虑问题的视角截然不同。

1. 唐纳德·柏格的"推拉理论"

"推拉理论"属于古典和新古典主义下的"均衡"范式。早在19世纪80年代E. G. 拉文斯坦（E. G. Ravenstein）就对人口的转移进行了研究，在《人口转移规律》一书中他阐明了人口迁移的动机，总结出"迁移七大定律"，其中经济原因是主要的，而受歧视、受压迫、沉重的负担、气候不佳、生活条件不舒适等也都是影响人口迁移的因素。推力、拉力这两个

---

① 胡学勤：《失业论——中外失业问题研究》，人民出版社，2002，第292~294页。

因素对人口迁移的作用，实际上是复杂的过程。唐纳德·柏格等在 20 世纪 50 年代较为系统、全面地阐释了人口迁移的"推拉理论"。该理论认为，从运动学的角度来看，人口迁移是两种不同方向的力的相互作用引起的。城市由于经济社会发展而具有拉力，同时农村经济社会发展处于劣势而形成了推力，农业劳动力总是在"推力"和"拉力"、"反推力"和"反拉力"的正负效益中权衡，从而做出流动的决定。"推拉理论"做出的假设是：人们的迁移行为是理性选择，迁移者对原住地与迁入地的信息有充分了解。由此，迁移者将从自身的发展进行全面衡量，以此做出是否迁移的决定。该理论阐释了劳动力转移的"推－拉"假设（push-pull hypothesis），说明了人口迁移的本质。"推拉理论"对流动的解释不仅考虑到经济因素，也考虑到社会因素，利用这一理论可以对农民工做出流动决策的内外驱动力做出较好解释。

人们的生存与发展离不开一定的资源，人口流动是由资源分布不均衡引起的。"推拉理论"对人口流动的原因、动机的解释具有一定的影响力。当前大规模的农民工流动也是对流动成本与收益权衡的结果。产业间相对收入上的差异是劳动力在产业间流动的重要原因。农村人口的流动不只是因为第一产业生产率提高的排挤效应，而主要是因为第一产业和第二、第三产业间收入差距扩大带来的追求经济理性与市场理性导致的拉力效应。显然，第一产业职业结构的这种"低级化"，从反面衬托了第二和第三产业的"高级化"，收入不足、不满意的工作条件和前景等"推动"了大批农民工进入创业行列。

因为"推拉理论"的假设过于简单，在现实中也很难成立，所以后来的诸多经济学家在这一认识的基础上，不断地加以修改、完善，也有一些学者把交易费用的概念引入对劳动力转移的成本分析中。[1] 1966 年人口学家李（E. S. Lee）在美国《人口学》杂志上发表题为"迁移理论"的论文，将迁移行为的影响因素概括为四个方面：一是流出地的影响，这种影响由正反两方面构成；二是中间障碍因素，指移民限制规定以及迁移距离等因素，包括物质的障碍、距离的远近、语言文化的差异以及移民自身的价值判断；三是流入地的影响，也由正反两个方面构成；四是个人因素，

---

① 李培林：《作为社会流动的民工流动》，摘自中国网，www.China.com.cn，2003 年 6 月 20 日。

指年龄、性别、文化程度、生活方式、收入水平等。[①] 这也是对"推拉理论"的总结。

可以说，推拉理论涉及一些个人微观层面的分析，但主要是从效率、个人成本收益的角度来分析问题。因为推拉理论是以劳动力要素充分自由流动为前提，因此用推拉理论来解释农民工流动的动因还不够。

2. 托达罗的期望收入理论[②]

在 20 世纪 60 年代末 70 年代初，美国发展经济学家托达罗（Todaro）在刘易斯二元经济假设的基础上，建立了哈里斯－托达罗迁移模型（Harris-Todaro Model），该模型假定劳动力迁移取决于城乡劳动力市场工资的比较。托达罗的人口流动模型建立在城市存在失业的假设基础之上，与建立在充分就业假定上的刘易斯模型形成了鲜明对比。他提出了"预期"这一概念以及期望收入理论，并提出用预期工资的均等取代工资的均等而作为基本的均衡条件，是发展经济学中具有启发意义的思想。托达罗预期收入理论认为，人口流动是合乎理性的经济行为，人口向城市迁移的决策源于预期的收入差异。个人的迁移取决于预期的收入、就业机会的大小、输出成本和等待成本。"根据哈里斯－托达罗的假说，答案在于移民者丢掉了一个有保证的乡村工资，是为了一个更高的预期的城市工资。"[③] 农村劳动力把农村的现得收入与进城后找到工作机会的预期收入做比较，才冒着失业的风险向城市迁移，这样就会有大量的农民工涌入城市。一句话，农村劳动力是否向城市转移不仅取决于城乡实际收入差距，而且取决于城市就业率或失业率，即农村劳动力做出流动的决策是对稳定的农村低收入与隐含风险的城市高收入的权衡。农业劳动者是否向城市迁移，取决于他们对在城市获得较高收入的概率和成为失业者的风险的权衡。托达罗的迁移模型是对推拉理论的进一步阐发。

发展中国家二元经济结构的消解不能仅仅依靠农村人口不断流入城市，而要同时发展农村，实现城乡之间的统筹发展、一体化发展，如此才能最终消除二元性（duality）。托达罗模型的政策意义是：发展中国家要合

---

① 钟甫宁、栾敬东、徐志刚：《农村外来劳动力问题研究》，人民出版社，2001，第 25～26 页。

② 参见谭崇台《发展经济学概论》，辽宁人民出版社，1992，第 129～137 页。

③ 约翰·伊特韦尔、默里·米尔盖特、彼德·纽曼：《新帕尔格雷夫经济学大辞典》，经济科学出版社，1992，第 638 页。

理地解决人口流动问题，就必须制定全面的就业创业战略，逐步缩小城乡不均等现象。托达罗模型对人口流动与失业并存现象的解释比较符合发展中国家的现实，但是，它假定农业部门不一定存在剩余劳动力而城市却有大量的失业，这与发展中国家的实际不吻合。

在西方经济学家话语体系里，人们关注的核心仍是经济学层面的收入、劳动力等要素。而实际上，农民工流动有更深的含义。如果仅以经济学视角探察产业结构的变动、农村人口的流动，还不足以充分地反映特定情境中农民工流动与社会结构之间的互构关系。

二　社会流动：社会学维度下的流动

社会学研究的社会流动比经济学研究的劳动力流动，在内容和含义上更广泛、更深刻。这一维度下的流动，主要侧重于对流动规则与精英模式的探讨。在具体表现上，社会成员的社会身份获得有两种类型：先赋性身份（ascriptive identity），指个人由出身门第而获得的身份地位，而地位的获得是由他所处的家庭或者阶级所决定的；自致性身份（achieved status），指个人社会身份地位和社会流动机会的获得是后天努力程度、个人能力大小决定的。社会身份体现了人们在特定社会结构模式中的社会位置，在不同的社会、经济条件下，社会流动的影响因素会存在较大差异，这也影响社会流动的方向。

在帕森斯的著作中，社会地位、社会位置的继承被赋予广泛的社会、文化意义。帕森斯认为："有三种特征可以评价分层体系中的不同个体，它们分别是财产，或人类所具有的象征；品质，它属于个体，包括一些归属性特征，如种族、血统或性别，也包括一些永久性特征，如特殊能力；表现，或对个体履行其角色的评价——简言之，即成就判断。"① 帕森斯进一步认识到，继承是社会进化的起始状态，随着社会的不断进化，社会结构将发生分化，继承和成就成为相对立的概念。传统社会重视门第、血统等归属性特征，而现代社会重视业绩，对社会角色评价的标准是实际的表现。

在不同的制度背景下，社会流动模式、社会分层体系也不同。"在上

---

① 〔美〕西摩·马丁·李普塞特：《一致与冲突》，张华青等译，上海人民出版社，1995，第72～73页。

向流动制度化的社会中，——在那里，是获得性身份而不是先赋性占支配
地位。——不同阶层之间的敌意与社会层次中较高阶层的很强吸引力结合
在一起，这为较高层次的阶层提供了某些行为模式。"①

传统社会具有的封闭性造成了阶层之间隔离的、基本不流动的状态，
使社会成员固定在一个社会身份上。而现代社会结构具有开放性特质，阶
层之间容易出现流动，社会流动的机制、方向也发生了变化，社会成员更
有可能通过自己的努力而进入更高的社会阶层。以色列著名社会学家艾森
斯塔德（S. N. Eisenstadt）看到了传统与变迁之间的关系，他指出："在许
多前现代社会中所见到的那种财富、权势和身份关系，在一种颇为严格的
等级秩序中结合或分隔的倾向，随着现代化的演进而趋于消失。"② 开放社
会是具有更多发展机会的社会，是一个可以依靠自身努力而改变地位的更
为公平的社会。流动机会意味着人们会有更多的阶层之间流动的可能。随
着市场的扩展，社会分层模式与标准发生变化。市场转型理论的代表人物
维克多·倪志伟（Victor Nee）认为：

> 随着权力——对资源的控制——越来越由政治结构转向市场制
> 度，报酬的分配将会朝着有利于掌握市场权力而不是再分配权力的人
> 的方向转变。……分层机制的变化源于以市场制度为中心的收益和理
> 论机会的扩展。……以往在国家社会主义官僚体制和经济中被限制无
> 法发展的群体和个人得到了通过形成中的劳力市场和私人企业经营来
> 进行社会流动的机会。③

在"再分配经济"中，生产者被纳入纵向的网络，然后通过纵向网络
中的权力关系，再进行从上而下的再分配，拥有再分配权力是获得精英地
位的必要条件。否则，他们就会被排除在精英阶层之外。而向市场经济的
转变使再分配体制向市场体制转变，也改变了再分配经济中以权力作为分
层机制的状况，这样，企业家就成为一种类似于官僚的社会成就的指

---

① 〔美〕L. 科塞：《社会冲突的功能》，孙立平等译，华夏出版社，1989，第20页。

② 〔以〕S. N. 艾森斯塔德：《现代化：抗拒与变迁》，陈育国、张旅平、沈原译，中国人民
大学出版社，1988，第9页。

③ 倪志伟：《一个市场社会的崛起：中国社会分层机制的变化》，见边燕杰主编《市场转型
与社会分层——美国社会学者分析中国》，三联书店，2002，第219～220页。

示器。

社会分层是多维度的，精英也应该是流动的、循环的。精英理论的兴起是在 19 世纪末 20 世纪初。精英循环（流动）理论在意大利社会学家莫斯卡（Gaetano MoYa）和维尔弗雷多·帕累托（Vilfredo Pareto）那里有比较深刻的论述。精英理论的创始人莫斯卡在 1896 年《统治阶级》一书中就提出大众和精英二分，他同时认为阶层之间应该有合理的流动渠道，社会的底层精英也具有向上流动能力："对于下层阶级来说，生活的逼迫、无休止地为果腹而奔波，和文化知识的贫乏，使他们保持着人类自强不息的原始本能和不断更新的活力。"帕累托也持类似的观点，他认为在一个社会体系中的各社会阶层是不平等的，这种不平等来源于处在不同社会等级中的人的先天差别。虽然社会结构始终是不平等的，但社会成员应该是流动的，且不仅仅是少数人的流动，社会下层应该有向上层流动的机会。帕累托在 1916 年提出"精英循环理论"（circulation of elite），他认为个人在精英与非精英之间是循环的。

> 如若统治者精英或非统治者精英试图拒绝来自公众的更新更具才华的成分输入，如果精英的流通被阻塞，那么，就会破坏社会均衡，就会使社会秩序混乱。帕雷托说明，如果统治者精英不设法去吸收贫民阶层中的卓越人才的话，在改革这种局面之前，将会出现国家和社会失衡。纠正这种状况的办法是开拓新的流动渠道。①

帕累托的目的是建立社会平衡模型。在此基础上，帕累托的学生玛丽·克拉宾斯对不同类型的精英流动做了划分，他提出精英的流动方式："其一是统治精英内部不同类型之间的流动；其二是精英同人口的其他部分之间的流动。有两种表现，一是来自社会下层的人有可能成功地进入现存的精英人物圈子；二是来自社会下层的人可能组成新的精英集团。"②他认为处于底层的群体或个人，具有流入精英群体的可能性。

对精英替代模式的讨论，最早是在东欧学者中展开的。匈牙利学者汉

---

① 〔美〕刘易斯·A. 科塞：《社会学思想名家——历史背景和社会背景下的思想》，石人译，中国社会科学出版社，1990，第 441 页。

② 〔法〕玛丽·克拉宾斯：《法国精英的流动》，转引自巴特摩尔《平等还是精英》，尤卫军译，辽宁教育出版社，1998，第 37 页。

吉斯（Elemer Hankiss）认为："在向市场转型的过程中，权力的作用并不会一下子消失。一些拥有权力的干部，在利用自己掌握的权力，将自己重构为一个有产阶级。"[1] 波兰的斯坦尼斯基（Jadwiga Staniszkis）也认为："东欧正在经历一场政治资本主义的过程，这一过程的典型特征是，原有的政治职务已经成为私人积累财富的手段。"[2] 当资本主义社会中的权力成为积累财富的手段，市场机会的多样化会使精英的产生从单一向多元化发展，这集中体现在精英的形成和继替模式上，"从某种意义上来说，向市场转型对利益关系和分层结构的影响，会集中地体现在社会中的精英形成和继替模式的分析，又直接涉及到向市场转型过程对机会结构所造成的影响。也就是说，向市场转型的过程会给哪些人提供机会，使之成为社会精英？"[3]

社会精英产生有其特殊的"场域"，这体现在他们所具有的"资本"优势上。斯坦福大学社会学系教授魏昂德（Andrew G. Walder）在《职业流动与共产主义的政治秩序》一文中，基于对中国的研究，同意社会主义精英群体包括管理者精英和专业化精英的观点，但同时强调进入精英群体的途径、标准是泾渭分明的，各个领域的标准存在一定的差异。魏昂德提出：

> 进入管理者精英群体需要有高学历、良好的政治素质，其职业享有相当的社会声望和权威。而与此不同的是，进入专业化精英的途径，需要有高学历，但不要求有政治资本。他主张通过社会流动结构观察和分析政治秩序，分析精英阶层的形成过程。[4]

在传统与现代并存的时期，精英的形成与流动既带有总体性社会的特征，也带有现代社会的特征。在总体性社会中，政治资本是核心，在这种情况下形成的精英被称为总体性精英。"总体性精英过多地垄断了社会资

---

① Hankiss Elemer, *East European Alternatives*. Oxford：Oxford University Press. 1989.

② Staniszkis Jadwiga, *The Dynamics of Breakthrough*. Berkeley：University of California Press. 1991.

③ 李培林主编《中国新时期阶级阶层报告》，辽宁人民出版社，1995，第533页。

④ Andrew G. Walder, "The Political Dimension of Social Mobility in Communist States：China and the Soviet Union." *Research in Political Sociology* 1，1985，pp. 101 – 107.

源，因而，它侵犯了众多阶层的利益。中产阶级之所以难以形成，部分原因在于，原本应被社会中产阶级占有的资源，现在被总体资本垄断去了。"[1] 到了现代社会，由于新的机会结构的出现，在非精英群体中出现了许多没有"社会背景"的精英群体，这加速了社会各阶层之间的流动。

由此，社会流动理论分为二大学派：美国学派与欧洲学派。美国学派认为个人的态度与行为是导致社会流动的主要原因，强调社会位置的不同是个人的素质，特别是接受的教育与掌握的技能不同而造成的。而欧洲学派认为社会流动的主要原因是社会结构的转变，人们社会位置、社会地位的不同主要是结构性安排的结果。[2] 欧洲学派与美国学派在社会流动方面持不同观点。在这一理论背景之下，美国著名社会学家彼特·M. 布劳（Peter M. Blau）与奥蒂斯·达德利·邓肯（Duncan）提出个人地位获得的理论模式。在他们看来，职业流动是社会流动的一个重要体现，职业流动受到先赋性和自致性双重因素的影响，他们对职业地位获得的研究，成为社会学领域研究职业流动的经典。他们首先在理论上假定在工业化社会中，个人社会地位（职业地位）的获得，受到个人生命周期中出现的许多因素的影响，包括父亲的职业地位和教育程度等先赋性因素，以及本人的初次职业和教育程度等自致性因素。然后，再采用路径分析的方法，通过对代际、代内流动过程的研究建立他的地位获得（status attainment）模型，揭示职业变迁中个人社会地位的变化与社会背景之间的关系，并得出结论：家庭背景在初次职业流动中的作用要大于本人教育水平，从中可以判断一个社会的开放程度的高低。[3]

布劳看到，社会位置间的流动、分布改变了职业结构，从而也改变了社会结构。"社会流动包含了个人在不同的职位之间的所有流动，包括了职业流动和迁移。朝一个方向的过量流动会改变人们在社会位置之间的分

---

[1] 孙立平：《总体性资本与转型期精英形成》，载孙立平《转型与断裂：改革以来中国社会结构的变迁》，清华大学出版社，2004，第 293 页。

[2] 关于这一问题的讨论可以参见李培林《另一只看不见的手——社会结构转型》，社会科学文献出版社，2005；袁方等《社会学家的眼光：中国社会结构转型》，中国社会出版社，1998，第 65~66 页。

[3] See Peter M. Blau and Otis Dudley Duncan, *The American Occupational Structure*, The Free Press, Collier Macmillan Publishers, 1978.

布，因而也会改变社会结构。"① 自 1967 年布劳、邓肯发表《美国职业结构》以来，人们对社会地位获得的研究一直以分析职业地位的获得为中心，职业结构成为社会分层和阶级划分的主要基础，成为社会流动研究的主流模式。

雷蒙·布东认为社会地位的获得，既依赖于社会结构的地位分配，又依赖于个人特质，特别是出身与教育的分配，这两种分配的不一致导致社会流动现象。这就支持了以下推断：在其他条件都平等的情况之下，教育制度越发达，精英的比重相对于社会继承者的比重就会越大，更靠个人的能力。② 在地位获得过程中，个人行为选择必然会影响社会结构安排。这一学派是在批评两种整体论范式，其以马克思主义与结构主义为基础，并且获得了成功。布东的观点与马克斯·韦伯的方法论一致，都认为社会学只能通过考察某些或许多独立的个人的行动才能前进。但他同时也擅长与注重数学和统计分析，他的主张与传统的欧洲大陆的观念有很大的不同。另外，柯林斯与吉登斯在理论领域里也发出了挑战。③

而在当代社会流动理论研究中，人们对制度因素研究的倾向也初见端倪，如美国康奈尔大学社会学系维克多·倪志伟提出的"改革中的社会主义经济"的市场转型理论。倪志伟认识到，市场机制的引入以及作用的扩大，对再分配权力提出了挑战，削弱了再分配权力的地位，并且形成了新的机会结构，使一些原来处于社会底层的弱势群体，可以通过新的机会结构而实现阶层之间的流动。倪志伟提出三个论题与十个假设：

> 市场权力论题是指从再分配向市场的转型会涉及权力的转移，这种转移有利于直接生产者而不利于再分配者；市场刺激论题是指市场对直接生产者提供强有力的刺激，向市场经济的转变意味着对人力资本特征的更高报偿。那些受过教育的农民，可以对政策转变和政治形式的变化更为敏感，从而能抓住其中的机会；市场机会论

① 〔美〕彼特·布劳：《不平等和异质性》，王春光、谢圣赞译，中国社会科学出版社，1991，第 12 页。

② Raymond Boudon, *Education, Opportunity, and Social Inequality*, A Wiley—Inter Yience Publication, 1974, p. 137.

③ R. Collins, *Conflict Sociology: Towards an Explanatory Yience*, 1975. A. Giddens, *New Rules of Sociological Method: A Positive Critique of Interpretative Sociologies*. London: Hutchinson, 1976.

题是指在国家社会主义中，在从再分配经济向市场经济转型时，会形成进入市场的新的机会结构，市场将成为社会经济流动的另一渠道。机会结构的变迁将使企业家成为一种类似于干部的社会成就的标志。①

倪志伟的市场过渡理论强调、分析了制度安排的惯性对社会流动的影响。市场化改革冲击了传统的资源分配结构、动摇了农村封闭的社会结构。农民职业结构和就业状况的改变成为农民地位发生变化的重要变量，农民工流动之后获得了新的社会位置和更高的社会地位。我们可以从农民工流动的制度安排感觉到社会结构因素对他们的流动动机转化为行动所带来的影响。

显然，精英在变化了的社会环境中产生，社会结构变化与精英的流动之间有密切联系。现代社会结构的形成改变了社会流动的影响因素，社会流动形式由以复制式为主转向以替代式为主。合理的社会流动机制的创建，有利于打破社会阶层之间的边界，形成更多的社会精英。中国社会结构由封闭走向开放，"常规化"（routinization）② 成为社会流动的特征。在开放社会中，社会流动的频率提高，人们的身份获得由以先赋性为主转向以自致性为主，社会流动规则也由先赋性规则向自致性规则转变，后者随之成为社会流动的主导规则。但现代社会结构的生长是渐进的，目前，由于经济体制的实施、资源配置的合理安排，以成就为依据的原则成为社会现实。这一社会结构系统不断分解出新的社会结构要素，各种社会关系也开始重组，由此形成了新的社会结构主体，为现有的制度安排提供了结构上的变革资源。显然，农民工群体中精英的塑造（crafting）与流动既是"社会发展"的需要，也是个人"自我价值实现"的合力，其形塑受到宏观社会结构的影响，也受到个人特质的影响。从社会学视角来看，农民工流动体现为一种社会流动，农民工流动过程是发展机会获得、社会地位变化的过程。

---

① 李培林主编《中国新时期阶级阶层报告》，辽宁人民出版社，1995，第 508～522 页。
② "常规化"是安东尼·吉登斯提出的概念，"常规化是指人们的生活习惯、日常生活中大量出现的、人们视之为理所当然的、习以为常的活动"。参见李强《农民工与中国社会分层》，社会科学文献出版社，2004，第 378～379 页。

三　分野与融合

从经济学与社会学的互动关系来看，劳动力流动现象受到普遍关注。马克思、恩格斯是把经济学和社会学进行融通研究的重要人物。社会学是经济学的基础，脱离社会学而独立研究劳动力流动是片面的，社会流动也是经济学研究的一个基础性问题。在经济学、社会学关于流动的理论阐述中，已经预设了社会学与经济学相互对话的可能性与必要性。经济学与社会学对流动的解读是双重的：（1）经济学研究人们的经济行为，追求的是更高的经济效益，主要解决效率、成本与收益的问题，侧重于劳动力资源的配置与效益；（2）社会学关注的是社会行为，追求的核心是社会效益、社会公平。在市场经济发展阶段，效率优先带来了"后市场化问题"，① 单靠市场无法解决这些问题时，就要反省以效率优先的标准了。现在，制度经济学已经开始做这方面的研究，注意到资源配置的权力与公平问题。美国著名经济学家保罗·克鲁德曼（被美国《幸福》杂志评为"西方自凯恩斯以来文笔最好的经济学家"）提出：在效率与公平之间，同一个国家在不同的发展阶段依靠的经济增长方式是不一样的，此外两者的权重也不同。

当今的社会现实已经表明：单靠经济学无法解决后市场化问题。社会学和经济学有相互借鉴的必要。经济学的研究领域开始出现社会学的内容，社会学也开始向经济学领域渗透，将社会因素放入市场以及社会流动的情景中。欧洲经济社会学主流学者、瑞典著名社会学家里查德·斯韦德伯格（Richard Swedberg）对经济社会学的研究主题、研究领域进行了归纳，跳出了那种只把市场作为价格机制，而不把市场作为社会结构来考察的圈子。② 斯韦德伯格强调了经济分析中引入社会结构、制度分析的必要性，"斯韦德伯格把韦伯的经济社会学思想概括为——从受利益驱动的个体行动出发，在经济分析中引入社会结构——是十分准确而有见地的，突

---

① "后市场化问题"是指市场化成功，也带来了许多市场经济体制无法解决的问题。在经济学领域，天则所对这一问题的研究，推动了中国制度变迁的研究。

② Richard Swedberg, "Markets as Social Structures." In N. Smelser, and Richard Swedberg, (eds), *The Handbook of Economic Sociology*. New York: Princeton University Press and Russel Sage Foundation, 1994, 转引自李培林、覃方明主编《社会学理论与经验》（第 1 辑），社会科学文献出版社，2005，第 35 页。

出韦伯探讨经济的社会行动（economic social action）时力主将因果分析与意义理解两种进路结合起来的一贯思想。……韦伯的经济社会学思想在1970年代出现的新制度经济学和新经济社会学中得到了响应，以诺思和威廉姆斯为代表的经济学家从利益驱动入手，试图发展出一套将社会性行为考虑在内的方法，而以格兰诺维特和怀特等为代表的社会学家则反过来，想了解经济行动和利益是如何嵌入社会结构的。他们延续的都是整合利益驱动和制度制约的进路。当代社会科学实践已经表明，单靠经济学是无力胜任这一任务的。"[①] 社会学着眼于社会行动或指向他人行为的行动，因此这一研究进路也为经济学之外的其他各门社会科学勾勒出发展的前景。

应该看到，社会学对流动的解读是"双轮"的，对人们的流动行为的分析必须从制度因素（制度论）和非制度因素（文化论）两个方面同时进行，因为社会行动者既是理性的"经济人"，也是"社会人"。对于主体的行动，可以从两个方面来理解：（1）人们的行动受到社会结构的制约，从制度论角度可以对人们的行动做因果性说明；（2）人们的行动还受到利益的驱动，包括物质利益与精神利益两方面因素的影响，从文化论角度可以对人们的行动进行意义理解。在互动网络中，人们的市场行为应同时结合法律、政治与文化等因素，关于社会流动的研究也应是多角度的。从社会学视野下来看，流动既关注社会阶层的分化问题，又关注劳动力从一个社会位置转换到另一个社会位置的过程，主要也是探讨社会公平问题。这给我们以启示：经济学家在注重效率的同时，也要关注社会公平、机会平等，以利于社会稳定。劳动力流动研究的这两个理论脉络——经济学视角的研究再加上社会学视野的扩展以及两个视角出现的融合趋势都有助于理解社会流动现象，对政策研究也起导向作用。

在市场不完善的情况下，社会流动在社会结构转型过程中存在失衡，这体现在城乡之间、行业之间、经济层面与社会层面之间。对农村社会结构调整而言，关键是要推进农民的"非农民化"。农民工来到城市，城市社会利用其廉价的劳动力降低了商品生产的成本，而农民工也从中得到了比在农村更高的收入以及更多的社会性收益（文化因素、生活方式改变等）。一份经济合作与发展组织关于"中国的劳动力流动和农村贫困"的

---

① 苏国勋：《马克斯·韦伯与经济社会学思想》中译本序言，载〔瑞典〕理查德·斯威德伯格：《马克斯·韦伯与经济社会学思想》，何蓉译，商务印书馆，2007，（序言）第9～10页。

报告指出:"约99%的中国贫困人口都生活在农村地区,大部分是在西部省份,这些地区的共同特征是基础设施落后、社会服务不发达、自然环境脆弱、对于农业的依赖强。这些地区从国内经济增长和国际贸易增加中受益的可能性最小。"① 当今,政府改变了扶贫的策略,开始重视农村基础设施建设,以此引导农民工就业和创业。

在经济学领域中,也有许多学者关注"社会"问题,由经济增长方式转变而引起的社会结构、人口结构、就业结构的变化,是经济学也是社会学研究的内容。运用、理顺两者关系,进入学科之间的交叉视角,才能使经济与社会发展阶段更加协调、更加一致。从另一角度来看,体制改革、城市就业机会增加构成了社会流动的结构背景,同时也引起了社会结构、社会分层的变化,而单向地从产业结构调整出发探寻劳动力在三产间的流动是存在缺陷的。由此,从社会学与经济学两个思路的融合入手,才能真正理解流动所蕴含的本质,也才能对农民工创业行为路径进行更详尽的分析与描述。

第三节　创业相关理论

创业理论的研究是不断演化的,逐渐成为社会热点,并有多个学科对此加以解读,研究核心聚焦到创业过程研究、创业产生机理研究,以及各视角之间的联系与相互作用。

一　本土化的维度:理论和运用

20世纪50~80年代的创业理论研究侧重于考察创业者特质,关注成功创业者的人口统计学特征,如从性别、年龄、种族等,以及个体特质和心理特征、行为特征来研究创业者个人特质,并形成创业研究特质论派。其主张创业是否成功取决于个人特质,即取决于天赋、承担风险的能力和心理素质等。这一学派忽视了创业是内外因素互动的过程。因为,创业活动不是创业者个性心理素质的简单外化,只有在对社会经济体系、社会结构的考察中才能更深刻地认识创业本质及其产生与发展的过程,单纯用性

---

① 经济合作与发展组织:《中国农业政策回顾与评价》,李先德、顾丽萍等译,中国经济出版社,2005,第137页。

格特征不能给予很好的解释。随着创业研究的不断深入，越来越多的学者提出创业研究应该关注创业者行为并挖掘创业过程、规律。20 世纪 80 年代后期，国外一些创业研究方面的学者提出创业研究应关注创业行为与过程而非创业者人格特质的主张，并得到了广泛的认可，由此创业研究从"特质论"转向强调"创业行为过程"。20 世纪 80 年代到 20 世纪末，创业理论研究侧重于创业过程及要素的分析，众多学者纷纷从不同角度探索机会发现对创业生存与发展的影响。

21 世纪初至今，创业理论关注创业机会、创业活动及其内在联系，以及创业成长的实现途径，并注重多学科的交叉，微观层次的创业研究引发各种学科和理论视角审视创业。这也是创业研究取得进展的重要原因。归纳起来，经济学是从资源配置的角度，关注创业效果；社会学角度认为社会文化背景、环境、工作经历等是决定创业者的潜在因素，强调的是个人变量，包括能力、认知策略、期望、主观价值、自律系统与特定情形的交互作用；认知心理学角度则致力于创业过程中创业机会的识别、开发和利用研究；管理学角度则主要关注创业管理与创业环境分析。

通过对立论基础、研究方法及框架的分辨和对比，形成了认知理论、社会文化观、资源观、机会观、社会资本观等流派，又拓展出风险学派、领导学派、创新学派、战略适应视角等理论流派，[①] 它们在实践中展开了机会观、资源观、社会资本观等多方面的研究。创业研究的范围也从单一要素的研究逐渐发展到系统化的研究，更多研究关注要素之间的联系和相互作用，如创业者与机会识别、创业者与环境之间的作用等，最终形成了一个包括创业者特征、创业过程、创业结果和创业环境的概念框架。这些研究有助于创业研究与主流管理理论的融合，丰富了现有的理论。这一框架可用来解读中国的创业现象，并在农民工创业实践中得以丰富。随着中国创业经济的迅猛发展，创业实践活动逐步升温，这必然要求我们进一步关注创业理论构建，并将创业研究的理论成果运用于创业实践。

---

① 朱仁宏：《创业研究前沿理论探讨：理论流派与发展趋势》，《科学学研究》2005 年第 10 期，第 688~696 页；陈钦虹：《创业理论述评》，《商场现代化》2006 年第 21 期，第 25 页；吴金法：《创业理论：多元的研究视角》，《温州职业技术学院学报》2006 年第 12 期，第 12 页。

二　关于创业基本理论

从不同视角对创业行为及过程进行考察，是创业理论研究的重点和发展方向。社会认知理论视角关注个性心理特征及社会特征，而社会文化理论视角关注社会文化环境对形成创业者独特的个性心理与行为特征的影响，资源观、机会观、网络观则从不同侧面研究了各个不同要素对创业活动的发生过程的影响。

（一）社会认知理论视角

社会认知理论侧重于对创业者特质进行阐述，认为创业者的心理特性如敏感、认知能力、想象力等主观因素影响人们的创业行为。18 世纪法国经济学家坎蒂隆（Richard Cantillon，1680 – 1734）将创业行为纳入经济学研究，注意到创业者、企业家是具有卓尔不群的社会经济特性的社会群体，即能够在寻求机遇的过程中扮演、承担创业风险角色的人，由此开启了创业研究注重创业者个性、素质及其社会经济职能的创业研究视角。秉承坎蒂隆创业研究的个体视角，以奈特、熊彼特和柯兹纳为代表的认知学派，从不同层面与不同角度分析了创业者认知过程的性质，指出了创业者认知特征的重要性，认为知觉和解析等认知因素在企业创业中扮演重要角色。[1] 远见、机敏、直觉和智力等个性心理特征受到创业研究者的重视。

在 1921 年《风险、不确定性和利润》一书中，奈特（Knight，1885 – 1972）讨论了与创业有关的"不确定性""风险""机会"概念，提出用"不确定性"取代"风险"，把创业者视为不确定性的承担者，"世界上只有少数人是风险偏好者，而绝大部分人是风险规避和风险中性者，后者愿意交出自己对不确定性的控制权，但条件是风险偏好者即企业家要保证他们的工资，于是，企业就产生了"。风险偏好者可能成为创业者，而多数人则只是回避风险，他们通过转嫁风险而仅仅获得工资收入。在 1942 年《资本主义、社会主义和民主主义》一书中，熊彼特（Yhumpeter，1883 – 1950）将创业者视为具有高估自己成功概率倾向的个体，认为创业群体具有打破已有经济均衡的"创造性破坏"力，是"通过利用一种新发明，或

---

[1] Lowell W. Busenitz, G. Page West et al. "Entrepreneur Research in Emergence: Past Trends and Future Directions." *Management*, Vol. 29, No. 3, 2003, pp. 285 – 308.

者更一般地利用一种未经试验的技术可能性来生产新商品，或者用新方法来生产老商品；通过开辟原料供应的新来源或开辟产品的新销路和改组工业结构等手段来改良或彻底改革生产模式"，由此成为经济体系的架构者。1979 年经济学家柯兹纳（Kirzner）在《知觉、机会和利润：创业理论研究》一书中指出：创业活动是一个机会发现过程，创业者具备一般人所不具备的能够发现市场并获得机会的敏感，对机会保持高度警觉性，即个体对未得到满足的市场需求及未被充分利用的资源的敏感力，进而利用这些机会进行创业。创业警觉性受到个性特征、相关知识和经验、社会网络关系等的影响，这些因素的匹配程度也反映创业者的警觉水平。这些创业研究对个人特质给予相当的重视。

随着认知心理学的发展，从认知角度对创业领域问题的研究也逐渐深入，并逐步拓展到创业者能力、动机、认知与行为研究领域，其中创业者特质研究受到了特别关注。罗纳德（Ronald K. Mitchell）、洛厄尔（Lowell W. Busenitz）、芭芭拉·伯德（Barbara Bird）等七位著名创业学者开始关注创业认知研究趋势的新进展，认为创业认知是一种有意识的心理活动过程，是"人们用来对机会、创业及发展等进行评估、判断和决策的知识结构"，[1] 并指出未来的创业研究应围绕社会认知范畴展开。一些学者认为，创业者具有一定的个性与心理特征，创业就是创业者所拥有的一些个性特征或行为。[2] 社会认知理论学派通过区别创业者和非创业者在个性特质上的差别，寻找创业行为背后的原因。后来，行为学和管理学领域的学者对创业者认知行为、创业者能力特征进行了深入研究，从而使创业理论研究从特质观过渡到认知观。从整体来看，创业农民工对潜在获利的经济机会反应更加灵敏，社会关系及活动能力也更强。在创业能力方面，学术界曾借用唐·马科和德布马克利（DonMacke and DebMarkley）的测试表对农民创业的潜在能力进行研究，针对创业者创新性、合作性、坚韧性的指标因子进行分析，结果表明：我国农村具备创业能力的农民在数量上超过

---

① Mitchell, R. K., Busenitz, L. W, Bird, B. et al. "The Central Question in Entrepreneurial Cognition Research 2007." *Entrepreneurship: Theory and Practice*, Vol. 1, 2007, pp. 1 - 27.

② McClelland, D. C. *The Achieving Society.* New York: Free Press, 1961; Sexton, D. L., & Bowman, N. "The Entrepreneur: A Capable Executive And More." *Journal of Business Venturing*, Vol. 1, 1985, pp. 129 - 140.

50%。① 流动改变了农民工人力资源状况，也提高了他们的创业能力。

社会认知理论从微观层次分析创业活动，探索创业行为的差异性和规律性，有助于揭示创业过程动态性和复杂性背后的本质因素，解释创业意愿、动机。但是仅仅从创业者的人格、态度与人口统计学特征考察创业，忽视创业产生和成长的过程与环境因素，在解释创业行为和创业过程时只能获得有限的结论。只有从创业环境、创业认知及其行为的互动关系中来考察创业者的认知发展与行为表现，才能够理解创业行为和创业活动的全过程。

（二）社会文化理论视角

与社会认知理论关注创业者个性心理特征及社会特征不同，社会文化理论视角关注社会文化环境对形成创业者独特的个性心理与行为特征的影响。马克斯·韦伯（Max Weber, 1864－1920）率先用社会文化理论解释创业，在《新教伦理与资本主义精神》（1930）中他把文化与人的精神价值、行为取向联系起来，分析文化对个体行为的影响，将创业行为和社会环境联系起来，认为新教主义的兴起鼓励了勤劳、节俭和为积累物质财富而奋斗等精神。② 文化价值影响身处其中的人，使其具有某种个性特征，这可能引起创业行为。William P. Glade 则提出了创业情境模型，主张创业者是在一个特定的社会和文化背景下经营的决策者。③ 在某些特定的文化体系下更容易产生创业者，文化体系通过价值观影响其创业意愿及创业自觉性和主动性，经历、背景、环境类似的人可能在创业行为态度和创业行为控制方面较接近，表现出与其文化背景相对应的行为特点。这一理论视角可以帮助我们理解不同国家和地区创业行为的生成背景、创业态度。对创业行为的社会认同将积极提升人们的创业意愿，并直接影响创业决策模式偏好。

（三）机会观视角的创业

创业机会的识别是创业的重要方面。机会识别的重要地位从 Scott

---

① 黄德林、宋维平、王珍：《新形势下农民创业能力来源的基本判断》，《农业经济问题》2007 年第 9 期，第 8～11 页。

② 马克斯·韦伯：《新教伦理与资本主义精神》，于晓、陈维纲等译，生活·读书·新知三联书店，1987，第 24～26 页。

③ Glade W. P. "Approaches to a Theory of Entrepreneurial Formation." *Explorations in Entrepreneurial history*, Vol. 4, No. 3, 1967, pp. 245－259.

Shane 与 S. Venkataraman 对创业研究的界定中凸显出来。他们将创业过程概念化为机会发现和机会开发的过程，围绕创业机会提出了以"创业机会的识别、开发与利用"为主线的创业过程主张。[①] 蒂蒙斯等将创造、识别和抓住商机作为创业成功的关键，指出："在谈到商机的识别时，最重要的是创业领导人以及管理团队与商机的匹配程度。对那些可以运用各种资源的团队来说，好的商机不但是他们渴望的，也是可以获得的。"[②] 创业认识主体首先从感知机会存在开始，通过资源获取、制定与实施创业战略去识别、开发机会。我国创业政策与市场经济体系的逐步完善为资金不足、素质不高的农民工提供了创业机会，农民工在流动过程中从事的打工或经营活动，以及建立的社会网络关系也对获得创业机会具有一定作用。

（四）资源观视角的创业

美国著名战略学者杰恩·巴尼（Jay B. Barney）认为创业管理的战略任务就是找出、发展和配置与众不同的关键资源。杰恩·巴尼将创业能力纳入资源观，并按创业资源的重要程度将创业资源分成人力和技术资源、财务资源以及其他生产经营性资源三个层次。通过分析，他认为创业能力在本质上是不可模仿的资源，能产生持续竞争优势。创业需要商业经营能力、人际交往和管理能力、资源整合能力。农民工创业意愿较高，但是受教育水平低限制，个人能力提升受到束缚，只有依托熟悉的创业环境以及人脉、劳动力资源，及对行业的了解和市场运作才能创业。运用、整合、调整各种创业资源是农民工提升创业能力的关键。农民工创业层次虽然不高，但是创业潜力较大，他们熟悉家乡的资源情况、投资环境，这些市场信息有助于其成功创业。

（五）网络观视角的创业

社会个体以及群体的社会行动存在于社会网络当中。个人社会网络的拥有状况决定了创业者对内部和外部资源的动员能力。创业者创业资源的获得离不开对社会关系网络的利用。"网络观视角的创业认为社会网络结

---

① Shane, S., & Venkataraman, S. "The Promise of Entrepreneurship as a Field of Research." *The Academy of Management Review*, Vol. 25, No. 1, 2000, pp. 217 - 226.

② 杰弗里·蒂蒙斯、小斯蒂芬·斯皮内利：《创业学》，周伟民、吕长春译，人民邮电出版社，2005，第57~60页。

构（外部市场网络、资本网络、人际网络）及关系性资源在机会识别与开发中具有重要作用。创业网络不仅能够提高创业资本、技术和订单的可获得性，而且能够降低获取这些资源的成本。"[1] 创业活动由嵌入社会网络中的资源、关系性资本所驱动，并形塑了创业者拥有的信息、资源。林南认为："个人有两种资源可以获取和使用：个人资源和社会资源，个人资源是个体所拥有的资源，可以包括物质和符号物品（如文凭和学位）的所有权，社会资源是个人通过社会关系所获得的资源。由于社会联系的延伸性和多样性，个人有不同的社会资源。"[2] 农民工创业源于创业者嵌入社会结构之中的各种关系网络。

农民工在城市的社会网络拓展建立在以往社会关系的基础之上，然后逐步从以亲缘、地缘为主转向以业缘为主。通过业缘关系，他们连接到拥有不同资源的个体。"社会资本的总量作为人们拥有的社会联系的全部资本是非常重要的，而且联系越多、越稳固、越有回报（有许多情况下要求如此）。"[3] 获取和使用社会资本决定了个体的行动收益。经过多年外出务工，返乡农民工的人力资本和社会资本积累到一定程度，收入状况和人力资本的提升为他们创业成功奠定了基础。农民工创业行业选择也和他们务工从事的行业、所掌握的技能、所获得的市场信息及社会网络有密切联系。除了亲缘、地缘关系以外，打工经历中最能得到深化的就是业缘关系，对具备经营头脑的农民工来说，还会在此基础上拓展和延伸，从而获得更丰富的社会关系网络。

农民工不仅利用原有社会关系获得资源，还带着工具理性扩展社会关系，成为乡村和外部世界联系的纽带。"发展本身也可以说是一种跳出初级关系的过程，或者说是不断扩充社会网络、增加网络的异质成分的过程。……城市生活拓展了流动农民的生活空间和交往范围，随着社会网络的变化，农村外来人口的社会行动及其意义脉络、动机构成及其知识库存（stock of knowledge）也会发生相应的变化，或者说，农村外来人口在行动

---

① 边燕杰：《网络托生：创业过程的社会学分析》，《社会学研究》2006 年第 6 期，第 74 ~ 88 页。

② 〔美〕林南：《社会资本——关于社会结构与行动的理论》，张磊译，上海人民出版社，2005，第 20 页。

③ 〔法〕P. 布尔迪厄：《国家精英——名牌大学与群体精神》，杨亚平译，商务印书馆，2004，第 642 页。

目的和手段上的变化会影响到自我及其生活世界的建构过程。"① 农民工是以网络形式实现迁移的，进入城市后，他们在农村建立的关系网络也逐步向城市社会延伸。

总之，创业行为以机会为导向，是创业者个体、组织、过程和环境四个变量相互作用的结果，是根据自身的资源、能力进行综合判断和整合的结果。以上理论从不同侧面研究了各个要素对创业活动的发生过程的影响。对创业相关理论的阐释，为研究我国农民工创业生成，及全方位、全过程透视农民工创业提供了较好的理论框架。

三　其他理论借鉴

农民工创业发展是农民工在务工经商中经验、技能积累的拓展和演进的结果，是分工演进理论的有力证明，也是交易效率动态演进、农民工人力资本提升的必然结果。

（一）农民工创业与分工演进

最早系统分析劳动分工的是古典经济学创始人亚当·斯密（1723～1790），他指出："劳动生产力上最大的增进，以及运用劳动时所表现的更大的熟练、技巧和判断力，似乎都是分工的结果。"② 在他看来，正是由于社会成员有各自的分工及从事特定的业务，并从中磨炼和发挥了各自的天赋资质或才能，劳动者的技巧才更加专业。劳动分工在各个领域不断细化，是一个不断演进的过程。市场化进程的加速使大量农村劳动力为了谋求经济利益而流动到城市，最直接的效果是促进了农村劳动力的分化，并以职业转换的形式显现。农民工在流动过程中不停地发生职业转换，他们的差异也渐渐显现出来，农民工流动群体中的精英获得了创业优势，从而以创业这一形式实现了自己的经济利益及社会目标。农民工创业发展也逐步拓展了宽度与深度，呈现创业领域的多元化、地域的多向度，体现为农民工留城创业和返乡创业的多路径选择。农民工创业无论是在农业内部的

---

① 渠敬东：《生活世界中的关系强度——农村外来人口的生活轨迹》，载柯兰君、李汉林主编《都市里的打工农民——中国大城市的流动人口》，中央编译出版社，2001，第59～63页。

② 〔英〕亚当·斯密：《国民财富的性质和原因的研究（上）》，郭大力、王亚南译，商务印书馆，2004，第5页。

延伸，还是在其他产业、行业的延伸，无论是返乡创业还是留城创业，都是分工演进理论的有力证明。

（二）农民工创业与交易效率

分工源于交易的需要，而交易效率又影响了分工的发展，交易效率总是受到市场广、狭的影响。杨小凯与罗伯特·赖斯（Robert Rice）的研究表明：城乡差距起因于城市和乡村产业的劳动分工差别，而这种劳动分工差别则受制于不同的交易效率；城乡间不同的交易效率导致城乡差距自然出现，但随着交易效率不断提高，这种差别会自然消失。[①] 创业发生率和成功率的提高，必然要依赖于交易效率的提高、交易成本的减少。交易效率理论证明了创业的硬、软环境是影响农民工创业路径选择的重要因素，交易效率决定着农民工创业领域与创业地域的选择。然而，由于我国二元经济社会结构仍然存在，城乡发展的不平衡导致农村基础设施建设不配套，如道路不畅、创业园配套设施差等，这些都增加了农民工回乡创业的投资成本与交易成本。交易效率受制度、环境影响，应加大农村基础设施投入、完善农村信息体系建设，降低农民工创业的交易成本。

（三）农民工创业与人力资本

西奥多·W. 舒尔茨最早系统地论述了人力资本理论，认为人力资本是通过人力的投资而形成的资本，对人力资本的投资包括用于教育培训的支出、用于卫生保健事业的支出、用于劳动力在国内流动的支出、用于移民入境的支出。[②] 在他看来，技能和知识存量就是人力资本，人力资本要通过教育、培训等方面的投资形成。马克思也用简单劳动和复杂劳动来解释人力资本的投入和产出。通过对人力资本的投资，可以提高劳动力的质量，促进劳动力资源的合理配置。在现代社会，经济增长的源泉已包括制度、技术、人力资本、知识资本等要素，更加突出了知识和能力的重要性。由此，要提高经济增长率和创业成功率，就要不断提升人力资本存

[①]　Yang, X. and Rice, R., "An Equilibrium Model Endogenizing the Emergence of a Dual Structure between the Urban and Rural Sectors," *Journal of Urban Economics*, Vol. 35, 1994, pp. 346–368.

[②]　〔美〕西奥多·W. 舒尔茨：《人力资本投资——教育和研究的作用》，蒋斌等译，商务印书馆，1990，第55页。

量。在人力资本提升方面，职业技能教育、培训和其他人力资本投资的过程都起着重要作用，应发挥正规教育、非正规教育和多元化的渠道，推动农民工人力资本形成，这就需要进一步建立和完善创业培训机制。

四 创业理论评述与启示

创业研究从宏观领域向微观层次转移和深化，从主要关注创业者特质转向主要关注创业者行为并挖掘创业过程规律，这为理解农民工创业行为勾勒出清晰的发展脉络。以上创业理论包含三个深意。

第一，创业是复杂的经济、社会现象，许多学科都能找到空间和切入点，或专注于创业者特征，或专注于一定社会文化环境下的创业过程，来揭示创业现象与本质。但是，创业研究的系统性和深入性还不够，研究的视野还不够开阔，许多有价值的思想还较为零碎，存在"碎片化"的解释。结合以上创业理论，依照创业活动本身的内在逻辑，针对农民工创业的研究要注意把握以下两个方面：一是要重视对创业者自身要素，包括创业机会识别能力、资源获取能力、社会网络建构能力等的分析；二是要把创业活动置于一定的社会经济体系中，着重对创业主体、创业环境和创业过程之间的互动关系加以研究。

第二，创业理论研究成果也表明，创业环境支持是创业成功的关键，创业机会识别、创业资源整合、社会网络利用等因素是影响创业行为的重要因素，这些都可以通过创业方面的扶持得以实现。应运用机会、资源、社会网络及创业环境的基本理论，通过相关的创业实证研究整理出各个研究主题，进一步完善已有概念框架。创业经典理论在解释农民工创业方面具有一定的适用性。

第三，国内外创业理论研究从总体上描述了创业研究框架，在一定程度上能够为农民工创业提供理论指导。农民工创业行为不仅受到认知能力、社会文化的影响，而且受机会、资源以及社会资本等行为控制能力的制约。从目前来看，创业动机的激发、创业机会的识别、创业者个体与环境的相互作用的拓展等，均需要从整体上把握。应该结合已有的研究成果和当前的研究动态明确农民工创业理论研究中亟待解决的定义、概念框架和研究边界等重要问题，以对正在开展的研究和实践活动提供指导。

小　结

农民工创业发生可以用一般创业理论来解析，但鉴于中国二元社会结构所导致的农民工群体的二元身份，农民工创业又具有特殊性。结合社会流动理论、推拉理论、创业理论等对农民工创业行为进行分析，会更加深入。马克思、恩格斯关于劳动力资源及其流动的理论，经济学视角的劳动力流动与社会学视角的社会流动以及创业的相关理论为诠释农民工的流动与创业行为奠定了理论基础。第二章通过回顾和评述已有文献，简要地考察了农民工流动相关研究，以及经济学、社会学关于流动的主要理论，创业相关理论。通过这种考察，我们对农民工流动研究、创业相关理论的主要观点、主要争论以及研究视角有了大体的了解。当前，农民工创业研究还处在初探阶段，很多问题仍有待深入研究。开展农民工创业行为研究，应当充分借鉴国内外的研究成果，在现有理论研究的基础上拓展研究思路，并结合我国转型期的特殊性来进行研究。

第三章　社会流动视角的农民工创业：
历史与逻辑

　　1978 年以来，中国社会经历了一场跨时代的结构性变迁，这一变迁打破了城市和农村的隔绝，与以前的社会结构相比，此时的产业结构、职业结构发生了巨大的变化。社会结构的变化为社会流动提供了前提条件，也提供了大量新的社会流动的机会。国家与市场的互动，形塑了农民工流动与社会结构的互动、互构过程，也为农民工创业行为发展的社会时空拓展提供了契机。要真正理解农民工创业行为，就要把农民工创业的微观行为放在宏观的社会结构背景下，从"个人本身力量发展的历史"① 与社会结构互动的双向分析框架来探讨创业，这也有助于阐释农民工创业对欠发达地区的社会结构调整的影响。本章力图从结构化理论视角，从我国社会制度变迁的背景、社会语境和文化模式中去揭示农民工创业的缘起、变化。

第一节　历史背景与发展沿革

　　社会结构是人的行为研究中的一个核心问题。社会结构本身也是在动态变化的，"社会结构的变化不仅是一个社会进步的重要标志，也是影响经济发展和个人行为变化的基本因素"。② 市场中的经济行动必定嵌入社会结构之中，社会的一些结构性特征对经济行为产生根本性的影响。社会结构转型在某种意义上就是劳动者职业和身份的转变，在社会结构转型过程中，政府和市场对社会经济的发展作用越来越明显，从社会结构视野分析农民工创业行为也成为农民工问题研究的一个新的视角。诚如美国社会学家布劳所说："社会学的中心任务不是解释个体行为，而是解释社会环境

---

① 《马克思恩格斯选集》第 1 卷，人民出版社，1972，第 79 页。
② 陆学艺等：《社会结构的变迁》，中国社会科学出版社，1997，（绪论）第 1 页。

的结构怎样影响人们的生活变迁。"①

农民工流动与创业受制于多种因素，诸如社会结构特征、社会制度、自然环境、经济机会、个体特征等。农民工的创业行为是中国经济社会发展和制度变迁的产物。通过探寻农民工创业行为的历史背景和逻辑演变，将农民工流动、创业发展机会获得、社会身份变化与社会体制的转型和变迁结合起来，考察处于"过渡"阶段的农民工群体通过创业而实现流动、融入新的社会结构的途径，可以更深刻地理解社会结构变迁中农民工创业行为与市场的关系。

一　社会结构变迁

安东尼·吉登斯（A. Giddens）在批判和总结经典社会学理论、结构功能主义等理论的基础上，运用结构化理论对主体与结构的关系进行解释。吉登斯在《社会的构成》（1984）中，力图超越传统与能动的二元对立问题，他用结构二重性原则取代主客二元论，认为单纯地讲结构与行动的概念是没有意义的。吉登斯认识到结构与行动之间的相互关系，他写道："作为人，我们可以选择，而不是简单地对周围的事件做出被动的反映。跨越'结构'与'行动'取向之间的鸿沟的方法是要认识到在日常活动过程中，我们能积极地作用和反作用于社会结构。"② 正如乔纳森·特纳指出："结构可以概念化为行动者在跨越'空间'和'时间'的'互动情景'（context）中利用的规则（rules）和资源（resources），正是使用这些规则和资源，行动者在空间和时间中维持和生产了结构。"③ 行动者利用结构预先赋予的资源，通过微观层面的活动，带来了行动者与社会结构之间的交互作用，同时再造了宏观的社会结构。

任何一个行为主体的行动都是在特定的自然条件、社会条件下进行的，社会条件可具体体现为制度，制度一旦建构就成为强大的结构性力量。结构性特征从深层次上影响和规约着人们的行为。根据结构化理论，

---

① 李培林、覃方明主编《社会学理论与经验》（第1辑），社会科学文献出版社，2005，第51页。

② 〔英〕安东尼·吉登斯：《社会学》（第4版），赵旭东、齐心等译，北京大学出版社，2003，第847页。

③ 〔美〕乔纳森·特纳：《社会学理论的结构》（下），邱泽奇等译，华夏出版社，2001，第170页。

农民工创业有着深刻的社会背景，是国家政策和农民工自身在特有的时空条件下相互作用的结果。农民工创业行动是主体与结构互动的结果，既受到结构性因素的制约，也反映了个人对发展性资源的需求，同时又再造了新的社会结构。这是结构化理论所反映出的实践意涵。

（一）市场化改革

中国的改革采取的是市场化的取向，打破传统的二元结构是市场化改革的目标，其核心是农村劳动力流动制度的变化。从历史上看，农民与外部的经济联系非常有限，造成了社会结构的刚性以及城乡发展的不平等。"当农业方法深深扎根于传统技术和社会组成形式中时，从土地上刮出来的只能是一种贫乏的生活，那点剩余的物质——如果不是一点都没剩的话——便通过交易或税收都转移给了城市化的现代部门。"[1] 农村的落后、贫穷源于传统农业的生产方式以及农村社会的封闭性。农民从解决温饱到寻求发展，必须摆脱农村的生存空间，走向更大范围的城市空间，而这种变化需要有相应的制度保障。正如严新明指出："农民的一亩三分地作为物理空间是不小了，但作为农民进行生产的社会空间就很小了，因为土地能够吸收的劳动量有限，农民大量的时间不能转化为被社会所承认的时间，农民如果被固定在一亩三分地上，那他们就只能拥有生存型社会时空，这在人民公社时期表现最为明显。而城市是社会空间，人们很容易在城市中找到活动空间和领域，使自己的时间转化为社会时间，这也是改革开放后农民进城的根本原因。"[2] 市场化改革在一定程度上改变了社会流动机制，对农民工流动与创业机会获得具有较大的影响。

市场化改革之前，市场受控于国家（政府）这只有形的"手"，尤其是60年代中期以后，由于户籍制度的实施，社会结构在一定程度上是封闭的、僵硬的、刚性的。在这一控制体制下，城乡之间基本上处于分割状态，对绝大多数人来说，自由流动的空间是不存在的，农村劳动力处于基本不流动状态。进入市场化改革之后，国家（权力）－市场（资本）－社会（劳动）之间才形成互动的关系，这一过程是"摸着石头过河"式的改

---

① 〔美〕胡格韦尔特：《发展社会学》，白桦、丁一凡编译，四川人民出版社，1987，第114~115页。

② 严新明：《生存与发展：中国农民发展的社会时空分析》，社会科学文献出版社，2005，（序）第2~3页。

革，分成四个阶段。

第一阶段（1978～1983 年）：萌芽阶段。这一时期是所有制调整时期。1978 年中共十一届三中全会指出："要求大幅度地提高生产力，也就必然要求多方面地改变同生产力发展不适应的生产关系和上层建筑，改变一切不适应的管理方式、活动方式和思想方式。"① 1979 年 4 月中央工作会议提出，国民经济要"以计划经济为主，同时充分重视市场调节的辅助作用"。计划经济和市场调节不再被视为截然对立的。1981 年中共十一届六中全会审议并通过了《关于建国以来党的若干历史问题的决议》，指出："社会主义生产关系的变革和完善必须适应于生产力的状况，有利于生产的发展。国营经济和集体经济是我国基本的经济形式，一定范围的劳动者个体经济是公有制经济的必要补充。必须在公有制基础上实行计划经济，同时发挥市场调节的辅助作用。"② 1982 年党的十二大首次提出了建设有中国特色的社会主义的概念，指出："正确贯彻计划经济为主、市场调节为辅的原则，是经济体制改革中的一个根本性问题。"③ "计划经济为主、市场经济为辅"的经济管理原则成为这一阶段我国经济建设的指导方针，在计划经济的总框架内市场运行机制逐渐发生作用，市场开始成为配置资源的补充手段，市场经济也开始逐步形成。这一改革进程体现了劳动力流动不再限于计划体制内，可以围绕市场而变化。

第二阶段（1984～1991 年）：探索市场阶段。在这一阶段，经济体制改革逐步转向以计划经济体制与市场经济体制的有机结合为目标模式。1984 年 10 月中共十二届三中全会讨论并通过了《中共中央关于经济体制改革的决定》，明确提出："要突破把计划经济同商品经济对立起来的传统观念，明确认识社会主义计划经济必须自觉依据和运用价值规律，是在公有制基础上的有计划的商品经济。商品经济的充分发展，是社会经济发展的不可逾越的阶段，是实现我国经济现代化的必要条件。"④ 这是对计划和市场关系认识的一个飞跃，以此为标志，有计划的商品经济理论得以确立。有计划的商品经济在理论上突破了把社会主义和商品经济对立起来的传统观念，但是没有跳出计划经济的旧框架，没有从根本上承认企业和经

① 《中共中央文献选编》，中共中央党校出版社，1992，第 101 页。
② 《三中全会以来重要文献选编》（下），人民出版社，1982，第 840～841 页。
③ 《中国共产党第十二次全国代表大会文件汇编》，人民出版社，1982，第 30 页。
④ 《中共中央文献选编》，中共中央党校出版社，1992，第 291 页。

营者作为经济主体的地位。这一阶段的改革在当时是有积极意义的。按照这一基本原则，1985 年 9 月，《中共中央关于制定国民经济和社会发展第七个五年计划的建议》进一步勾勒出中国经济体制改革的基本轮廓，即"建立新型的社会主义经济体制，进一步发展社会主义的有计划的商品市场，逐步完善市场体系"。

1987 年 10 月十三大报告指出"我国的社会主义社会还处在初级阶段"，还明确提出"必须以公有制为主体，大力发展有计划的商品经济"。[1]社会主义有计划的商品经济体制是计划与市场的内在统一，这提高了我们对商品经济和市场机制作用的认可度。十三大报告还指出"以指令性计划为主的直接管理方式，不能适应社会主义商品经济发展的要求"，并提出了"国家调节市场，市场引导企业"的模式，表明在新的经济运行机制干预下，社会管理体制发生了变化，计划型社会管理体制逐渐瓦解。1989 年下半年起，中国出现了一股否定和批评社会主义市场经济的思潮，在这个关键时刻，邓小平同志发表了重要讲话。他说："我们要继续坚持计划与市场经济调节相结合，这个不能改。实际工作中，在调整时期，我们可以加强或者多一点计划性，而在另一个时候多一点市场调节，搞得更灵活一些。以后还是计划经济与市场调节相结合。切不要把中国搞成一个关闭性的国家。"[2] 这实际上肯定了市场经济适合社会主义中国，只是需要灵活并把握分寸。这就突破了认识上的局限性，在社会管理改革的实践中也得以体现。

第三阶段（1992～2001 年）：市场化建立阶段。1992 年是市场化进入新阶段的开局之年。自 1992 年提出建立社会主义市场经济体制以来，市场经济改革进入全面深入、快速推进阶段。这一年初，邓小平"南方谈话"对社会主义经济体制中计划和市场的关系做了概括："改革开放胆子要大一点……计划多一点还是市场多一点，不是社会主义与资本主义的本质区别。计划经济不等于社会主义，资本主义也有计划；市场经济不等于资本主义，社会主义也有市场。计划和市场都是经济手段。"[3] "南方谈话"给了计划和市场全新的解释，这有力地推动了市场化，所有制形式开始由全民所有制的单一模式向多种所有制形式共存的多元模式转变。1992 年党的

---

① 《十三大以来重要文献选编》（上），人民出版社，1991，第 9 页。
② 《邓小平文选》第 3 卷，人民出版社，1993，第 306 页。
③ 《邓小平文选》第 3 卷，人民出版社，1993，第 372～373 页。

十四大报告又明确提出建立社会主义经济体制改革的目标，确立了以公有制为主体、多种所有制经济共同发展的经济制度，初步建立了社会主义市场经济的体制框架。1993 年党的十四届三中全会从五个方面勾勒出社会主义市场经济体制的基本框架。1997 年党的十五大又有一些重大的突破，指出："坚持和完善社会主义公有制为主体、多种所有制经济共同发展的基本经济制度；坚持和完善社会主义市场经济体制，使市场在国家宏观调控下对资源配置起基础性作用。"① 非公有经济成为我国社会主义市场经济的重要组成部分。2002 年党的十六大指出："根据解放和发展生产力的要求，坚持和完善公有制为主体、多种所有制经济共同发展的基本经济制度。"② 这一决定坚持了公有制为主体、多种所有制共同发展的基本经济制度，同时又鼓励、支持和引导了非公有制经济的发展。在当时，市场在资源配置方面发挥了越来越大的作用，经济活动基本上可以通过市场来调节，这表明中国社会主义市场经济体制已初步建立。

第四阶段（2002 年至今）：市场化完善阶段。2003 年中共十六届三中全会审议并通过了《中共中央关于完善社会主义市场经济体制若干问题的决定》，提出要"大力发展国有资本、集体资本和非公有资本等参股的混合所有制经济，实现投资主体多元化，使股份制成为公有制的主要实现形式"。③ 这一决定着眼于推行公有制的多种有效实现形式。建立社会主义市场经济体制必然要使那些关系到经济社会发展全局的重大体制改革取得突破性进展，使市场经济体制发展更具活力。由此，市场经济开始完全被认可并逐步走向全面协调发展的阶段。

社会主义基本制度与市场经济体制的结合过程是渐进的，凸显了市场化改革的渐进性。市场化改革推动了资源在区域间的优化配置，也成为推动劳动力流动的重要制度因素。市场化改革的深化为社会成员流动提供了巨大空间，一系列阻碍人们流动的制度和政策逐步解体，激发了人们流动的意愿，改变了人们的从业观念。农民作为市场经济的主体，自主性增强了，自由流动的空间也扩大了。

市场化改革也引起了我国社会管理体制从传统到现代的嬗变。在计划经济体制时代，计划管理构成了我国社会主义实践的主要内容，体现在劳

---

① 《十五大以来重要文献选编》（上），人民出版社，2000，第 18 页。
② 《十六大报告辅导读本》，人民出版社，2002，第 22 页。
③ 《十六大以来重要文献选编》（上），人民出版社，2005，第 466 页。

动力流动方面，政府制定各种措施来限制人口的流动，农村劳动力的流动完全受制度的约束，农村剩余劳动力不能自由选择职业，更不用说进城务工经商。20 世纪 70 年代末 80 年代初，我国推进农村经济体制改革，打破了传统的社会管理模式，动摇了那些禁止农村劳动力自由择业的制度。从 1979～1982 年的"计划经济为主、市场调节为辅"、1983～1986 年的"有计划的商品经济"、1987～1992 年的"国家调节市场，市场引导企业"，到 1992 年以后确立和建设"社会主义市场经济体制"，在新的经济运行机制下，计划型社会管理体制逐渐瓦解。1992 年以后，确立和建设"社会主义市场经济体制"，由此，计划型社会管理体制趋于解体，市场型的现代社会管理体制日趋形成。劳动力体制改革从此展开，农民工管理体制逐渐健全。

随着市场经济的深入，农村也朝"外向型经济"过渡。农村经济、社会结构的优化必须通过农民参与市场的程度体现出来。也就是说，要同时从城市与农村社会自身的发展来解构农村劳动力的转移问题。实践充分证明，由计划型社会管理体制向市场型社会管理体制的变化，适合我国社会经济结构的变化。当前农民工流动与创业政策还明显地落后于经济社会发展的需要，转型过程中的社会管理创新需要农民工流动政策顺应经济社会发展的要求，也需要社会管理体制创新有更大的突破。

（二）农民工政策演进与社会管理特征

管制与治理是社会管理的两种重要方式。管制是指政府为达到一定目的，采用禁止、惩戒、限制等强制手段对特定社会主体的活动实施控制。而治理的基础是合作、协调，是通过制度设计激发社会活力，其目标是促进公共利益、提高政策的公共性和普惠性。由于我国社会经济体制的巨变，社会管理体制也历经了从管制到治理的转型，农民工政策同样经历了复杂的调整过程，体现出我国社会管理模式从单一依靠政府向多元治理的转变。改革开放以来，我国社会管理体制从管制走向多元治理，农民工政策经历了允许流动、控制盲目流动、规范流动与公平流动四个阶段，突出体现在就业政策、户籍政策和社会保障政策的推进上，集中表现为从"防范式"向"服务式"管理模式的变化。今后应着力于农民工就业权的政策执行、农民工社会保障权的政策完善、农民工发展权的政策建构。

1. 从管制到多元治理的社会管理模式转换

农民工流动是社会转型期必然伴生的一种现象，逐步凸显出我国原有的社会管理体制的问题。新中国成立后，我国建立了计划经济体制，实行了与计划经济体制相适应的大一统、指令型的计划管理模式，这种管理模式强调政府权力，由政府直接对社会资源进行调配和管控，政府成为"总体性"社会管理的唯一主体。以户籍制度区分农业户口与非农业户口，主要是用来严格限制农村人口流入城市、限定分配资源和各种利益。这种方式稳定了农业生产人口，在控制城市人口的过快增长、有计划分配日常必需的生活资料、保障我国社会经济的稳定发展方面起到一定作用，但同时户籍制度把农民牢牢地限制在农村，剥夺了农民最基本的流动和迁移的自由。而城市发展则需要劳动力加速流动。农业与工业比较收入差距扩大，导致农业大量转移人口。大量的农村人口流入城市，这对以常住人口为主要管理对象的户籍制度形成巨大冲击，形成了我国"人户分离"的特有现象。"中国的人口流动通常也就被定义为'人户分离'人口。这一人口在2010年已经达到26138万人，占总人口的19.5%，即全国有五分之一的人口在流动。而在2000年这一人口为14439万人，占总人数的比例为11.4%，十年间流动人口增加了11699万，增长了81.0%。"[①] 流动人口的大量增加使现行户籍制度同当前社会经济体制改革与商品经济发展要求不相适应。虽然户籍制度控制人口流动的功能在慢慢消失，但是城市户口附着的福利待遇如城市居民享有社会保障、住房、医疗、教育、就业等特权并没有消除，户籍成为获得经济利益的载体。

这种仅依靠户籍来禁止、限制人口流动的管制方式已经不适应当前中国的经济发展，甚至对社会产生了一些不良影响。这要求社会管理体制适应市场经济的发展，政府必须由传统的"管制型"向市场经济时期的"服务型"转变，并突出"在服务中实施管理，在管理中体现服务"的社会治理理念。对农民工的管理也必须发生根本的转变，从社会管制到社会治理，由单一的户籍制度管理转变为多元治理。

2. 1978 年以来农民工流动政策演进与社会管理特点

市场经济具有高度的社会流动性。由于 1978 年以来我国的计划经济

---

① 乔晓春：《中国人口布局的现实特征与未来展望：来自"六普"数据的分析》，《甘肃社会科学》2011 年第 4 期，第 33 页。

体制开始向市场经济体制转变，社会变迁的速度加快，人们的社会流动率也提高了。农民工政策经历了从允许流动、控制盲目流动、规范流动到公平流动的过程，对农民工群体的管理也从"防范式"逐渐转变为"服务式"。

（1）允许流动阶段（1978～1988年）

市场对农民开放是从1978年农村改革开始的，最初的改革集中在农村各种责任制的推广方面，表现为由农民自主配置生产要素，核心是调动农民的生产积极性。1982年中央下发了第一个关于"三农"问题的"一号文件"，"包产到户"得到农民的拥护。家庭联产承包责任制的实行，改变了劳动力配置的状况，此后农民获得了农业生产和经营的自主权，部分农民从土地中解放出来，促进了生产效率的提高。农业生产效率的提高产生了农民外出的"推力"，而乡镇企业的发展和城市开放性的提升又形成了巨大的"拉力"。1983年开始实施允许农民从事农产品的长途运输和销售的政策，第一次给予农民异地经营以合法性，农村剩余劳动力开始"洗脚上田"。而1984年是农村改革的关键。《中共中央关于一九八四年农村工作的通知》指出："各省、自治区、直辖市可选若干集镇进行试点，允许务工、经商、办服务业的农民自理口粮到集镇落户"，还鼓励农民向各种企业投资入股，鼓励集体和农民本着自愿互利的原则，将资金集中起来，联合兴办各种企业。这是对自主流入城镇的农民工的正式肯定，敲开了"铁板一块"的户籍制度，也为农民进城务工提供了机会。这一新的人口群体，以其自理口粮、农业户口的特殊身份，到就近乡镇就业。人口转移主要还是在农村范围内进行的，"离土不离乡"。"钟摆式"于集镇与乡村之间是农民工流动的显著特征。同年，国家启动城镇体制改革，放宽了对城镇个体经济发展的限制，使体制外的就业空间发育和扩大。1985年国家将粮食和棉花的统购改为合同订购，不再向农民下达农产品统购派购任务，使农民不再被牢牢束缚在土地上。随着改革的深入，城市经济得到快速发展，对劳动力有更旺盛的需求，在没有城市身份的情况下，农村劳动力背井离乡，进入城市，成为流动性较高的社会群体。国家也适时调整了限制农民工流动的政策。1988年，中央政府开了先例，在粮票制度尚未取消的情况下，在不改变城市供给制度及农民身份的前提下，允许农民自带口粮进入城市务工经商，呈现农村劳动力"离土又离乡"的流动模式。作为我国特定历史条件下的一种转化模式，"'离土不离乡'不是农村城市化的目标模式，只是通向目标的过渡模式"。① "离土不离乡"成为当时农民改变自己生活状况的一种特殊方式。

这一阶段农村劳动力流动处于萌动期，自发的流动刚刚起步，对农民工的管理呈现明显的计划调控特征。政府对流动人口的社会管理处于过渡时期，仍在坚持计划经济的管制理念，还没有形成有效的管理模式。但是，这一阶段突出地体现出户籍制度限制农民工流动的功能正在逐步减弱。

（2）控制盲目流动阶段（1989~1991年）

进城农民工数量增多，政府对进城农民工的管理却没有有效的措施，城市社会把前往城市寻找工作机会的活动称作"盲流"。一方面，国民经济进入调整和治理阶段，乡镇企业发展出现困难而城市的就业岗位又严重不足。另一方面，城市社会管理中的突出问题，就是对流动人口的治理不力，前一时期实行的允许与鼓励劳动力流动的政策引发了交通运输、社会治安、劳动力市场管理等方面的问题。面对这一情况，1989年3月国务院发出《关于严格控制民工盲目外出的紧急通知》，提出各地人民政府应采取有效措施，严格控制当地民工盲目外流。1990年4月27日国务院发出《关于做好劳动就业工作的通知》，其政策要点是：对农村富余劳动力，要引导他们"离土不离乡"，因地制宜地发展林牧副渔，使农村富余劳动力就地消化和转移，防止出现大量农民工盲目进城找活干的局面；对现有计划外用工，要按照国家政策做好清退工作，重点清退来自农村的计划外用工，使他们尽早返回农村劳动。1991年2月，国务院又再次发布了《关于劝阻民工盲目去广东的通知》，规定：各级人民政府要从严或暂停办理民工外出务工手续；要劝阻回乡过节、没有签订续聘合同的民工不再盲目进粤寻找工作。此时对农民进城务工实行严格控制、管理，并建立了临时务工许可证和就业登记制度。流动人口的自发流动和政府治理之间的矛盾体现在治安、户籍、社区管理等各方面。1991年11月《关于进一步加强农业和农村工作的决定》提出："妥善安排农村富余劳动力，是保持社会稳定的重大问题。……争取在农村第一产业内部多吸纳一些劳动力，有计划地开拓和发展第二、三产业，加强农村工业小区和集镇建设，开辟农业劳

---

① 杨翼：《是过渡模式还是目标模式？——析"离土不离乡"》，《中国农村经济》1985年第10期，第1~3页。

动力转移的门路。"① 因经济环境治理、经济秩序整顿而制定的控制劳动力盲目流动的政策使农民工流动的社会空间缩小，这些就业政策客观上形成了对农民工群体就业的歧视，并造成了本地居民与农民工之间的福利落差。

这一时期仍然延续了计划经济时期的管理思路，认为农民工流动很大程度上是盲目无序的，影响社会稳定，必须加强控制和管理，主张"农村富余劳动力就地消化和转移"。政府职能没有主动转变，而是采取以户口来抑制流动和就业的管理模式，并通过堵、疏、整、压的方式，制止农民工盲目外出，以减少其对城市社会管理带来的压力。对农民工进行防范式管制，把整顿社会秩序的重点指向农民工，办证、查证成为管理的主要方式，限制成为管理的重点内容，这显然有悖于市场经济体制下快速、高效的人口流动的需要，支持和引导农民工"规范""有序"流动是社会管理部门要面对的问题。

(3) 规范流动阶段 (1992～1999 年)

自 1992 年邓小平"南方谈话"和党的十四大确立社会主义市场经济体制改革目标以来，沿海地区经济发展加快，劳动力需求增大，农民进城就业的条件开始放宽。1993 年中共十四届三中全会颁布的《中共中央关于建立社会主义市场经济体制若干问题的决定》，明确规定要"鼓励和引导农村剩余劳动力逐步向非农产业转移和在地区间有序流动"。但是 20 世纪 90 年代中后期，国有企业改革，下岗失业人员增多，造成城市就业难，于是国家对农民工实行了"有限"的放宽政策。1994 年劳动部颁布了关于农民工跨地区流动的第一个规范性文件《农村劳动力跨省流动就业管理暂行规定》，其中要求"被用人单位跨省招收的农村劳动者，外出之前，须持身份证和其他必要的证明，在本人户口所在地的劳动就业服务机构进行登记并领取外出人员就业登记卡；到达用人单位后，须凭出省登记卡领取当地劳动部门颁发的外来人员就业证；证、卡合一生效"。② 1995 年中共中央办公厅、国务院办公厅发布的《关于加强流动人口管理工作的意见》提出：要促进农村剩余劳动力就地就近转移，提高流动的组织化、有序化程度，实行统一的流动人口就业证和暂住证制度，整顿劳动力市场。各大城

---

① 中共中央文献研究室：《十三大以来重要文献选编（下）》，人民出版社，1993，第 1769 页。
② 全国人大常委会法制工作委员会：《中华人民共和国法律·48·社会法卷·劳动（一）》，北京大学出版社，1998，第 324 页。

市陆续通过数量、证件、管理、审批和工种限制等手段提高农民工流入的门槛。通过证卡合一来对流动人口进行管理，由于不同部门、不同地区之间难以有效协作和衔接，所以实际操作较为困难。北京市劳动局发布的1995 年 1 号通告，将允许使用外地务工人员的行业限制在 13 个、工种限制在 206 个，形成了总量控制、用工审批、工种限制、"腾笼换鸟"和管理收费的政策体系。以登记、收费和就业证为特征的外来人口管理方式带有浓厚的计划经济色彩，"身份就业"是农民工在就业市场得不到公平待遇的根本原因之一。1997 年 11 月，国务院办公厅发布了《关于进一步做好组织民工有序流动工作的意见》，强调：应加快劳动力市场建设，建立健全劳动力市场规则、中介服务以及市场管理的行为规范；劳动部门要按照统一、开放、竞争、有序的原则，制定劳动力市场发展规划。

　　这一时期农民工政策逐渐发生变化，但城市社会对外来人口的开放领域和程度具有应急性特征，国家对农民工治理的基本格局处于管制与治理的过渡期，并呈现以下特点：其一，继续用行政审批制度，进行用工指标控制和限制，抵制农民工进城与就业；其二，对农民进城就业实行总量控制、用工审批、工种限制以及收费管理；其三，以统一、开放、竞争、有序的原则来规范劳动力市场。

　　（4）公平流动阶段（2000 年至今）

　　公平就业与城市融入成为农民工政策的基本目标。进入 21 世纪，统筹城乡就业战略为农民工进城提供了条件，农民工群体的生存与发展状况发生了新的变化，他们开始关注居住、医疗与教育制度的公平性。由此农民工政策也发生了积极的变化。2000 年 7 月劳动和社会保障部、国家计委、农业部、科技部、水利部、建设部、国务院发展研究中心七部委联合发布了《关于进一步开展农村劳动力开发就业试点工作的通知》，指出要改革城乡分割体制，取消对农民进城就业的不合理限制。此后，城市社会的各种封闭的社会保障制度被逐步打破。2002 年中共中央、国务院发布的《关于做好 2002 年农业和农村工作的意见》指出："农民工跨地区流动和进城务工，不仅有利于农民增加收入，而且可以方便城市居民生活，增强城市经济的活力和竞争力，促进城乡协调发展。对农民进城务工要公平对待，合理引导，完善管理，搞好服务。"① 然而，流动人口在城市就业仍处于弱

---

① 中共中央文献研究室：《十五大以来重要文献选编（下）》，人民出版社，2003，第 2199 页。

势地位，如用工单位不签订劳动合同、拖欠工资等，并且他们在养老、失业、工伤、医疗、子女教育等各项社会保障权利方面与城市户籍人口相比存在明显差异。流动人口的社会保障边缘化处境积累了大量社会矛盾。针对农民工的社会保障待遇普遍缺失，2003 年国务院发布《关于做好农民进城务工就业管理和服务工作的通知》，强调各级政府要切实改善农民进城就业环境，要取消针对农民工的歧视性政策规定以及不合理收费，解决拖欠克扣农民工工资等问题，加大对农民工劳动合同的监督检查力度，及时受理劳动合同纠纷。同年，国务院还规定要同时做好农民工的管理和服务工作，要明令取消原有的对农民工的不合理的限制，杜绝工资拖欠行为，切实做好农民工进城培训工作，并多渠道解决农民工子女上学难的问题。自此，传统的管理观念得到改变，农民工市民化成为新的战略思维。农民工政策逐步转向农民工社会保障、公共服务均等性等方面，农民工子女义务教育、农民工保障性住房等得到一定程度的重视。

农民工政策经历了从"消极应对"到"积极引导"、从以管制为主到以服务为主的转变，在劳动管理、工资待遇、技能培训、就业服务、社会保障、公共服务、权益保障机制等方面出台了各种政策措施，旨在打破城乡分割的二元制度，促进人口流动。党的十八大提出要"加快改革户籍制度，有序推进农业转移人口市民化，努力实现城镇基本公共服务常住人口全覆盖"。这说明国家在逐步通过调整制度安排及政策措施，给农民工提供无差别的公共服务，以使其享受真正的市民权益。农民工的社会管理涉及多方面的制度改革、利益关系调整和管理体制的转变，必须坚持"公平对待、合理引导、完善管理、搞好服务"的原则，改革城乡分割的二元管理服务体制，综合推进农民工社会管理创新。

3. 基于多元治理的农民工政策选择

社会管理的根本目的是为群众提供合法的权益保护和公共服务。近年来，国家不断改革农民工进城就业管理和服务的相关政策，使社会管理适应市场经济、工业发展和农民工市民化的新型城镇发展趋势。但"重管理、轻服务"的观念尚未得到彻底改变，多数农民工还没真正享有城市基本公共服务，因此，今后针对农民工的社会管理应把管理与服务结合起来，即把保障和改善进城农民工的就业权、社会保障权与发展权作为发展的目的。

（1）农民工就业权的政策执行

就业是农民工生存、发展的保障，围绕农民工就业要落实以下几点：

第一，加大财政投入力度，完善农民工职业培训体系。由于产业的转型升级，企业对劳动者职业技能素质的要求不断提高，而受文化素质的影响，农民工职业技能水平总体偏低，难以满足用人单位的需求，由此导致农民工就业稳定性差、流动性高，难以很好地融入城市。第二，构建覆盖城乡的农民工公共就业信息和服务体系，将农民工进城务工纳入城乡公共就业服务范围，强化农民工就业援助，组织、引导、帮助失业农民工再就业。第三，规范劳动管理，加强劳动权利保护。要加强劳动监察部门对农民工的服务管理，实行就业登记与企业招工的报备制度、失业登记与社会保险登记制度、劳动合同管理制度等，并建立、完善农民工工会组织以维护农民工群体的利益。要抓住农民工劳动保护和工资等突出问题，制定指导性的农民工工资标准，健全劳资纠纷协调机制、工资形成的市场机制和集体谈判制度，切实有效地保护农民工的就业权益。

（2）农民工社会保障权的政策完善

真正的城市化需要农民工的市民化，而现在城市中的很多农民工没有实现市民化，仍然处于城市的边缘，一个重要的要素就是他们没有社会保障权。一是要优化公共服务供给结构，进一步完善城市公共决策机制、公共管理体制、公共服务体系、公共资源配置机制，逐步实现农民工与当地居民享受同等的公共服务项目和范围。当前应加快建立适合农民工群体特点与需求的过渡性的医疗保险、失业保障、养老保险相关制度，并逐步实现与城镇居民的对接，改变农民工仅以土地作为生存保障的状况。二是可借助社区平台在编制城市发展规划、劳动就业、子女义务教育、医疗保险等方面保障流动人口的合法权益，从而构建起政府规范性管理与社区服务性管理的双向互动机制。三是建议尽快将农民工纳入城镇住房保障体系，改善农民工的住宿条件，制定农民工廉租房标准，并按照标准建设农民工廉租房。

（3）农民工发展权的政策建构

发展权也是人权体系中的一项基本权利，农民工的发展权是在城镇就业的基础上平等参与经济、社会、政治和文化发展的保障权。制度因素导致农民工发展机会少，自身因素导致农民工发展能力欠缺，而城乡二分的福利因素人为地割裂了社会资源与社会机会的均等获得。"社会机会指的是在社会教育、医疗保健及其他方面所实行的安排，它们影响个人赖以享受更好的生活的实质自由。"① 社会机会的获得依赖于自身资本资源状况，如何使农民工在社会上享有平等的发展权？需从完善现有的制度入手，以提高农民工自身综合能力为基础。一方面，要加大对农民工的职业教育和培训力度，建立开放灵活的农民工补偿教育模式，建立和发展农民工技能培训体系，提升其职业能力、职业层次，并通过制定有关的政策法规将农民工的补偿教育纳入国民教育。同时，要通过培训，使农民工在观念上认同、心理上接受、行为上履行城市的价值理念。另一方面，要完善农民工子女教育政策。当今一些城市采取积分制将农民工子女纳入当地义务教育的范畴，使其子女可进入公立学校以及参加升学考试，体现了教育的公平性，今后在这一点上应逐步放开到所有城市。

农民工就业权、社会保障权、发展权等方面的政策措施，体现了农民工政策以服务为主的导向，摈弃了管控方式的弊端，体现了由传统的控制型、防范型管理向服务型管理的转变。今后农民工政策应通过提升服务水平来提高社会管理效果。

（三）个体、私营经济政策历史演变

个体私营经济政策制定是我国经济体制改革的重要组成部分。1949～1976 年，个体、私营经济政策经历了曲折的演变过程：从迅速发展到逐步受到限制再到彻底崩溃。改革开放后，我们逐步认清了我国正处在社会主义初级阶段的基本国情，认识到需要大胆利用私营经济为社会主义服务，我国私营经济以前所未有的速度迅速崛起，私营经济政策先后经历了酝酿、初步形成、逐步完善与全面完善四个阶段。

1. 第一阶段（1978～1986 年）：酝酿阶段

在这一时期，私营经济政策发展经历了"允许个体经济恢复发展"和"默许私营经济发展"两个阶段。一是从 1978 年至 1981 年，个体经济处于恢复阶段。中共十一届三中全会指出："社员自留地、家庭副业和集市贸易是社会主义经济的必要补充部分，任何人不得乱加干涉。"② 这肯定了个体经济应该在一定范围内存在和发展，开始允许个体经济的恢复发展，

---

① 阿马蒂亚·森：《以自由看待发展》，任赜、于真译，中国人民大学出版社，2002，第 32 页。
② 《十一届三中全会以来党的历次全国代表大会中央全会重要文件选编》，中共中央文献出版社，1997，第 2 页。

这为全面、客观地认识非公有制经济的作用奠定了坚实的思想理论基础。中共中央 1979 年发布《关于加快农业发展若干问题的决定》，除了鼓励多种经营的一些规定外，还明确提出："社队企业要有一个大发展……城市工业要把一部分宜于在农村加工的产品或零部件，有计划地扩展给社队企业经营……国家对社队企业，分别不同情况，实行低税或免税政策。"①1980 年，中央印发的《进一步做好城镇劳动就业工作》中指出："个体经济是从事法律许可范围内的、不剥削他人的个体劳动。这种个体经济是社会主义公有制经济的不可缺少的补充，在今后一个相当长的历史时期内都将发挥积极作用。"适当发展个体经济以发挥个体经济的作用，是我国"一化三改"提出后首次对个体经济进行重新定位，并从法律层面对个体经济加以解释。这一时期针对的只是城镇劳动力。1980 年 9 月，中共中央在《关于进一步加强和完善农业生产责任制的几个问题的通知》中指出："要充分发挥各类手工业者、小商小贩和各行各业能手的专长，组织他们参加社队企业和各种集体副业生产；少数要求从事个体经营的，可以经过有关部门批准，与生产队签定合同，特许外出劳动和经营。要继续鼓励社员发展家庭副业，以活跃繁荣农村经济。"②为了活跃农村经济，国家提出了农业劳动力可以在政策允许下外出从事个体经营活动的政策。1981 年 6 月中共十一届六中全会通过的《关于建国以来党的若干历史问题的决议》明确肯定了个体、私营经济在生产资料所有制结构中的地位。1981 年 7 月，国务院发出的《关于城镇非农业个体经济若干政策性规定》，明确了个体经济的作用，指出："个体经营户，一般是一人经营或家庭经营；必要时，经过工商行政管理部门批准，可以请一至两个帮手；技术性较强或者有特殊技术的，可以带两三个最多不超过 5 个学徒。"③这一阶段，个体经营发展政策处于探索中，对发展规模还是有所限制。

二是从 1982 年到 1985 年，私营经济处于默许发展阶段。1982 年 11 月 26 日发布的《关于中华人民共和国宪法修改草案的报告》中指出："在城市和农村，劳动者个体经济在相当长的时期内还有必要存在并有一定程度的发展。宪法修改草案确认，在法律规定范围内的城乡劳动者个体经济，

① 《三中全会以来重要文献选编》（上），人民出版社，1982，第 191 页。
② 《三中全会以来重要文献选编》（上），人民出版社，1982，第 548 页。
③ 《国务院关于城镇非农业个体经济若干政策性规定》（国发〔1981〕108 号），1987 年 7 月 7 日，转引自 http：//www.beinet.cn/policy_1/zfwj/200509/t64459.htm。

是社会主义公有制经济的补充；国家保护个体经济的合法的权利和利益，并通过行政管理，对个体经济进行指导、帮助和监督。……国营、集体、个体经济这三种经济各在一定范围内有其优越性，虽然它们的作用和地位不同，但却是不可或缺的。"① 国家把发展个体经济当作公有经济的补充，在作用和地位上加以区分，并鼓励劳动者个体经济在国家规定的范围内适当发展。1982 年 12 月全国人大五届五次会议通过的《中华人民共和国宪法》第十条规定：在法律规定范围内的城乡劳动者个体经济是社会主义公有制经济的补充，由此，个体经济取得了受宪法保护的地位。1983 年中央一号文件《当前农村经济政策的若干问题》指出："在农村允许资金、技术、劳动力一定程度的流动和多种方式的结合；搞活商品流通，促进商品生产的发展，要打破城乡分割和地区封锁，广辟流通渠道。"② 市场经济的发展，要求城乡之间的技术、资金、劳动力要素合理配置。

1983 年一号文件还指出："我国是社会主义国家，不能允许剥削制度存在。但是我们又是一个发展中的国家，尤其在农村，生产力水平还比较低，商品生产不发达，允许资金、技术、劳力一定程度上的流动和各种方式的结合，对发展社会主义是有利的。因此，对农村中新出现的某些经济现象，应当区别对待。"③ 这明确了对私营企业"不要急于取缔"的态度，实际上是对私营经济恢复发展的默许。1984 年《中共中央关于经济体制改革的决定》中第一次系统阐述了党在现阶段对发展个体经济的基本指导方针。私营经济政策的出台，保护了处在成长期的私营经济。

2. 第二阶段（1987～1991 年）：初步形成阶段

随着对私营经济认识的逐步加深，私营经济政策发展经历了"明确鼓励私营经济发展""逐步规范私营经济发展"两个阶段，国家开始对私营经济采取引导政策。1987 年 1 月，中共中央在《把农村改革引向深入》的文件中明确指出："在社会主义社会的初级阶段……个体经济和少量私人企业的存在是不可避免的。""对于有些为了扩大经营规模，雇工人数超过

---

① 中共中央文献研究室：《十二大以来重要文献选编》（上），人民出版社，1986，第 144 页。

② 《当前农村经济政策的若干问题》，http://www.people.com.cn/GB/shizheng/252/5580/5581/20010612/487211.html。

③ 中共中央文献研究室：《十二大以来重要文献选编》（上），人民出版社，1986，第 260 页。

这个限度的私人企业，也应当采取允许存在。"① 这是新时期我国在政策文件中第一次正式肯定私营经济，明确表示允许、鼓励私营经济的发展。

同年中共十三次代表大会对私营经济的地位、性质与作用做了明确阐述，提出要鼓励发展个体经济特别是私营经济，私营经济成为公有制经济的补充。"私营经济一定程度的发展，有利于促进生产，活跃市场，扩大就业，更好地满足人民多方面的生活需求，是公有制经济必要的和有益的补充。"②"补充论"的提出标志着对私营经济的认识实现了质的飞跃。随后，七届人大一次会议通过宪法修正案，确定了私营经济的法律地位和经济地位。这样，私营经济就进入合法发展阶段。1988 年 6 月，国务院发布了《中华人民共和国私营企业暂行条例》，明确规定了私营企业的开办条件、种类，以及私营企业的权利与义务等方面的内容，指出要"鼓励、引导私营企业健康发展，保护私营企业的合法权益"。③ 从此，私营企业的发展被纳入法制化的轨道。随后，《私营企业所得税暂行条例》《关于征收私营企业投资者个人收入调节税的规定》陆续发布，有关部门也就私营企业的信贷、税收、财务管理等方面制定了配套的部门规章，以便引导私营经济走上合法、健康发展的道路。这些政策的出台和实施，使私营经济的政策框架逐步形成。

3. 第三阶段（1992～2001 年）：逐步完善阶段

这一时期私营经济政策经历了"多种所有制经济共同发展"和成为"市场经济的重要组成部分"两个阶段。1992 年党的十四大指出："在所有制结构上，以公有制包括全民所有制和集体所有制经济为主体，个体经济、私营经济、外资经济为补充，多种经济成分长期共同发展。"④ 显然，"共同发展论"的提出淡化了"补充论"中私营经济的配角地位，私营经济的身份与地位得到进一步的澄清。中共十四届三中全会发布的《关于建立社会主义市场经济体制若干问题的决定》提出，要为各种所有制经济平等参与市场竞争创造条件。这为私营经济的发展确定了方向。1993 年 2 月，国务院做出了《关于加快发展中西部地区乡镇企业发展的决定》，推

①　中共中央文献研究室：《十二大以来重要文献选编》（下），人民出版社，1988，第 1237 页。

②　中共中央文献研究室：《十三大以来重要文献选编（上），人民出版社，1991，第 32 页。

③　具体内容参见《中华人民共和国私营企业暂行条例》，http：//jlsgs. gov. cn/flfg2. htm。

④　中共中央文献研究室：《十四大以来重要文献选编》（上），人民出版社，1996，第 19 页。

动了乡镇企业的发展，村办企业也由此而生。1995 年，中共十四届五中全会强调"以公有制为主体，个体经济、私营经济、外资经济为补充，多种经济成分长期共同发展""允许和鼓励个体、私营、外资等非公有制经济发展"。

伴随着社会主义市场经济体制的建立与完善，私营经济的地位和作用凸显。1997 年 9 月十五大报告指出："公有制为主体、多种所有制经济共同发展，是我国社会主义初级阶段的一项基本经济制度"，"非公有制经济是我国社会主义市场经济的重要组成部分"。① 非公有制经济由以前的"补充"地位提高到成为社会主义市场经济的重要组成部分，这是马克思主义所有制理论的一次重大创新。1999 年修改的宪法，确认了包括私营经济和外资经济在内的非公有制经济是社会主义市场经济的重要组成部分。此外，还有一系列的政策、法规，如《公司法》《劳动法》《仲裁法》等相继出台，私营经济得到了充分保障，私营经济政策体系逐步走向完善。

4. 第四阶段（2002 年至今）：全面完善阶段

这一时期我国私营经济政策全面完善，私营经济政策经历了"毫不动摇地发展私营经济"和"平等保护私有产权"两个阶段。2002 年十六大报告指出："必须毫不动摇地巩固和发展公有制经济。……必须毫不动摇地鼓励、支持和引导非公有制经济发展。……充分发挥个体、私营等非公有制经济在促进经济增长、扩大就业和活跃市场等方面的重要作用。"② 这标志着对私营经济的认识又向前推进了一大步。2003 年中共十六届三中全会审议通过的《中共中央关于完善社会主义市场经济体制若干问题的决定》指出："放宽市场准入，允许非公有资本进入法律法规未禁入的基础设施、公用事业及其他行业和领域。非公有制企业在投融资、税收、土地使用和对外贸易等方面，与其他企业享受同等待遇。"③ 这意味着私有制经济的发展领域在不断拓宽，其开始享受公平的市场准入待遇。

2005 年国务院出台了《关于鼓励支持和引导个体私营等非公有制经济发展的若干意见》（"非公经济 36 条"），指出：要放宽非公有制经济市场准入，加大对非公有制经济的财税金融支持，完善非公有制经济的社会服

---

① 中共中央文献研究室：《十五大以来重要文献选编》（上），人民出版社，2000，第 20 ~ 22 页。

② 《十六大报告辅导读本》，人民出版社，2002，第 22 ~ 24 页。

③ 《十六大以来党和国家重要文献选编》（上），人民出版社，2005，第 83 页。

务，维护非公有制企业和职工的合法权益，改进政府对非公有制企业的监督等。① "非公经济 36 条"被誉为新中国成立以来我国政府为非公有制经济发展清除体制性障碍的第一声。2007 年，十七大报告中强调："毫不动摇地鼓励、支持、引导非公有制经济发展，坚持平等保护物权，形成各种所有制经济平等竞争、相互促进新格局。"这些科学论断是在新的时代背景下党和政策对引导和促进私营经济发展所做出的纲领性文件。"平等论"的提出意味着私营经济成为社会主义市场经济的重要组成部分，而且获得了与公有制经济平等的竞争权和发展权。对于中小企业的税收政策，我国也有了新的举措。以前我国的企业所得税率为 33%，而一般发展中国家在25% 以下。从国际情况来看，33% 的企业所得税率已经明显偏高，税率下调是国际的普遍趋势，许多国家都下调了税率（如美国原为 34%，现也已调低）。我国在两税（针对内资与外资）并轨后，企业所得税率可保持在25% 以下。第五次全国人民代表大会于 2007 年 3 月 16 日表决通过了《中华人民共和国企业所得税法（草案）》，明确规定企业所得税率为 25%，符合条件的小型微利企业，减按 20% 的税率征收企业所得税。② 两税并轨提高了内资企业的竞争力，使外资企业与内资企业处于同一发展平台上。针对我国交通运输业和部分现代服务业税负成本比较高，制约我国第三产业发展的情况，2012 年 8 月 1 日起国家将交通运输业和部分现代服务业纳入营业税改征增值税（营改增）试点范围，并选择部分行业在全国范围试点，"营改增"税制改革有利于企业根据税后利润的变化适当调整经营策略。

我们之所以关注个体、私营经济政策，是因为对创业的农民工来说，这是他们今后转型、发展的可能趋势。在这一过程中，农民工由于经济结构调整和经济增长方式转变，以及产业梯度转移产生了创业需求。新时期私营经济政策的演变显示了国家鼓励、支持、引导非公有制经济发展的力度，新政策环境下农民工的创业意识与创业行为也逐步显现。流动政策的出台为农民工提供了社会流动的机会，可农民工要实现真正的、更好的社会流动，还要获得流动的资源条件（文化资源、经济资源或者是组织资源）。而这些资源的获得需要各种政策制度做保障。在社会流动过

---

① 《十六大以来重要文献选编》（中），人民出版社，2006，第 684~694 页。
② 参见 2007 年 3 月 16 日第十届全国人民代表大会第五次会议通过的《中华人民共和国企业所得税法》，《人民日报》2007 年 3 月 20 日，第 7 版。

程中，农民工逐渐表现出创业意愿和行为，这也构成了农民工流动政策决策不可忽视的基础，而创业政策的制定为农民工获得流动资源提供了可能。

（四）农民工创业政策的嬗变

自 20 世纪 90 年代以来，继"民工潮"之后兴起的"创业潮"逐渐显现，"打工－创业"模式成为农民工政策历史性转变的逻辑起点。为顺应这一形势，从政策层面鼓励、支持农民工创业应该摆到突出位置。然而，与对农民工外出务工的关注程度相比，2007 年以前社会各界对农民工创业的关注相对较少，专门针对农民工创业的政策文件并不多。这一现象到2007 年发生了根本性的变化。从 2007 年至 2010 年的中央一号文件都明确指出要"鼓励外出务工农民带技术、带资金回乡创业""落实农民工返乡创业扶持政策""将返乡农民工纳入创业政策扶持范围"。党的十七大正式提出"实施扩大就业的发展战略，促进以创业带动就业"的总体部署，并将农民工纳入创业政策扶持范围。中共十七届三中全会进一步明确"鼓励农民就近转移就业，扶持农民工返乡创业"。为了推动农民工实现更高层次的就业，党的十八大又提出，要贯彻政府促进就业和鼓励创业的方针，促进创业带动就业，加强职业技能培训，提升劳动者就业创业能力。① 由于农民工创业基础薄弱，创业能力也相对较弱，国家以及地方都制定了一系列的政策鼓励农民工创业，主要体现在引导、鼓励和支持农民工返乡创业方面。针对农民工返乡创业的政策需求，国务院办公厅发布了《关于促进以创业带动就业工作的指导意见》，指明了我国创业政策的框架和创业支持系统的模型，对完善创业扶持政策、强化创业培训、健全创业服务等也做出明确部署。财政、金融、产业、基础设施等多个方面的政策扶持与责任落实，拓宽了创业融资渠道；创业服务支持，对保护创业起了推动作用；完善的创业政策，成为农民工创业行为产生的直接推动力。

为了更好地服务农民工返乡创业，H 县县委、县政府出台方案，成立了促进返乡农民工就业领导小组，县人事劳动和社会保障局还分别成立了"彩虹计划"、返乡农民工就业"一对一"帮扶、"千企万岗"百日服务活

---

① 胡锦涛：《坚定不移沿着中国特色社会主义道路前进为全面建设小康社会而奋斗——在中国共产党第十八次全国代表大会上的报告》，人民出版社，2012，第 35 页。

动领导小组，并结合实际帮助企业解决用工问题，同时开展工业园企业用工岗位对接活动。从 2009 年起，H 县所属的省政府每年安排 2 亿元资金用于工业园区企业新招员工培训，重点培训对象为返乡农民工，并先后出台了《关于做好 2009 年企业招工培训工作的意见》《切实做好返乡农民工就业和创业工作的实施方案》《关于对全县返乡农民工就（创）业进行全面调查摸底的紧急通知》《2009 年企业招工培训目标管理考评方案》《关于进一步改进小额担保贷款管理积极推动创业促就业的通知》等。2012 年开始执行的西部大开发税收政策，对鼓励类产业的内资企业和外商投资企业减按 15％的税率征收企业所得税，这一项政策也在一定程度上助推了农民工返乡创业。目前技能培训、创业培训、劳动保障政策咨询服务、小额担保贷款支持等成为创业服务的重要工作，激发了返乡创业者的热情，使相当一部分有创业意愿的农民工选择返乡创业。政府鼓励农民工创业政策的出台，在宏观上形成了有利于农民工返乡创业的环境，为农民工返乡创业提供了越来越大的社会空间，农民工创业也成为推动新型城镇化的重要力量。

随着市场经济的深入，农村也朝"外向型经济"过渡。农村经济、社会结构的优化必须通过农民参与市场的程度体现出来，也就是说，要从城市与农村社会自身的发展来解构农民工的创业行为。这对理解变化中的农民工的生活逻辑，对了解正在变化着的中国村庄以及农民工流动状况、发展趋势是一个参照。以上扼要的描述与分析说明，从城乡关系发展的背景来看，农民工流动与创业已进入新的发展阶段。纵观整个社会经济体制改革历程，改革开放的深化和市场经济的逐步建立和完善，国家消解了对生存资源的完全控制，从而加快了农民工的社会化进程，创造出大量的创业机会，造就了农民工创业良好的制度环境。从现实状况来看，农民工群体经历了从离土不离乡到离土又离乡的转变，其创业也从 20 世纪 80 年代的专业户、运输业、加工个体户、乡镇企业，转变为 90 年代大量农民工的进城打工，再返乡创业或者是留城创业。这些转变与中国的政策调整有密切关系。实践证明，中国市场经济体制改革、农村劳动力流动政策的变化构成了农民工创业的兴起和发展的外在制度动力，勾画出一幅包含结构、行动者、行动策略的发展图景，充分激发了农民工的创业激情，农民工创业已经成为当今社会的常态。

二 创业行动演变

正如美籍犹太裔政治学家约尔·米格代尔（Joel S. Migdal）所说的那样："控制松散的农村中农民传统性地限制自己对外交往程度的两种原因。首先是农民没有操纵外部世界为自己谋利益的力量，所以，就从对外参与中退缩回去。第二个原因是市场参与的不安全感，致使农民走向封闭，尽可能地减少对外界的依靠。"① 在传统社会，农民的对外交往受到个人能力与市场体制的限制。而社会结构转型为农民工流动与创业创造了平等的发展机会，在当前的社会结构和市场条件下，农民工通过创业实现社会流动具有一定的现实可能性。随着农民工与市场接触机会的增多，他们以"主体－实践模式"改变了自己，而逐步成为市场经济的主体，他们的市场能力得到提高，也更趋于经济理性。

（一）关于流动农民工的总体判断

经济体制转轨和社会转型带来了农民工行为的变化，而且催生了一批具有创业精神的创业者。在现阶段，农民工的流动并不只是谋生的"无奈"选择，而且是不断建构自我、融入新体制的过程。"他们在与土生土长的市民竞争中，通过接受再教育或职业培训等方式将自己原来的劣势转化为优势。"②

从直接效应来看，农民工通过参与城市社会的竞争，从农村的"包袱"转变为创业人才，并为农村提供了新的创业源。正如舒尔茨指出："人口的迁移也是这种投资方式的一种，因为从分析上来讲，一种错置的资源就无异于配置的是一种低生产率的资源。"③ 从土地中逐步解放出来的劳动力成为经济增长的有力助推剂，同时他们也铸造了自身的创业能力和创业精神。一般来讲，农民工创业主要有两条路径：一是农民通过进城打工边干边学，成为专业人才，同时获得了信息而返乡创业；二是农民知识

---

① 〔美〕米格代尔：《农民、政治与革命——第三世界政治与社会变革的压力》，李玉琪、袁宁译，中央编译出版社，1996，第46页。

② 蔡昉主编《中国人口流动方式与途径（1990～1999）》，社会科学文献出版社，2001，第300页。

③ 〔美〕舒尔茨：《论人力资本投资》，吴珠华等译，北京经济学院出版社，1990，第206页。

化工程的实施引导了一部分人创业，为他们培训了技术，使他们提升为农村高级人力资本。当然，也有一部分农民转型转得快，虽然没有打工经历，但不断跟踪市场，适应了宏观环境，把传统产业办成经济实体。但这并不会成为传统农区创业的主流，农民工创业主要还是依靠打工积累，依靠人力资本、社会资本的改变。

显然，行动者微观层面的流动，带来了行动者与社会结构之间的交互作用，同时也再造了宏观的社会结构。农民工的流动正是社会发展过程中新的结构性要素的重组。正如乔纳森·特纳指出："结构可以概念化为行动者在跨越'空间'和'时间'的'互动情景'（context）中利用的规则（rules）和资源（resources），正是使用这些规则和资源，行动者在空间和时间中维持和生产了结构。"① 规则和资源实际上就是指人们所处的社会结构。安东尼·吉登斯也认识到结构与行动之间的相互关系，他写道："作为人，我们可以选择，而不是简单地对周围的事件做出被动的反映。跨越'结构'与'行动'取向之间的鸿沟的方法是要认识到在日常活动过程中，我们能积极地作用和反作用于社会结构。"② 农民工的流动虽受到结构的制约，但又并不完全为"结构"所左右，他们的流动行为也促进了国家、市场和社会的结构性变化。

从农村进入城市的农民工群体，在城市社会多元文化中抉择，成为全新的社会化力量。农民工流动的结果是高度同质化的格局被打破，在职业上发生了从农业向工商服务等非农产业的转变，在阶层上也从低收入的农业劳动者阶层向较高收入的职业阶层流动，实现了社会阶层的重组。在传统社会向现代社会的转型过程中，农民工的社会适应性具有不同于以往的含义，主要是指从通过生存转变为通过拓展自己的活动空间而实现发展。

（二）农民工创业行为的阶段性特征③

农民工创业作为一种与过去几千年传统小农经济截然不同的社会经济

---

① 〔美〕乔纳森·特纳：《社会学理论的结构》（下），邱泽奇等译，华夏出版社，2001，第170页。

② 〔英〕安东尼·吉登斯：《社会学》（第4版），赵旭东、齐心等译，北京大学出版社，2003，第847页。

③ 参看黄建新《农民工创业行为演变、特征与适应性分析》，《成都理工大学学报》2013年第3期，第15~17页。

活动，冲破了农村传统的自然经济束缚，从依赖于制度求生存转变为利用制度求发展，从被动参与转变为主动融入市场制度与资源的竞争中。朱力等的研究发现，"他们中确实有一部分人通过职场、社会交往、社会认同以及生活方式的主动选择，建构性地完成自身的城市适应，形成与城市居民群体、城市社会之间'和而不同'的适应形态。还有一些人凭借打工积蓄的资金和经验积累，自己创业，拥有了更多的自主发展空间"。① 不同阶段的农民工创业有不同表现。农民工创业经历了弱创业认知、创业情感发展、创业行为倾向的渐进式发展过程。应动态地分析农民工创业行为的阶段性演变，对这一群体创业行为的特征与适应性进行理性解读，从而在整体性视野中认识和把握这一群体的创业行为。

1. 弱创业认知阶段

根据社会认知观，创业活动的实现是个体创业认知和创业环境因素相互决定、共同作用的结果。创业认知反映了个体对创业过程的认识与理解，是创业活动产生的必要前提。20 世纪 80 年代是农民工创业意识、创业观念形成的初始阶段，处于弱创业认知阶段。实际上，这一时期的创业主体是农民，而不是农民工。借助于独特的政策环境，家庭作坊式的农民创业模式开始出现，尤其是在沿海地区以及一些经济比较发达的地区。此时的农民工主要以"离乡不离土"为特征，进入乡镇企业或到小城镇就业。1985 年之后，外出就业的农民工才逐渐多起来，流动到城市的结果主要是作为"打工妹""打工仔"被雇用。农民工在对城市社会、对市场经济有一定程度了解后，出现了"小打小闹"的个体经营方式的创业，而很少有创办私营企业的现象。正是城市就业机会、打工经历，激发了农民工的创业欲望，酝酿了其今后的创业方向。

2. 创业情感发展阶段

创业情感阶段是创业意识的提高阶段。1992 年邓小平"南方谈话"以来，城市化和工业化进程加速，以此为起点，"打工潮"随之出现，大规模的农民工跨地区、跨行业流动到大中城市就业。在"民工潮"现象出现不久后的 20 世纪 90 年代中后期，就有一部分学到技术或有一定资金和经验积累的农民工返乡创办企业，由此引起了创业主体的变化。返乡农民工

---

① 朱力、赵璐璐等：《"半主动性适应"与"建构型适应"》，《甘肃行政学院学报》2010 年第 4 期，第 4～10 页。

与原来打工地的城市形成了"三来一补"关系，成为特殊的创业群体。这一时期农民工主动获取创业信息的能力较弱，缺少良好的创业认知结构，却有某种持久的、稳定的创业需求。而且，社会方面的有效引导、支持不足，在现实中具体表现为农民工仅仅凭借已有经验做决策，缺少对创业风险的认知。可以说，这一时期的创业并没有给农民工群体、农村社会带来太大变化。

3. 创业行为倾向阶段

创业活动中表现出来的行为趋向，是指将创业意愿付之于实践的过程。进入 21 世纪以后，农民工"草根"创业进入发展阶段，他们根据需求主动获取创业信息的意识增强。合适的触发条件常常会引发农民工创业行为的发生。农民工创业步伐正在明显加快，并且出现了结构性的拐点变化，呈现承接发达地区产业转移的态势，农民工创业意识上升到创业行为倾向阶段。尤其是新生代农民工，对城市生活的向往、渴求融入城市的愿望、追求与城市人口平等的生活方式，促成他们产生了更强烈的创业意识。而且，政府以及社会各部门为农民工创业提供了大量的支持，优化了创业环境，从而使农民工创业得到快速发展，农民工也从一门心思"找饭碗"变为开拓思路"造饭碗"。

总的来看，农民工创业在总体上还处于初级阶段，但数量越来越多，他们的成功与失败关系到流动人口的社会融合。"从社会流动来看，最理想的发展趋势是农业劳动者和工人阶层中有越来越多的人能够向比其地位更高的阶层流动，从而不断壮大中间阶层，顺利地实现社会阶层结构的现代化。"[1] 从结构和行动的视角来看，既要了解外在因素对创业的影响，也要关注行动者形塑社会结构的能动作用。

第二节　利益表达与创业支持

新形势下农民工问题发生了新的变化，从仅仅关注农民工权益保护到关注农民工创业与发展。农民工创业还涉及创业环境问题与社会支持问题。社会支持的不足会弱化农民工的创业意愿，同时地方政府、中介组

---

[1]　王春光：《当代中国社会流动的总体趋势及其政策含义》，《中国党政干部论坛》2004 年第 8 期，第 30 页。

织、创业者三方的结构和功能关系缺少准确定位，制度、组织供给不足，"窒息"了部分创业行为。农民工创业者怎样看待政府扶持创业的行为？他们是否有不公正感，又有什么样的行为反映？他们的行为逻辑是什么？经过历时性考察，农民工创业环境评价的变化状况如何？这些都是下文所要回答的问题。

一 利益表达与机制建构

"社会转型的主体是社会结构，它是指一种整体的和全面的结构状况过渡，而不仅仅是某些单位指标的实现。社会结构转型的具体内容是结构转换、机制转轨、利益调整和观念转变。"① 社会结构的变化意味着机制体制和人们的利益观、价值观的变化，社会成员利益格局的重新调整、群体结构的多样化还造成了利益需求的多层次，利益冲突由此凸显。转型期的创业农民工利益诉求的增多，要求有顺畅的利益表达机制。

结构转型引起了社会资源分配关系的重组，同时体现了社会各阶层之间利益关系的变化、分化。人类要生存就有需要，要实现这些需要，就有利益表达的要求。简单地说，利益表达是指利益群体表达群体自身的利益诉求，并通过一定的方式实现自身利益的行动。这一概念通常包含利益表达的对象、内容和方式三个方面。在社会学视野中，利益表达是指普遍意义上的利益期望以及各种形式的利益表达行为。

利益冲突、失衡时，不同利益群体表达自身利益的诉求产生。社会要稳定，需要不同意见、不同声音，表达渠道不通就会阻碍社会的协调。利益表达是动态的，是利益主体双方或多方互动的过程。美国著名社会学家格尔哈斯·伦斯基（Gerhard E. Lenski）对个人利益、社会利益的性质以及两者之间的关系做了阐述，他认为："从逻辑上讲，如果社会成员的利益在他们自身之间有某种程度的不一致的话，那社会的利益是不可能与其所有成员的利益一致的。……从古到今的许多社会中，其成员中都只有很少的少数者群体的利益与整体社会的利益有着重大的一致。"② 个体利益与整体利益冲突始终是存在的，必须建立符合各群体利益表达的制度化方式，以尽量避免个人表达行为的非理性。而利益表达的内容在不同时段会有不

---

① 李培林：《李培林自选集》，学习出版社，2009，第88页。
② 〔美〕格尔哈斯·伦斯基：《权力与特权：社会分层的理论》，关信平等译，浙江人民出版社，1988，第47～48页。

同的表现。美国著名政治家、结构 – 功能主义的创立者加布里埃尔·阿尔蒙德（Gabriel Abraham Almond）认为："一般地，当一个社会经历了经济与技术变化，当它获得了与这些变化过程相关的态度时，就会出现导向更高程度利益表达的倾向和行动手段。"[1]

合理的制度化、组织化表达可以给行动者提供更多的表达空间。当然，一定的社会制度安排在客观上限定了利益表达的方式以及组织机制。作为公共理论选择的主要奠基者，美国马里兰大学的曼瑟尔·奥尔森（Mancur Olson）对利益表达的阐释具有一定的解释力。奥尔森的"集体行动的逻辑"[2]指出：要使个体层面的行动与整体协调，就必须有一系列的制度安排。人们的利益表达要实现，除了要依靠他们本身力量的组合，还要建立利益协调的机制，形成制度化的表达方式，使不同的利益群体有表达自己利益诉求的正常渠道，特别是要使社会相对弱势群体有表达利益诉求的渠道。由于自身的处境，他们往往是社会生活中"沉默的大多数"。笔者的调查也充分反映了农民工创业利益表达机制方面一度存在缺失的状况。

利益存在于社会的基本结构之中，社会制度对利益的实现有着深刻的影响。罗尔斯在他的《正义论》中这样表述社会结构对人的影响："正义的对象是社会的基本结构——即用来分配公民的基本权利和义务、划分由社会合作产生的利益和负担的主要制度。"[3] 社会如何分配基本的权利和义务，如何调节不同阶层中的经济机会和社会条件，直接影响着人们可能达到的状态和成就。基于社会基本结构对利益的实现的影响，正义原则以社会基本结构作为最初的应用对象，当然政策、制度制定要倾向于鼓励相对弱势的群体，使人们的利益达到统一。

制度的支持有利于人们获得体制性资源；公正、合理的制度能规范人们的行为，有利于社会整合；合理的制度建构推动了行动者活动目标的实现，在促进人们的利益实现中也具有重要意义。如果利益关系失调，首先

---

① 〔美〕加布里埃尔·A. 阿尔蒙德、小 G. 宾厄姆·鲍威尔：《比较政治学：体系、过程与政策》，曹沛霖译，上海译文出版社，1987，第 232 页。

② 〔美〕曼瑟尔·奥尔森：《集体行动的逻辑》，陈郁、郭宇峰、李崇新译，上海三联书店、上海人民出版社，1995。

③ 〔美〕约翰·罗尔斯：《正义论》，何怀宏、何包钢、廖申白译，中国社会科学出版社，1988，第 5 页。

要考虑的是即有的制度性安排出现了问题。一个合理的制度有三个方面的功能：一是保护个人的合法利益；二是具有扩展功能，可提高个人活动能力、扩大活动范围、减少不确定性、降低交易成本、实现规模效益；三是具有激励功能，从而能达到新的利益均衡。只有合理的制度建构才能引导创业行为，满足创业需求。

随着社会结构的发展变化，人们对社会公正的理解、心理期待相应提高。对一般进城农民工来说，他们由当时迫于求生存忍受不公正待遇转变为期望得到公正对待；对创业农民工来说，他们更期待市场竞争的公平、公正：这些都是利益诉求多元化的体现。但是，由于制度设计的内在缺陷，农民工创业无法享受与其他群体同等的公共服务，他们的利益诉求无法通过合法的途径得以表达，有些政策在执行过程中不但没有优化农民工的创业环境，反倒极大地伤害了他们的合理权益，忽视了他们内心的呼唤与利益诉求。因此，要准确地把握这一群体的社会期望和利益要求，在利益表达机制中体现、维护创业利益诉求，保护创业者的合法权利，合理地构建农民工创业服务体系，保证创业者在平等的环境中合作共赢。

从农民工创业环境来看，制度的优化对农民工返乡创业有很大吸引力，这从返乡创业潮可以得到证实。有效地发挥政府在创业中的功能，是农民工创业社会支持网构建的基础。

二 创业支持与社会流动

社会支持理论从社会网络、支持系统等视角为农民工创业支持提供了理论指导。农民工创业正在崛起，而农民工创业者的弱势处境需要来自社会各方面的扶持。笔者调查发现，不少农民工在创业选择上存在一定的盲目性，缺少市场分析和产品定位，技术力量薄弱，经营管理知识和企业管理能力欠缺，为创业失败埋下了隐患。从责任角度来解读政府如何支持农民工创业，尤其需要强化政府的"责任伦理"。[①] 适应农民工政策需求的变化，应逐步建立相关制度，发挥政府"强有力的手"的作用，同时，辅以非正式社会支持网络，加大对农民工创业行为的支持力度。在国家有关农

①　〔德〕马克斯·韦伯：《学术与政治》，钱永祥、林振贤等译，广西师范大学出版社，2004，第125~127页。

民工创业政策的引导下，各级地方政府也结合自身实际出台了鼓励政策措施。早在 2004 年 H 县就有了扶持农民工创业的一些举措。

专栏 3 – 1　地方政府支持创业的多种举措

县人事和社会保障局"一到位，两落实，三加强"做好全民创业工作。"一到位"是指宣传到位。"两落实"是指落实创业技能培训和就业服务平台，在全县建立技能培训基地 14 个，在 10 个乡镇和就业局劳动力市场建立劳动力培训服务中心和劳动保障事务所。"三加强"是指加强以创业培训为基础的创业人力资源开发体系建设，加紧落实返乡创业政策等；加强以解决各类创业人群后顾之忧为重点的多层次社会保障体系建设；加强劳动保障系统效能建设，切实转变效能作风，大力实施"阳光政务"，严格规范行政审批程序和行政执法行为。县发改委重点围绕创业主体，对构建创业平台、健全创业机制、培育创业人才、营造创业环境等进行全面规划与安排，并对各类创业主体一视同仁。县教育局为返乡创业人员及外商解决子女入学问题，消除他们创业的后顾之忧。县国税局实行一窗式管理服务，落实税收服务直通车制度。县地税局从全民创业中反映的突出问题入手，简化办事流程，营造安商、亲商、富商的地方税收环境，用好政策，在行动上支持创业。

这些措施的实施，降低了农民工创业门槛，指导了农民工的创业活动。我们再来看看工业小区中的一则宣传栏：

税收：企业纳税是财政所得部分，征管经费除外，2 年内 70% 给予奖励，第 3 至 5 年，50% 给予奖励。年纳税额达到 50 万元以上者，两年内给予 90% 奖励。

土地：对工业小区内一次性固定资产投资 100 万元以上且所用土地每亩交纳 1 万元以上的工业项目，按新建生产车间实际使用面积的 3 倍以内以 13000 元的出让价取得土地使用权，工业小区外投资工业项目按成本价取得土地使用权。

规费：投资额在 1000 万元或年交纳税在 50 万元以上的项目，3 年内只收税、不收费。

供水：县城规划区的工业生产用水为 0.70 元/吨。供电：企业运营期间免收除电费外的任何费用，力争调整电费及基本电价按50%收取。

服务："一站式"服务、"保姆式"服务，投资额在 100 万元以上的项目，安排一名县领导、一个单位挂帅、一名优秀干部具体负责。企业用工，县劳动保障部门和职业技术学校为企业培训技术工人，企业自主培训的，政府给予适当的培训补贴，其中聘用 40～50 人的，经劳动部门审定后，除给予社保补贴外，还适当给予岗位补贴。

资料来源：中共 H 县县委办公室编《H 县信息》，第 15 期（全民创业专刊），2005 年 8 月 29 日；2006 年 1 月，笔者对 H 县某工业园调研资料。

这些政策在支持农民工返乡创业、营造农民工资本回流方面，起了一定作用。近年来，在国际金融危机爆发后，我国政府在创业政策方面有更大力度的举措，出台了用地优惠、水电价格下调、规费减免、税收奖励、用工服务、融资协调等支持政策。一是用地优惠。重大项目用地还可采取"一事一议"政策。二是水电价格下调。用电价格实行全省统一工业电价，企业自行取水免收水资源费。三是规费减免。对企业减免了一定费用以降低企业的运行成本。四是税收奖励。出台了一些税收鼓励政策。五是用工服务。政府指定有关部门和乡镇为企业定向招工，对企业参加养老保险、医疗保险、工伤保险的由政府给予补贴奖励。六是融资协调。县金融办为需要贷款的企业提供相关服务。地方政府为了吸引农民工返乡创业，确实制定了一些有效的政策。

农民工创业过程涉及政府、社会环境、农民工自身三方面的结构和功能的准确定位。如何将扶持农民工创业的政策落实到位？只有协调整合多方力量，建立针对农民工创业群体的社会支持网络，健全顺畅的创业者社会流动机制，才能真正推进农民工的创业。创业是各种因素协同作用的结果，是由不同要素组成的连续的过程。创业要成为向上流动的路径，要重视创业者的利益表达，建立创业社会支持系统是关键。实施创业支持政策的主要目的是通过制度安排解决农民工创业中的需求问题。当前，政府支持农民工创业政策的落实使农民工创业成功率得以提升，农民工创业也展现了强劲的发展势头，这从逐渐攀升的农民工创业人数以及农民工创业服务体系的逐渐完善上可以得到证明。从社会流动视角来看，农民工创业行为是一种上升式的流动方式，是农民工获得职业发展、稳定生活的一种选择，农民工创业倒逼政府改革——构建政府、社会和个人"三位一体"的支持体系，这也使创业真正成为农民工向上流动的有力渠道。

小　结

农民工创业处于社会流动机制的宏观社会背景中，他们的流动和创业行为与社会结构是互动的，也是互构的过程。创业在农民工向上流动中的作用明显，其改变了农民工在社会阶层结构中的地位。市场化改革的阶段性深化，个体、私营经济政策、农民工流动与创业政策的演变拓展了农民工创业的机会空间。本研究认为，在研究农民工的创业行为时，既要看到个体特征因素，更要将农民工创业行为放到特定的社会结构中，分析影响其创业行动产生与成长的特定机会空间和资源分配模式。通过对农民工创业行为痕迹信息的挖掘，可以看到他们是如何改变社会位置的，能使我们更深入地理解创业这一现象背后的多方面因素，理解新的社会分层系统是如何形成的。本研究认为，农民工创业不单是一个经济行为，它实质上是转型过程中制度变迁、经济转型和整个社会文化心理变迁交互作用的结果。因此，追溯农民工创业要在社会结构变化中来分析，洞察社会历史环境中个人生活之流变，观察农民工创业支持在农民工向上流动中的作用。

第四章　农民工创业实践的调查分析

由于国家与市场关系的深化，农民工离开原有的社会生活共同体而进入城市，引起了其生活方式的变革，也形塑了农民工创业行为过程。如何在把握共性的基础上，从动态的视角实证分析农民工创业行为选择及其特征？农民工创业行为的发生机制、创业模式有哪些？这是本章需要讨论的问题。

第一节　农民工创业选择与特征分析

农民工创业有其独特的轨迹。处于弱势地位的农民工，通过在城市就业，孕育了创业能力和创业精神，并根据自身经历、技术专长、社会资源和市场情况，选择了创业方向。"农民工创业实际上是农民工资金、技术、管理、信息、理念等创业要素积累到一定水平，对自身资源和农村资源进行整合，对自身现状和前途进行权衡后形成的一种理性的创业行为。"[1] 考察创业路径与特征可提升对农民工创业行为过程的理解和认知。为了更好地理解地域属性在农民工创业地选择上所表现出来的差异，探寻农民工地点选择的独特性和规律性，本章根据调查的真实状况，从口述史的角度，讲述创业故事，用定性的、个案的、微观的方法来探讨地域属性对农民工创业地选择的影响。

一　对农民工创业路径的考察

创业地域选择是农民工创业选择中重要的组成部分。农民工从就地流动到城市流动的多样化流动方式，构造出多元化创业路径。在以往的研究

---

[1]　农业部课题组编《农业农村经济重大问题研究》，中国财政经济出版社，2010，第132页。

中，韩俊等认为，外来人口进入城市的方式，不仅有受雇于城市的企业和个人，而且还有自我雇佣和独立创业的情况。[①] 到城市打工是农民工创业不可或缺的孵化器，打工期间所积累的资金、技术、信息和管理经验，以及人力资本，是农民工实现创业的基本条件，打工经历决定了其创业取向。"先打工再创业"是农民工创业形成的基本路径，也意味着中国今后城市化发展的可能路径。经过在城市打工，农民工的生活逻辑与自我定位发生了从寻求生存到寻求发展的转变。对具有创业意愿的农民工来说，返乡创业与留城创业是两种不同的创业路径选择：留城创业实现城市融入，因农村"拉力"而返乡创业。各项资源能否满足创业需要，是农民工选择创业地的主要原因。通过深度访谈，描述、分析和解释农民工在创业地域选择问题上的观念、行为和作用机制，可以发现，无论是选择城市创业还是选择返乡创业都表现出"难融入"的特征。

（一）留城创业与城市融入

创业不仅是在城市生存的最好办法，而且是融入城市社会非常重要的历程。在城市场域中的工作、生活、交往中养成的各种新型人格、获得的人力资本，构成了全新的社会化力量，转化为农民工的城市适应性。朱力则指出："农民工城市适应性可以划归为经济、社会和文化三个层面，彼此依次递进；经济层面的适应是农民工立足城市的基础；社会层面的适应反映其融入城市生活的广度，体现为获得城市社会的社会支持网络的程度；文化层面是城市融入的内核，涵盖情感、城市认同感和文化习得等维度，反映其对城市化生活的认同程度和参与城市生活的深度。"[②] 探讨农民工的融入问题，还需要结合制度融合层面，将其扩展为经济融入、社会融入、制度融入、心理融入四个维度，这样可较为全面地分析农民工城市生活世界的建构。

1. 经济融入

经济状况是农民工选择是否留城创业的第一道门槛，通过创业获得的

[①] 韩俊：《跨世纪的难题——中国农村劳动力转移》，山西经济出版社，1994；李梦白等编《流动人口对大城市发展的影响及对策》，经济日报出版社，1991；中国科学院国情研究小组编《城市与乡村》，科学出版社，1996；邹春兰编《北京的流动人口》，中国人口出版社，1996。

[②] 朱力：《论农民工阶层的城市适应》，《江海学刊》2002年第6期，第82~88页。

经济收益是他们在城市生活的物质保障，也成为他们"扎根"城市的基础。由于城市社会的开放性、城市生活的吸引力以及更多的创业机会，部分农民工在经过积极尝试与对自身因素的考量之后，就会竭尽所能地尝试创业，尽可能地留在城市。积累到一定的资金、获取了一定的经济收入后，农民工对自己的经济前景有了较为清晰的预期，会更愿意选择创业，开始他们所希望的城市生活。

> 印刷刘（个案4-1）：原来没想到要留在这边，因为赚的钱不多，不敢想留下来（的事），万一没有收入了，连个退路都没有，所以在老家县城先建了一栋房子，万一这边生意不好了，还可以回去。这几年，收入还不错，生活应该没问题，才打算在东莞买房子安家，给三个孩子都买了房子，让他们都能在这里生活。和姐姐合买了一块300多平方米的地皮，准备建简易房出租。经济收入最起码能保证我在这里不比回家差，也不会太落后于本地人。

通过创业，印刷刘获取了稳定持续的收入、拓展了城市发展空间，从而能在城市立足。经济收入的变化体现了留城与返乡的抉择，经济融合成为农民工社会融合的基础。

2. 社会融入

"社会融入是处于弱势地位的主体能动地与特定社区中的个体与群体进行反思性、持续性互动的社会行动过程。"[①] 社会成员之间的各种互动活动均嵌入真实的、正在运作的社会关系系统中。根据彼得·布劳提出的"与其他群体和阶层的交往，推动和促使向这些群体和阶层的流动"假设,[②] 由于各种因素，大部分农民工虽然迁移到城市，但他们几乎和来自同一个地方的人集结在一起，日常交往活动也仅限于自己的老乡、亲戚，与当地人缺乏交往，使城市中出现了河南村、江西村、湖南村……有些来自同一地方的农民工，虽然租住着本地人的房子，但是与当地人之间界限分明，交往几乎为零，围在一起打麻将、玩桌球、交谈的都是各自圈子里

---

① 陈成文、孙嘉悦：《社会融入：一个概念的社会学意义》，《湖南师范大学社会科学学报》2012年第6期，第66页。
② 〔美〕彼得·布劳：《不平等与异质性》，王春光等译，中国社会科学出版社，1991，第394页。

的人，甚至买东西都是本地人到本地人办的杂货店，外地人到外地人办的杂货店，显然延续了亲缘、地缘为主的社会交往模式。一般的打工很难让农民工真正融入当地社会，而创业使他们获得了更多的社会资本，也推动了他们在物质上、空间上、秩序上、精神生活上和城市社会的碰撞：由最初差异性生活方式开始，到彼此社会空间的逐渐接近，最后形成与城市社会的融合，被城市群体认同。

> 东莞印刷陈（个案 4 - 2）：创业早，买房子买得早，当时只要买房就可以解决户口，小孩户口都在东莞，我女儿都是在公立学校读的书，现在已经到国外读大学了，我与这里的本地人没有区别，他们有的我也有。

社会融入意味着在工作、教育以及更广泛的社会层面全面参与，对农民工的创业起着极其重要的作用。社会流动理论认为，通过创业活动，农民工获得新的社会位置和社会地位，实现了城市融入，这是典型的向上流动过程。

3. 制度融入

吉登斯认为："社会结构并非仅仅是社会行动的外在形塑力量，它实际是社会行动的结果和行动进一步开展的前提。社会结构非但不是外在客观的，实际就存在于社会行动和日常生活之中。"[1] 从制度角度看，农民工的城市融入与户籍制度下的社会保障、住房、教育等公共资源和社会福利待遇密切相关。城乡二元结构理论认为，由于中国特殊的户籍制度，乡村背景的流动人口在城市中通常在住房、医疗和教育等方面受到不公平待遇。[2] 从农民工群体的生存样态来看，农民工的社会流动在一定程度上打破了城乡界线，但是镌刻在人们观念中的城乡二元结构并没有消失。户籍、子女入学、医疗、社会保障等不公平的制度安排往往限制了农民工的城市融入。即便在城市创业，如果没有当地户口，农民工子女要享受优质的教育资源仍然是比较困难的。

---

[1]　吉登斯：《社会的构成》，李康、李猛译，生活·读书·新知三联书店，1998，第 89 页。
[2]　阿瑟·刘易斯：《二元经济论》，施炜等译，北京经济学院出版社，1989。

电子邓（个案4-3）：我已经在厚街买了一套房子，原来规定买一套房可以解决一个人的户口，打算把小的户口先迁出来，其他两个慢慢再考虑。没有户口，入学需排队，而且还要看当地学校有没有空出名额。只有先满足了当地户籍的学生，我们的子女才进行电脑派位，读的学校有时不好，离家又远，甚至外来小孩入学多的时候根本没机会入学，所以小孩只能留在老家，由老人照顾。大的已经念高中了，小的也快小学毕业了。暑假他们自己乘车来看我们，寒假我们开车回去与他们一起过年，这种情况持续了多年，不知道什么时候才能结束这种奔波的日子。

通过制度的设计，可以帮助那些缺乏社会资源、不能有效参与的群体平等地获得生活机会，也只有消除制度不公平带来的城市生活不适应性，才能使农民工较好地适应城市，从而真正实现从"候鸟式"转移到"生根式"迁移的转变。

4. 心理融入

心理融入是内核融入，是农民工城市融合的最高阶段。由城市社会生活的文化适应带来的心理融入，吸引着农民工在城市创业。通过创业活动，农民工对城市社会形成了思想、观念和价值观的整合认同，这是一种全新的社会化过程。帕克认为："城市环境的最终产物，表现为它培养成的各种新型人格。"[①] 东莞印刷陈（个案4-2）依靠在城市的积极尝试，通过创业买房子解决了户口问题而融入城市，生存轨迹以城市为重心，具有了对城市的归属感，形成了精神层面的融合。

问卷调查中关于创业后的身份认同一项显示：44%的创业农民工认为自己是老板、城里人，56%认为自己是农民（农民工）、乡下人。进城打工的农民工界于农民和工人的中间地带，而创业做老板的新生社会群体又不能得到新的定位，虽然他们通过创业实现了职业身份的转变，但觉得自身的社会地位尚不稳定，因此在身份认同方面处于矛盾的状态，普遍认同的还是农民这一角色。农民工创业者表现出职业与身份相背离的现象，存在"身份焦虑"。现阶段大部分农民工缺乏城市社会的身份认同，处于"市民"和"农民"身份的认知矛盾中，"农民工之所以不能有效纳入城

① 〔美〕帕克等：《城市社会学》，宋俊岭等译，华夏出版社，1987，第273页。

市化率指标，既是因为他们处于城乡流动态中身份未变，更是因为其思想观念、生活质量、行为方式等没有达到与城市融合的地步"。① 农民工的社会融入可以从经济原因、制度障碍、社会排斥等方面加以解释，更应该着重于从思想观念、生活质量、行为方式等方面加以改进。

从上述个案中可以看出，通过创业已经市民化的农民工，在城市工作生活中有较为稳定的住所和生活来源，与城市居民没有太大差别，对城市生活、社会文化环境等方面满意度高，中国传统的"安居乐业"思想得以体现。从主观愿望上来说，大多数农民工尤其是新生代农民工主动追求城市生活的愿望较强，而且留城创业的愿望会使他们付出更大的努力，并且会让他们借助在打工阶段积累的技术、人脉关系等一切资源来实现城市融入，但是城市融入程度还受到其创业能力、职业技能，以及收入水平和社会管理制度的限制。分析访谈资料可以发现，农民工"扎根"城市的关键是城市生存能力，即对城市的适应状况，只有收入足以支付家庭城市生活的成本，他们才可能留在城市，否则就很难实现社会融入和文化融入。事实上，根据调查，新生代农民工受到城市文化的影响较深，对农村文化认同较困难，倾向于留城创业，而依托城市进行创业活动，受制于资金以及政策因素，这也是当前农民工市民化面临的新的认同困境。这一现象足以引起当前大力推进从"城市化"到"城镇化"进程中各级政府及学术界的重视。

（二）返乡创业与农村"拉力"

农民工选择返乡创业，一方面可能是考虑到城市社会融入的难度，另一方面也是出于个人发展的主动选择的结果。布迪厄认为："社会资本是实际的或者潜在的资源的集合体，那些资源是同对某种持久性的网络的占有密不可分的，这一网络是大家共同熟悉的、得到公认的，而且是一种体制化的网络。"② 农民工所处的社会位置决定了其拥有的经济资源、文化资源少以及社会资本弱的客观事实。农民工群体拥有的社会资本含量，既受制于其关系网络的规模，又受制于这些关系网络中的行动者拥有的社会资本含量。返乡创业是多方面因素引起的，既有主观因素也有客观因素，既

---

① 石伟平、陆俊杰：《城镇化市民化进程中我国城乡统筹发展职业教育策略研究》，《新华文摘》2013 年第 22 期，第 115 页。

② 布迪厄：《文化资本与社会炼金术》，上海人民出版社，1997，第 202 页。

有内部因素也有外部因素，既有宏观政策等方面的原因也有微观方面的原因。城市推力和农村拉力的双重效应是农民工返乡创业的重要原因。综合来看，农民工是否返乡创业受到他们的资本认知、城市认知、乡村认知的影响，同时制度安排、社会支持起了"拉力"作用。与一般外出劳动力回流不同，返乡创业更具有主动性，是外出劳动力对输出地和输入地的投资成本和效益进行比较后的选择。

1. 人文环境的认同

创业地选择明显地会受到文化模式的影响，由于务工地与家乡地域文化的差异性，地域文化认同成为农民工回到家乡创业的重要拉力。"选择回乡创业，一个重要原因是他们的创业行为能被当地社会人文环境认同。目前城里人对进城农民工仍存有一定的歧视心理和行为，农民工受到了城市社会文化环境的排斥，造成当今大多数在城市打工的农民心理担忧，认为打工不是长久之计，面临着失业风险，就业缺少稳定感，也使有成就的打工者产生就地创业的心理障碍。"[①] 正如城市有一股推力把农民工推向城市一样，农村（包括城镇）也有一股拉力把农民工拉回农村。在城市生活成本与收益的权衡下，由于对家乡的投资环境、资源状况的了解，因外出务工经历而提高的社会资本，对内外市场信息、原有人脉关系的把握，以及对返乡创业的成功率和预期回报的分析，对乡土观念和"根"的认同，农民工很可能会把返乡创业的想法付诸实践。像访谈中的制衣魏（个案4－4），从20世纪90年代开始到广东东莞、深圳等地的制衣厂打工，因为跑运输，有一些经常接触的客户，建立了新的人际关系。妻子也是在制衣厂打工，懂得一些技术。两个人手头有点积蓄，但在城里生活负担太重，缺少生活保障，也很难融入城市，于是一遇时机，便走上了返乡创业之路。

制衣魏（个案4－4）：我们有10几万元可以作为回乡创业启动资金，而且打工时认识的很多同乡都已经自己开厂做老板了，我们也想试一试，家乡有创业优惠政策，办小规模的针织厂，投入的资金不多，员工大概要20人。我也曾经想过在外面做个老板，回家也体面。

---

① 林斐：《对90年代回流农村劳动力创业行为的实证研究》，《人口与经济》2004年第2期，第53页。

　　但是在外面创业挺难的，手头资金不多。在家创业容易多了，用工、场地的成本低，除了设备之外基本上不用进行固定资产的投资。自己家的房子也比较大，可以用自己家的庭院做厂房。

　　农民工创业普遍存在起点低、资金少、技术弱的特点，而熟悉的人文环境、家乡亲情与社会网络优势以及创业环境的宏观架构促进了有创业意愿、创业能力的农民工返乡创业。制衣魏"浓缩"了一批返乡农民工的普遍状况：文化水平不高，但在打工的生涯中，学到了一定的生产技术，开阔了眼界，有一定的资金积累。借助于在家乡的资源创业，其实是对自我价值重新认识的一个过程（返乡比较容易做老板）。把城市的创业网络延伸到农村而实现创业目标，是施展打工积累的人力资本、实现自我价值感、赢得社会声望的重要手段。农民工从发达的沿海地区大批回流创业，对一部分农民工来说，不仅意味着更高的收入，也意味着更多的主动权和社会尊重，在预期的投资回报驱动下，返乡创业就成为一种市场的自然选择。回流意愿是农民工对城乡预期与自身价值重新认识的过程，他们和农村的天然联系决定着他们的创业行为可以直接给广大农村带来福祉。

2. 创业环境的改善

　　创业地域选择受到创业者自身能力与创业环境的约束，创业的宏观因素，如政策、经济环境、创业机会等也可能成为影响农民工回流的重要因素。随着产业的转移和产业结构的升级，家乡基础设施、交通物流运输业的发展，一些惠农政策、就业创业政策的出台，以及政府管理和服务水平的改善，创业空间集聚的形成，农民工城乡流动的"推－拉"力对比发生了明显的变化，并成为诱导农民工回乡创业的主要因素。通常，在面对政府的战略调整和政策环境调整时，农民工也有自己的心理预期，他们的决策行为趋于理性。现实中，农民工的创业决策行为取决于其自身的经济禀赋和外部的政策环境。看中家乡农业的发展前景，通过农民专业合作社这一平台而"抱团"创业也是返乡创业的一个路径。大棚蔬菜温（个案4－5）就是一个典型的案例。

　　大棚蔬菜温（个案4－5）：我已经创过四次业了，在东莞办过机械厂、鞋厂等，发展也比较好，人数多时有四五百人，但还是觉得在外面创业太艰难。在外面看过大棚蔬菜，但从来没有种过，不太懂得技术，回家后，了解到政府可以免费让我们去省城参加培训，培训对我帮助非常大，不仅学到了技术，还知道政府可以为我们搭建平台办合作社，解决销售问题。蔬菜不愁销路，主要是销往各大超市，交通非常方便，运输东西也很快，县城超市有的菜就是我供应的。

对家乡资源的认识和挖掘：家乡的土地成本低廉，用工方便，投入也不大，政府的扶助还为打工者进行低成本的非正式创业提供了空间。一些打工者认为：一是看上了家乡的创业环境，如可以免税；二是为了照顾家庭而选择了返乡创业。鞋面黄女士（个案4-6）怀揣着到城市生活的梦想在外打工多年后又回到家乡创业。

鞋面黄女士（个案4-6）：东莞的很多企业雇不到工人，工人越来越少，老板就把劳动密集型的环节转向内地，我就主动向老板提出合作意向，在自己老家办分厂。考虑到家乡的其他条件和东莞差不多，土地也便宜，而且更好招工人，有很多年龄大的农民工，加之上有老、下有小，想留在家里。而且自己的亲戚也多，帮忙的也多，姐姐、嫂子、堂妹、堂嫂都在厂里做工，他们也有机会多挣些钱。我懂技术程序，看了样鞋就会做，有了新的样品，就自己先做，掌握了技术再教厂里的员工做。反正也不出去打工了，能接单就在家乡做，总比外出打工强一些。

鞋面黄女士所提到的不仅是在外创业的困难，更主要的是返乡而附着的创业机会、创业资源的获得，尤其是创业政策的吸引，这些都是农民工回乡创业考虑的重要因素。没有政策的扶持，他们的创业会更加困难。

3. 家庭因素的考量

农民工的回流创业决策还受到家庭因素的影响，如赡养老人、教育孩子等。出于家庭的整体利益，他们往往会倾向于返乡创业。

手套徐女士（个案4-7）：有了孩子不放心把他留在家里，不可能总是让老人家带，所以就不敢再去打工了。1998年和朋友一起去打工，两年后因为结婚而回来，在老家附近的服装厂、手套厂打工。小孩大一点了，又去深圳超市上班。2年后又回来，要照顾小孩，自己有创业基础，做过技术，又做过管理，看了图纸就会做。2005 年投资 20 万~30 万元，就在所在的村办手套厂，在家里办厂，不会耽误小孩的教育。

毋庸置疑，返乡创业往往是农民工在外部不利因素冲击下的选择。"从根本上说，回乡创业是外出务工者对比劳动力输出地和输入地的资金投入产出效率后理性选择的结果，其根本推动力量还是预期在未来创业中有更高的收入。"① 当前，城镇化建设在一定程度上为农民工回乡创业提供了发展机会，新型城镇化建设策略契合农民工创业的需求，这种依靠农村的"拉力"势必会变成农民工返乡创业的"吸引力"。

在"留城"与"返乡"的个案研究中我们发现，两种创业选择面临不同的机遇与挑战，必须充分考虑特定区域创业存在的差异性，化解农民工创业发展的外部困扰，推动和引导农民工多维创业。选择留城创业抑或是返乡创业，都是客观条件下农民工理性选择的结果。作为理性的经济人，人们趋向于利益最大化，资源丰富、人口集中、交通条件好等可降低创业成本，使其获得更大利润。而从现阶段看，东部地区和中西部地区创业农民工之间的比较收益差距正在逐步缩小，东部地区的吸引力日渐式微，中西部地区创业环境的改善、较低的创业成本，使返乡创业的人数增加。笔者对有创业意愿的农民工进行的问卷调查表明，81% 的农民工未来会选择在家乡创业，11% 选择在沿海，8% 选择在其他地方，这也在一定程度上体现了农民工创业方向的选择。

探寻不同的创业路径，有利于调整农民工创业政策，缓解农民工创业困境。实证研究表明，H 县农民工创业行为选择也存在差异，即存在到外地发展与回家乡创业两种方式，一些在市场经济中拼搏的农民工，虽然在外地谋发展，但同时也关注家乡经济的发展。无论是"留城创业"还是"返乡创业"都已经成为促进城乡一体化不可忽视的力量，在制度安排上应放到同等重要的地位。然而，无论是"留城创业"还是"返乡创业"也都存在障碍：其一，农民工在城市生活多年，但仍然不属于城市，城市社会的就业、生活和社会保障状态都给他们带来心理压力；其二，返乡创业也面临返乡适应的问题。城市生存能力、家乡的创业环境等方面的客观情

---

① 李笑含：《农民工回乡创业问题研究》，《兰州学刊》2013 年第 1 期，第 217 页。

况给农民工创业路径选择带来了一些限制。这关系到农民工如何在资源、目标及价值、政策环境之间权衡，做出留城或是返乡的决定。从公共政策角度而言，只有明晰农民工创业行为的路径、特征，对创业地域选择进行全面分析，关注各因素的有机配合，才能找到有效引导农民工创业的着力点，及时跟进、调整相关政策。

在当今新型城镇化背景下，返乡创业不再是逆向的选择，而成为推进新型城镇化发展、推进人口城镇化的重要途径。在重视农民工返乡创业的同时，应以理性的态度对待农民工留城就业与创业，并加强对农民工留城创业的支持和保护。

二 农民工创业行为的特征分析

在生存理性主导下，农民工创业群体不同于一般的社会群体，他们特殊的生活经历及所处环境，决定了其创业行为的组织形式、创业行业选择、经营方式，既有一般性特点，同时又有特殊的表现形式。

(一) 聚集式创业

农民工创业具有较强的空间聚集性，一般是在亲戚、朋友或同乡带动下创办企业，创业行业选择来自经验或者是行业创业榜样的示范作用，属于集群带动型。这种创业现象在一些技术含量不高的行业尤为明显。这样，来自一个地方的农民工就形成了创业的区域性特征，亲缘关系的链条又使他们形成类似的经营模式。例如，在北京做调料行业、在深圳做货运行业的大都是同一个村子的村民或他们的亲戚。再如电子、服装、纺织等企业，其技术和销售渠道都源于带头人，这些行业的产业链关系较强，创业信息比较容易获得。这种"一人带出一片"的创业方式在农民工群体中相当普遍。近乎相同的打工经历，使农民工积累了相似的行业管理经验，而相类似的技术水平和成功创业的示范效应则容易形成区域产业集聚的现象。这种聚集式创业方式是他们一直以来就擅长、熟悉的方式。从已创业农民工的创业项目选择来看，他们外出打工时从事的行业影响其创业时的行业选择，创业之前积累的工作经验和技术为农民工创业提供了最初的保障（见图4-1）。

但对尚未创业的农民工而言，他们选择行业的随机性较大，没有特别集中于某一部门。在此次调查中，那些对资金要求较低的行业，如农业、生产制造业、批发和零售业以及住宿餐饮业等都是他们可能的创业行业选择。

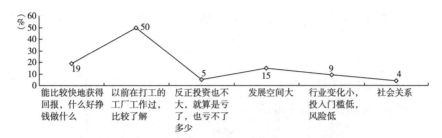

图4-1 创业农民工选择创业行业时考虑的因素

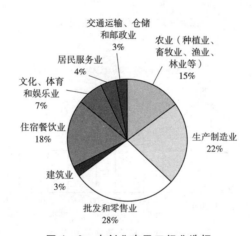

图4-2 未创业农民工行业选择

（二）灵活性创业

农民工创业发展源于其自身具有的草根性。与城市其他创业者选择的行业迥然不同，那些有市场需求，又与自己的生活经验接近的加工型、资源型、劳动密集型等产业，以及处于产业链的最低端、企业规模小、技术门槛低、所需创业资本少的行业，往往是农民工创业的选择。根据国务院发展研究中心对 301 个村回乡创业者的调查，"从企业规模看，以中小企业（包括微型企业）为主。企业初次投入规模在 5 万元以下的占近七成。企业用工在 2 人以下的占四成，10 人以下的占七成。年产值在 10 万元以下的约占五成。"① 结合本课题的调查,农民工创业仍然以小型企业为主,初次投资规模 10 万元以下的占 5 成,30 万元以下的超过 7 成,年产值 100 万元以下的占 62.5%。这反映了随着社会经济的发展,初次创业投入规模、年产值在不断扩大,这也是一种必然的变化趋势。

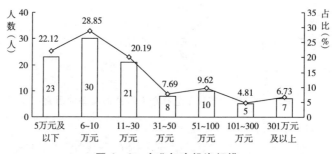

图 4 - 3　企业初次投资规模

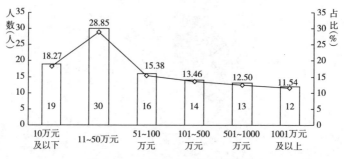

图 4 - 4　企业年产值或销售收入

从企业雇用的职工人数来看,雇用 8 人及以下的比例达到 28.8%,其次是 9 ~ 30 人,比例达到 27.9%。

显然,绝大多数农民工能够创的"业",不是大规模企业,不是资本、技术型企业。对农民工来说,创业变得简单易行,也正是由于这种灵活性,"什么好挣钱做什么"。转型快、缺少长远规划、关注短期利益是农民工创业的普遍特点。在他们看来,以前在打工的工厂工作过,对这一行比较了解,反正投资也不大,就算是亏了,还可以再去打工赚钱,是农民工

---

① 国务院发展研究中心《农民工回乡创业问题研究》课题组:《农民工回乡创业现状与走势:对安徽、江西、河南三省的调查》,《改革》2008 年第 11 期,第 17 页。

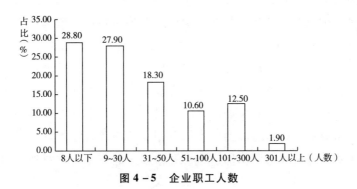

图 4 - 5　企业职工人数

创业过程中普遍的心态，因此"打工—创业—打工……"对他们来说可以不断地切换。由于农民工创业企业规模小、经营产品的附加值低、在供应链关系中处于从属地位、企业竞争力低，他们会经常转型。根据个案的跟踪调查，从最初从事鞋材，到后来搞食品行业，再到从事农业经营活动的 ZTH（个案 5 - 11，FT8）就是一个很好的例子。

> 我总想着：好事多磨吧，48 岁也照样要干。其实我是在不停地创业，我 18 岁出去，打了 1 年工，就开始自己创业。其间办过鞋面厂、做过食品行业，折腾了好几次。2008 年因为资金链断裂，企业破产，又回到广州的鞋厂打工，因为我在鞋厂工作有设计鞋模的技术，又有管理能力，所以工资比较高。但我还是想做自己喜欢做的事情，展示自己的能力，实现人生目标。随着年龄的增大，想要回归农业，这也是我的一个归宿。2012 年底，我又回到农村，与广州的老板一起搞农庄，我租了 1000 多亩地，里面分片签合同承包做种植、养殖项目。

对农民工来说，更重要的是在创业过程中把握好灵活性，因为市场在变化，要快速适应不断变化的环境。

（三）模仿型创业

模仿型或复制式创业指的是创业者投资时盲目性很大，看到他人创业成功后，就学习、模仿而进行的创业活动，具有见效快、进入市场快等特点，但创新成分很低。"打工—创业型"以加工为主，都是通过复制、照搬、模仿快速定位，这与农民工所从事的工种有关。农民工所从事的多为低端工种，创业时可选择的行业较少，大多集中在进入壁垒低、行业产品或服务技术含量低的制造加工业、服务行业，创业活动多为复制、模仿、移植原来打工企业的生产、经营模式。许多农民工在准备创业时，凭借一腔热血，往往仅凭模仿与主观判断确定投资领域和方向，缺乏创业前的评估、可行性论证，真正有市场前景的项目不多。以上的许多案例都包含这种现象。市场竞争的日益激烈使模仿型创业的瓶颈日益显现，资金不足的小老板很难熬过创业的艰难期。2008 年金融危机时期，大量的模仿式企业倒闭就是一个信号。大多数农民工创业属于模仿型创业，打工经历与创业行业高度相关。这种与打工职业经历高度相关的行业选择，在某种程度上发挥了他们的优势和特点，但是技术含量和创新性较低，也成为影响农民工创业竞争力的最直接因素，并最终成为其创业失败率较高的关键因素。政策设计的关键是要提升农民工创业能力，合理引导农民工创业企业的转型升级，形成自己的竞争优势。

成功创业应具有长远的创业目标，要有真实的创业机会与良好的管理能力，拥有适当的资金和足够的经验，如果只是追求短期的利益，难以保证长久成功。农民工仅仅依靠其掌握的有限技术和资金实现的创业梦，又约束了其创业的持续发展。因此，应尽可能提升农民工的创业层次。对农民工创业来说，普遍存在资金缺口，难以引进高新技术与设备，而机器设备更新跟不上会导致竞争力不够而创业失败。对于模仿型创业行为，应加强产业政策引导和市场信息、创业信息指导，使农民工找准创业方向，准确定位创业前景，形成农民工创业自身优势。只有认识到这些创业特点，才能从农民工的实际出发制定政策措施，满足其创业需求。

第二节　农民工创业实践模式及评析

在考察农民工创业行为变化时，必须结合实际案例，分析不同类型的创业动机、模式。根据创业者动机的不同，可将农民工创业分为生存型创业和机会型创业两类。对创业动机、模式的差异比较与聚类分析，有利于推动创业活动持续发展以及创业模式的转型，为理解、支持农民工创业行为提供较为合理的分析框架。

一　两种创业模式的比较分析

创业模式实质上是对各种创业要素进行合理配置和整合的创业行为模式。机会拉动型创业与生存推动型创业的形成取决于创业者面临的环境和能力，并存在人才、知识、技术和资金方面的差异，二者的自我定位追求、经济回报均不同。前者以赚取生计为基本出发点，后者则以寻找和利用创业机会、为市场创造新价值、实现企业最大限度的增长为目的。这两种创业模式的组织形式、创业方向、创业行为选择都不一样。

(一) 生存推动型

生存推动型创业，即就业谋生型创业，主要以解决自我就业和谋生为主，指的是出于生存目的，为获得个人基本生存条件而选择的创业形态。以生存为主导的创业者，主要的动力就是"倒逼"机制，他们是因为环境所迫或对就业状况不满意而创业，趋向于把创业作为迫不得已做出的选择，主要是满足个人与家庭的基本生存需要，是为适应环境而争取生存的创业活动，不求一定要达到多大规模、实现多大利润，处于一种简单的生存理念中，是一种生存战略。迪克·克拉克（Dickie Clark）提出了"社会边缘状态"这一概念，他认为：当个体的属性——身体特征、智力特征、社会行为方式与其所处的社会环境中承担的角色发生冲突时，个体就处于社会边缘状态。处于这一情景中的个体，没有体面的社会地位和工作环境，也缺乏正规渠道上的发展机会，个体放弃现实利益进行创业的成本小，比较容易形成生存型创业行为。

生存理性是农民工早期创业行为的突出特点，生存型创业是农民工创业的主导模式。相关研究表明，依靠经验，以低起点、低门槛、模仿为主的创业，主要集中在捕捉现有市场机会成为"小老板"方面，突出了农民工在创业中往往把生存作为首要考虑因素。生存型创业通常没有长期目标，只是模仿他人生产或销售产品，一般是在现有行业内经营，市场容量有限。生存型创业企业表现为家庭小工厂、小作坊，对资金、技术和管理的要求不高，只要几万元的投资，雇用几个工人，买几台设备就可以办一个家庭作坊式的小工厂。从描述性分析可以看到，此类创业行为的主观激励方面有两点：一是个性特征、自身的特长和技术所致，二是生活和环境所迫。出于物质层面的考虑，农民工希望通过创业来支撑自己的家庭，压力就是他们的动力。东莞音响李（个案4-8）的创业经历是生存型创业的一个典型案例。

音响李（个案4-8）：1966年生，××村人，1981年初中毕业后回家务农，父亲在镇里上班，没有时间管家里的事情。哥哥结婚后分家，分田后缺少劳动力，4个人的田必须请人种，自己当时也是主要劳动力，经常没办法去上课，要带妹妹去务农，种了两三年地。19岁到小松桐江造纸厂，干了3年，当一般工人，那时工资是72元/月，交70元给家里，自己留2元，伙食费便宜，还能喝小角楼酒，买了永久牌自行车。后来工厂排水污染严重，当地农民闹事，造纸厂就停办了。80年代看到开车的很美慕，父亲用存的1500元给我娶老婆的钱，以及卖猪的钱，凑满1800元让我学开车。1988年报名没排上队，回到家后打听到河北还在招收，决定去河北学开车。转车经过南昌，到南昌舅舅家，因为我没有坐过火车，舅舅对我不放心，于是他画图向我交代路上要注意的事。在河北威县汽车学校学习开车，2个月学理论，4个月学开车，考驾照，回家实习了半年，当时拿的是实习执照，主要是帮忙装货和卸货。后来和朋友合伙买车，因为运货时在广东梅州出事故，亏了2万多元，合伙的两人意见不一致，就想着分开做，对方把车价算高，强迫把车转给了我，车载重量8吨，我不会开，所以和人换了小车开。换小车后跑长途，装食品、衣裤，挣到钱后，开车技术也好了，又买了大车，挣了8万多元。1992年在老家镇上盖了一幢3层半的房子，花4万多元，又借了一点钱买了9万多元的卧铺车，走南昌路线。生意很好，第一个月就挣3万多元，卧铺车比普通坐票只贵10%，许多人办事都坐卧铺车，时间划算，办完事晚上能够马上回来。后来因修路，要绕道，汽车一天很难往返，时间不合适，没人坐，就亏了10多万元。后与ZXB合开汕头班车，后又是寻乌段修路，因借银行、私人钱，没有钱还，被别人起诉，为躲债到东莞打工。3辆班车、1辆货车、1栋房子都卖了，结婚时的电视也卖了，没有卖到多少钱，还借了岳父5万元，也没把债还清。

到1996年，怕有人追债，不好意思在县城上车，走路到城郊上车。先到广州，花了2000元钱，没找到合适工作，只剩下600元，到厚街，租房子住，每月150元，10几个平方米。妻子、妻妹进金凤昌上班，我和妹夫进上亿鞋材厂打工，每月 860 元。这样的工资很难还清欠的债，就出来找第二份工作，妻子建议到陈老板处代班一个星期，陈老板原来的司机技术不好，所以说是替班，实际上是想试探我开车技术。因我技术好，就把我留下来了，专门装运鞋材。在装运鞋材时，看到加工鞋材的过程很简单，因此就想办法打听买机器的地方，了解到情况后，花 2000 多元买了一台机器。当时住的地方只有一个房间，没有地方放，只能将床铺和机器并排着放。自己不会操作，正好有个老乡，他在厂里做过加工，愿意帮忙，下班后我自己摸索，不会的就请他教，有时加班学到通宵。后来和陈老板商量，给了样品，直接帮陈老板加工，开始一段时间，技术不好，总会出现问题。陈老板给我提供了很多机会，允许带厂里材料去加工，坏了拿回去，在厂里重新加工。陈老板把厂里鞋材加工的单分给我做，又介绍了一些客户，妹妹也帮忙雇了几个人，做了五六年。刚出来时很艰苦，就是为了能快点还清债，安安稳稳挣点钱过日子，小孩的学费都是借的。

2007 年转行做汽车喇叭，办了有兵电子厂，妻子做出纳。喇叭出口到马来西亚、东南亚等地，1 个月可挣 20 万~30 万元，多的时候可达到 40 万~50 万元。现在员工有 10 来个人，比以前难做，企业要发展，但缺少订单，招工也难。员工流动性大，一般企业也不愿意培训，培训后，有了技术就走了，技术又流失，所以工厂要求熟手。国家在补贴出口税上没有扶持小企业，只扶持大企业，对大型企业有培训，对小企业的培训则少，国家如出钱培训小企业效果会很好。

为了现实的生存需要，农民工要解决目前和今后的家庭生计问题，创业对他们来说是一种可能的有效手段，是一种生存方式，"穷则思变，变则创业"。在他们看来，"如果不创业，不去拼一下，那就一辈子也挣不了多少钱"。2008 年，国务院发展研究中心百县农民工回乡创业情况调查显示，农民工创业以就业谋生型（即生存型创业）为主，调查样本中有42.1% 的农民工创业主要是为解决个人和家庭就业问题。① 这与本研究的结果基本一致。笔者采访的一些农民工创业者都说当初无非就是为了解决

① 农民工回乡创业问题研究课题组（简称百县调查组）：《农民工回乡创业现状的调查与政策建议》，http://nc.people.com.cn/GB/8751401.html。

生计问题,绝大部分的工厂老板的生存理性表现得非常突出,跟那些工人一样在生存边缘挣扎,他们有着成功创业的机会,但也面临失败后的生存压力问题。

来自 W 镇的赖先生（个案 4-9）的话代表了生存型创业者具有的一种普遍的心态。

> 我出来 10 多年了,老是给人打工,终究不是个办法,挣不了多少钱,也没有自由,总不能一辈子给人打工。再过几年,年纪大了,打工都没有人要,不自己创业,以后的生活来源靠什么呢？最主要是不想回家种地了,种田收入少,又辛苦。趁现在还年轻,总得为以后生存多打算。

由此看来,在农民工创业行为框架中,收入不足、失业、未充分就业、不满意现有的的工作条件,都可能成为"草根创业"的动力。虽然他们创业的层次不高,但是有较大的创业潜力。随着市场经济的不断发展、农民工人力资本的提升,原先从生存型创业起步的创业者在市场经济中不断探索,也可能逐步转向机会型创业。

（二）机会驱动型

机会型创业,即发展驱动型创业,指创业者依靠其具有的人力资本（如教育经历、工作经验等）以及社会资本（指家庭背景、职业背景等）,从而获得创业资源,通过发现或创造新的市场机会,为追求更大发展空间,实现自我价值、人生目标,为社会做贡献而开展的创业活动。这种类型的创业活动多属于主动、自觉行为,在技术、资金、管理经验等方面都做了充分准备,大多有一定技术含量,企业规模相对较大,经营管理较为规范。机会型创业具备更为丰富的人力资本、经济资本、关系资本,识别创业机会和吸引资源的可能性也更大。人力资源、经济资源、关系资源都为机会型创业打下了基础。机会型创业拥有长远目标,通常以某种创新能力为基础,所从事的行业具有的市场潜力也较大。

从总体来看,我国农民工创业初期无论是其专业知识、能力、人脉关系还是资金实力,都决定了他们在低层次产业领域创业具有比较优势。当然,也有一部分农民工企业在经过一段时间之后,拥有相当规模,年产值和技术层次达到了较高水平，此时创业者便会逐步偏向于主要追求社会性价值目标的实现。这一过程增加了社会就业、促进了经济社会发展，也体现出创业者的社会责任，提升了创业层次。

帅康代理张（案例4-10）主要负责帅康品牌即帅康产品在闽的推广及营销管理工作。他有自己"O+N"工程的发展理念，所谓"O"是英文单词"One"，代表一个起点，"N"代表职业发展方向。在他看来，在帅康是一个新的起点、新的开端，更重要的是未来有N种职业发展方向，进入帅康，可以有不同的职业规划，所有岗位都是发展的方向。说到创业，帅康代理张深有感触。

> 帅康代理张（个案4-10）：1980年出生，2002年自学考试大专毕业，学的是新闻，不好找工作，为了生存，在唐山做业务，接触销售，工资只有800多元/月，做了3个月，又去东北工作了一年。后来到浙江帅康公司应聘。妻子是浙江宁波人，在浙江帅康公司工作，与总经理是远房亲戚。我们在公司做了几年，有一定的经验。2005年9月因为帅康公司在福建的业务开展得不好，要招聘总代销，刚好有这样一个机会，我们就到福州做那边的代理商，刚开始是做经理，拿工资、奖金，年薪可达50万~100万元。2010年开始自己做，投600多万元，做总经理。自己做与以前是不同的，以前自己没有投入，完全按照原来公司的策划做，现在自己做，投入是自己的，自己拓展的空间也大了，资金的周转自己把握。这样就完成了职业经理人向法人代表的转变。现在投入800多万元，以前只做帅康，是中高端产品，现在增加了康佳抽油烟机代理，中低端产品也做，丰富了产品，满足了不同群体的需求，如果只做高端市场空间过窄。
>
> 以前是谋生存，求一个职业，现在是为理想、事业打拼，带动了老乡和其他人的就业。开始创业动机是生存需要，现在可以说很多因素都有，包括为社会做贡献。目前拥有职员130余人，直营KA卖场50余家，直营专卖店5家，加盟专卖店及经销商120余家，分部销售规模位列全国十强。
>
> 来福州发展主要是当时福州市场做得差，市场开发不够，来之前我就进行了市场调查，当时帅康的销售与市场不相匹配。原来我在别的地方做，一个地区回厂款就600万元，而当时福建整个省的回厂款

也才 500 万元。我来福建做代理商后，3 年的回厂款达到 5000 多万元。创业要成功，第一，要讲诚信，很多的经销商需要诚信来维持。第二，要有团队。管理层次主要是内部提拔，也有些是社会招聘。第三是市场环境。地域、行业在变化，要有自己的核心竞争力。

创业与个人的性格有关，要诚信、吃苦耐劳、有追求，当今社会发展快，社会锻炼人，应具备学习的精神。我比较欣赏一句话，一个人不再学习就说明他不再存在了。强大才能被尊重，我从小规模到大规模，所以体会更深。我们也有自己的企业文化，战略规划，"做家电立足于帅康但不局限于帅康，做家电也不局限于家电"，对员工的承诺是有事做、有钱挣、有快乐。

帅康代理张的创业，在很大程度上不仅是基于生存需求，而且是要改变自己的生活状态，期望通过成功创业获得更高的社会地位与更好的社会声望。

在调查中，通过对生存型创业与机会型创业的比较可以发现，两种创业类型在推动经济增长和带动就业方面有较大差异。如何通过改善创业环境，积极推进农民工创业企业转型升级，鼓励农民工实现生存型创业向机会型创业的转变？重点在于积极探索基于中国经验的生存型创业的理论与实证研究。引导农民工从生存型创业逐步向机会型创业转变，是创业活动保持永恒活力的根本所在。实践表明，创业成功的关键在于创业者要保持自身优势，整合组织内外部资源，最终选择创业形式进行合理创业，形成农民工自我实现的创业模式。

二 农民工创业适应性评析

作为一个特殊创业群体，农民工具有自身的创业特点和优势。农民工创业具有以下特点：第一，他们是带着技术创业的。他们积累了丰富的实践经验和一定的创业资本，为创业打下了坚实的基础。一些农民工外出打工，先当普通工，然后做技术工、师傅，再当车间主任、厂长，最后办自己的企业，实现了流动性发展。第二，与外面市场有着广泛的联系，具有适应市场机制的优势和活力。第三，地方政策的优势。地方政府对农民工创业基本上会有一定的扶持。农民工创业最大的优势是：与之前的工作经历和生活有关，对行业比较熟悉，存在技术、经验上的优势，因此，能够快速地加入创业行列，并在创业中摸索经验，提高自身能力，适应不断变化的社会（见图4－6）。

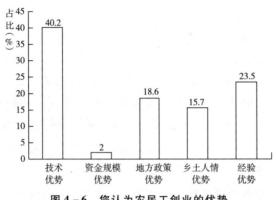

图4－6　您认为农民工创业的优势

福州印刷陈（案例4－11）在打工过程中掌握了技术、学会了管理，然后才选择创业。按照他自己的话来说，"在稳扎稳打中创业，虽白手起家，但做什么都吃苦"，由此施展了打工积累的经验，创业的积极性和主动性也较高。

印刷陈（个案4－11）：1969年出生，屏山坳头人。因为父亲高度近视，没有办法干活所以我们要做很多活。我也算懂事，很小就会种田。高中读了1年，因为欠学费，就不想读书了，在家种田，田里的活都会做，也是种田好手。为了生活，卖过橘子，收过烟，卖过莲子，纯粹是为了生活。18岁结婚，儿子出生后，有了生活压力，更需要多挣钱。同学的哥哥在福州，借此机会1990年我和他来福州找工作，进福建省柴油机总厂，在流水线上安装汽车轮胎，工资很低每月才100元，我也不喜欢做这行。做了两个月，就进东联纸业，从最底层做起，做学徒，做普工，月工资1400元。到1994年10月，进丰大纸箱厂，收入翻一番，主要是做管理人员。1998年，东联纸业厂长转到福日包装做总经理，就从丰大纸箱厂挖人做管理，我也过去做车间主任，管理人员。我这时工资每月有3000多元。2000年3月，有几个做电子印刷的朋友从东莞来福州玩，和我讲了他们的创业经历，我也到东莞看了他们办的厂。感觉到要自己做，打工没用。2000年5月1日我就辞职出来，说实话也没有完全的把握，但毕竟是老本行。先在福州沿江路租店面，花了6万元买一台机器，雇用2个师傅，1个办公室人员，加我共4个人，办起了福州昌翔包装有限公司，接单自己做。业务、生产、技术没有问题，也有原来的客户基础，开始接些小单做。开始创业太辛苦，资金比较缺，到处东挪西凑，后来连伙食费都得借，每个打工创业者都会经历这个过程。

2003年以来我的创业一直比较顺，自己有技术，又懂管理，从技术到管理都会，对方提供设计、图案给我们就可以。我们老家有句古话：有钱不买我不识。① 我一直做本行，熟悉的，跨行的不做。我的工厂规模、效益也不断地增长，刚开始是投资10万元，现在每年按10%的比例增长。业务量也扩大了，买8台机器，花80多万元，工人有40多人。公司专业生产不干胶贴纸、布标吊卡、说明书、纸盒等印刷品，我选择印刷行业，主要是因为范围广、市场风险小。创业要有一定的实力，我从工人做到师傅，再做到主管，再办企业，技术、业务、管理都懂。

我打工的厂都是台资企业，接触到台湾的管理模式。外资与国有企业管理相比，管理理念、管理效率不同。从中悟出外资企业管理的理念，现在自己办厂，不沾亲带故，人情包袱就比较少。家乡也有几个同村人在厂里做，他们都只是做普通员工或仓库保管，一般不做管理人员。公司要办好，需通过管理要效率。

应该看到，外部因素即社会文化因素、金融支持、政策支持有利于助推农民工创业，而内部因素即农民工在打工过程中掌握的技术、管理经验也是创业成功的重要因素。其一，鉴于农民工创业的特殊性，应提升这一群体的创业素质与创业能力。"先天不足"导致"被动创业"，对创业目标不清楚，在创业发展过程中更容易受到外部环境冲击。布迪厄强调，经济资本、文化资本和社会资本可以相互转换，"每一种资本在最后的分析中都可以化约为经济资本"。② 农民工的文化水平偏低，会阻碍他们实现经济资本、文化资本和社会资本的有效转换。其二，要考虑外部环境和条件是不是制约了农民工创业。当前对农民工创业支持的内容和实现形式还没有

---

① 当地话，指自己没有接触过的行业就不冒险做。
② 〔美〕林南：《社会资本——关于社会结构与行动的理论》，张磊译，上海人民出版社，2005，第22页。

系统认识，仍处于政策理念与体系建构阶段，应从组织管理、培植模式等角度完善。鉴于上述判断，我们必须采取积极措施促进农民工创业从"生存型"向"发展型"转变，促进农民工创业由数量向质量转变，发挥创业的经济效益和社会效应。

小　结

创业空间选择是创业意愿的重要体现，不管是进城创业还是返乡创业，都是农民工自主选择的结果。返乡是出于对自身资本认知、城市认知、乡村认知，以及创业政策安排的"拉力"的考虑。选择留城也是一种普遍的创业路径，留城创业是农民工在经济、社会、制度、心理方面融入城市的体现。本章在分析农民工创业路径生成、农民工创业行为的特征及其模式的基础上，分析农民工创业地域选择的特征和发展障碍，指出在新型城镇化背景下返乡创业不再是"逆向"选择的结果，应充分认识其带来的正效应，鼓励农民工返乡创业。在一定条件下，农民工创业也可以实现由生存型创业向机会型创业的转变，以适应我国不断升级的产业结构，这一转型，需要农民工自身创业能力的提升和社会各方的支持。

第五章　生存理性主导下的创业实践：
多案例比较研究

本章以"事件－过程"分析为视角，以个案①的形式展示了返乡农民工创业状况，并通过挖掘创业行为痕迹信息，对农民工创业行为的变化进行了动态的考察，从而对农民工创业演化过程、利益表达、发展路径有了更清晰的理解。由此，本章解析了农民工的行动逻辑、生存策略，以及他们的创业行为是如何在生存理性下展开的，并以此推演"事实"、解读"现实"，其中也反映了农民工创业面临的矛盾与选择。通过对案例所反映的时空问题进行对比分析，可以发现创业政策的变化，其中农民工对家乡的创业环境也逐渐认可。

第一节　案例分析

农民工创业作为一种生存策略，既是在城市空间流动过程中职业身份的重新确认，也是基于利益最优化的选择。从流动性发展角度来考察，农民工创业改变了先前的期望、实现了身份的转变。

一　案例描述

个案 5 - 1：HXB（FT1），男，34 岁。对家乡的创业环境不满意，认为在家乡创业没有什么好处，只是能说家乡话，能和亲人在一起，而在外面创业环境更好。在他看来，地方政府的政策、规定不能落实，措施难以到位，工作人员不按章办事，并且鞋厂效益也不好，不挣钱就不想交税，他也一直没有交税。

---

① 本部分的调研个案主要来自 2006 年的实地调查以及 2010 年以来的跟踪调查。

　　1990年我哥哥去漳州当兵。他有个战友是晋江人，家里办了个鞋厂，就介绍我到厂里打工。做了几年，因为是家庭办的企业，要发展也不可能，我想先学技术，等到时机成熟时再出来办厂。后来，我进了几个鞋厂，由生产主管做到车间主管，从技术、技能上得到了提升，也与客户搞好了关系。有条件后，我们就在晋江办"兄弟鞋业"。晋江是鞋城，鞋的订单多，除了有内单，也有许多外单。如此多的订单，我们的劳动力不够，做不完。鞋的生产工序多，光鞋面就有30多个程序，这是生产中所需人力最多的环节。我们在家乡办厂也是为了填补中间环节，外面的总厂也需要这个环节。2005年3月，我们投入50万元在家乡办厂。原来认为在家乡办厂可以利用本地劳动力资源，招满100个员工应该没问题，就购买了90多台机器，而实际上只招到30多人。这几年，多数人随大流，扎堆到沿海城市打工，没多少人留在村子里。我们对员工的文化程度要求并不高，普通工人只要小学或者初中文化程度，对员工的待遇也还可以，但还是招不到工。

　　员工低于50人就不应该收税，工厂处于半瘫痪状态，又怎样交税呢？没挣钱就不要交税，自己没吃的就养活不了别人。办厂之初，才有几个员工，人还没到齐，就说收税。来收税时，有的工作人员说打开门做生意就要交税。我们在家乡创业也没有什么优势，相比而言，在外创业大环境好，如晋江实行零税制（三年不交税）。虽然在外贷款不可能，但如果有贡献，同行会有资金扶持。在外面已形成产业，也有互相帮助的平台，提供了挣钱的好环境。而内地招商后，企业一启动，政府就开始盯着收税。我们出去挣外面人的钱，带本钱来做，把在外挣的钱用来投资，不要政府的钱，为什么不让我们先富呢？应该让我们这些返乡创业的人富起来，让一个人先富，然后带动100多个人富起来。为什么外商可以获得银行的贷款，而我们却享受不到呢？我们比外商的贡献还要大，应享受同样待遇。而我在家乡用电开户时，还没用电，就要先预交电费7000多元。我们办工厂消费了水、电，促进了水、电以及通信事业的发展，地方政府不能坐享其成，也应照章办事。按招商时的承诺来办，招商时他们告诉我，工业用电0.55元/度，后来实际收费0.79元/度，来收电费时还说以前的文件作废，看新的文件，而新的文件我们又一直没有看到。招商引资时他们还说税费免三年，也没有说清楚工商税不免。我也一直没有交税，自己的生存还没有解决，谁愿意交钱呢？高高兴兴挣钱就高高兴兴交税，挣了钱就应该交税，我也就不会在抗税上做文章。我自己只有一把米，连自己都养不活，怎能给人两把米？企业开办前几年较苦，应该免税三年让企业先发展，发展好了我一定交税。我们这里的体制不配套、不完善，收税不规范。我们回来创业的人有一些怨言，领导也不知道实际情况，意见也不能直接反映到领导那里，领导应直接和我们面对面沟通。一个地方为什么会穷？企业搞不好，政府也应该自找原因。

个案 5－2：YWR（FT6），男，30 岁，高中毕业。出去打工之前就学会了开车。妻子 ZYH 原来也一直在外面做针织。一个懂技术，一个懂运营，但要在外创业，资金明显不够，所以他们利用家乡的条件返乡创业，成了老板，改变了身份。而企业税收负担重是他们发展的障碍，对于交税，他们能拖则拖。

1996 年我上完高中，1997 年学会了开车，我就出去打工。由于接触的都是针织品，也了解了许多关于针织品运作方面的知识。看到外面很多人都富起来，我就萌发了创业的念头。我们家的房子较大，有地方，把厂房就直接设在家里，不用再租。① 在外租厂房凭我的那点积累远远不够。我原来是想出去找一份稳定工作，过上比较好的生活。但出去后才发现，在外面压力大，找不到自己的定位。在外面发展，受到资金等条件的限制，根本无法实现创业。而在家乡创业可以充分利用家乡的条件，农村也有很好的条件，也适合创业。当地政府也在招商引资，给了一些优惠政策，但实际上，他们并不按承诺的去做。我现在也交过一个月国税，交了 300 元，是 10 月份交的。② 每台机器的税收是 20 元，共有 30 台机器，本应交 600 元，我不想交那么多，就一直拖。我也找了一些熟人，现在减半，只交 300 元。……当地政府部门有的居高临下，以官的身份和我们说话。称三年不收税，结果办厂没到一个月他们就开始收税了。他们说政府部门承诺，不等于国税、地税承诺，口头说一种，实际做一种。上面的政策还是好，

① 他们认识到，打工挣钱不多，在外连租厂房的资金都不够，投资不太可能，但在家乡还能办厂做小老板。这说明返乡创业是实现向上流动的可行路径之一。
② 对 YER（FT6）的访谈是 2006 年 1 月进行的，当时他的哥哥在当地的招商局工作。

但没有落实，原来是说培训员工有补助，但结果并没有补。他们招商引资不能只是收税，招商以后却不管我们，招一个就应该扶持一个。

当然，在外办厂的人挣了钱交税也会比较自觉。而在家乡，都要工商部门自己上门来收，他们来收税时我们还要讨价还价，我们没挣到钱的话，他们的税也不好收。在外有的地方，如果开的是杂货店、服装店就不用交税，只收卫生费，而在家乡这类店也同样要交税，在外收费要比较规范一些。

个案 5-3：LLS（FT2），男，43 岁，初中未毕业，XS 村人。出去学技术回来办了电动车有限公司，但现在生产的电动车的数量在减少，且主要往浙江销售。LLS 是××协会的主要会员，有很多提要求的机会，但提了并没有什么效果，"越熟悉越难办"是他的切身体会。

我 14 岁做泥工，后来在附近的几个乡摆地摊，卖塑料制品。1984年我在 XS 珠宝厂做技术师傅。1991 年我来到县城经商，主要经营五金、农技（机）配件、农用车。改制后，我买下农机公司，本来我最早是想做农用车生意，但受交通运输、原材料等因素限制，没有条件生产，我就想开生产电动车的厂。2000 年 5 月我来到以前与我有业务联系的"永源集团"摩托车厂做工人。2003 年 9 月份，我回乡创办电动车有限公司。

在我们这里办电动车厂不合适，电动车销量小，主要往浙江销售，生产、运输成本高。我们的材料要从浙江、江苏进，成本高，所以我花了很大精力仍然办不好电动车厂。2005 年以后，我与浙江人合资，投资达 300 万元在浙江办了一家电动车厂，由我的外甥负责管理。我们生产的电动车系列产品已达 12 种，比较受南方消费者的喜爱，现在产品畅销十几个省市，主要销往广东、福建、湖南、山东等地，正向国外市场扩展。

我们这里成立了××协会，我是主要成员，经常被邀请参加会议，有什么困难还能提。但实际上，越熟悉越难办，在家乡创业比在别处难，贷款更难，在外经济更繁荣，贷款也容易。[①] 企业办得好是

---

① 同样是对"外地贷款"问题的阐释，调查对象的说法并不一样，HJW 在外建立了很多社会关系网，贷款也较方便。

企业，办得不好是"气业"。我们在外投资的话，资金、实力比不过人家，社会关系也与本地人有区别。……但在家乡办厂，政府答应的条件不能兑现，他们往往是只收钱却不管事。如果优惠政策真能兑现，这里也可以吸引从外地来投资的老板。我的社会关系网较好，吸引他们来这里投资不成问题。

个案 5-4：X（FT7），20 世纪 60 年代末出生，PS 乡人。T（FT7），31 岁，广东潮阳人，高中毕业。他们和工商局的一个职工一起办电子厂，通过关系租到了位置比较好的厂房。在他们看来，办事情一定要有关系才能摆平，"有关系没关系，没关系要找关系"。

我的经历比较复杂，我当过农民，做过屠夫，还当过 4 年兵，退伍后经商。2005 年我回泉州看战友时，认识了 T 老板。我向 T 介绍了家乡的劳动力情况后，就产生了一起创业的想法。2005 年我和 T 联合办厂。我们的订单从深圳来，主要加工、生产耳机。生产耳机的工序比较简单，技术含量不高，生产需要的是耐心，工人不用培训就能上岗。电子产品分高、中、低档，主要根据员工情况来进货。如果员工素质高，就可进高档产品做，利润也就较大。原来厂房很小，比较简易，也没有挂牌。办了半年，效益较好，就想投资扩大规模。为了更好招工，要把厂房设在县城中心，地段好的话，比较好招工。我想在县城中心租，但很多人都想，我们只好走关系。与我们合股的有当地政府部门的职工，租厂房是他们出的力。我们现在租用的房子是建设局的，我们通过建设局，还有上面的批字才租下来。① 因为厂子的位置好，现在招工很容易。现在的问题是内地员工和外地员工有区别，沿海员工好管理，内地员工较难管理，他们上班自由散漫。员工流失也严重，流水线随时都有断掉的可能。我们参照沿海地区的一些规定，如进厂、出厂实行刷卡制，还制定了奖惩制度，但不管用。

个案 5-5：HJW（FT3），男，32 岁，小学毕业，PS 乡 SX 村人。他困惑的是：留在城里创业，受到排斥，而返乡创业，税收又高，政府的扶

---

① 对于投资额，他避而不谈，说是厂里机密。

持力度也不大。

　　从 1991 年开始打工以来，就常常往返于城乡之间，每年有半年在外，半年在家种田。直到 1997 年因为种烟叶，投入多，但是没有挣到钱，伤心至极，1998 年开始就彻底不种田了。2000 年我来到东莞，从一般针织工一直升到管理人员，涉及生产、管理的全过程。2003 年我回乡，3 人合伙办厂，每人出资 17 万～18 万元办毛织有限公司。开始办厂时全部是自己的资金，当时贷不到款。我长期在外打工，对外面较熟悉，我负责业务。我们厂主要是以承接外单加工为主，订单主要是从我以前打过工的福建、广东一带接。由对方发材料、图纸，我们只是负责加工。现在有 170～180 个员工，员工的学历层次参差不齐，初中毕业者居多，高中毕业只占 10%。上岗之前先培训，也能基本合格。

　　我也想过在外办厂，在外创业货期短，又不要运输费，但往往受到排斥。回来创业主要是考虑到个人、家庭因素。我们办厂时还和县政府签了协议，由招商局统一管理，他们承诺税收先交后返，说是一年后返，但现在仍未返。在税收方面，我们这里比邻县都高，有的地方三年不用交税，政府还有一系列的优惠、扶持政策。而我们 3 月份办厂，4 月份就开始交税。我们的效益也不好，税收是制约我们发展的重要因素。要交的税很重，要是赚了钱叫我们多交税，也心甘情愿。招商引资的目的也不能只是收税，特别是对于边远地区，要靠优惠政策的具体落实，不能老是拿税收来卡人。按协议时所说，税是由招商局统一收取，因为是招商局承诺的，而现在是由地税、国税部门收，部门之间的工作等于是脱节的。政府在扶持创业中的作用很重要，我们不要政府订单，他们把我们招进来就要把我们扶持起来。

　　我们在家乡办企业，交通方面也是个大问题。我们把货物生产出来后，需要 2～3 天的时间才能运到东莞。对方的来料也容易出问题，有时会出现"零单"，有时又因为对方发的材料不齐而延误了时间，但还是算我们加工方的责任。货费从对方拿，钱要对方出，推迟一天交货就要按整个加工费用的 5% 罚款，超过 5 天就不收货。运输误工是常事，交通太不方便了，我们生产方处于孤立的地位，也没有办法。……应该有规范的政策，假如对方发的料有问题，生产出来的产品也必须由对方负责，否则，这种竞争就是不合理的。

个案 5 - 6：CSS（FT4），男，33 岁，小学毕业，ND 县（与 H 县是邻县）人。懂技术与管理，县里招商引资时，通过招商局介绍后与本地 LQ 村的 WXZ（董事长）合股办厂。CSS 资金不足，主要是靠个人打工积累，也向亲戚、朋友借了一部分钱，股份较少，90% 的钱是 WXZ 投入的。他们经常参加县里的会议，也常提意见，虽然很少有回应，但他们认为不管用处有多大，多提意见总没有坏处。

> 企业一般前 3 年利润较少，要交税就必须有利润，我们才交得起。企业生产效益较好，我们就愿意交税。我们这里并不存在优惠政策，政策支持不够，当地政府对企业一点帮助都没有，所以这里的企业也办不起来。政府不重视，不闻不问，银行对企业的扶持不够，"政府轻视，银行不管"。县里的银行资金也有限，政府应把钱转移到企业，应提供技术、服务支持，为企业的发展创造好的环境。很多政策并没有落到实处，我们厂刚开始是熟练、半熟练的员工只占 20% ~ 30%。政府应重视对工人的培训，把工人集中起来培训再输送给企业，地方政府也有这个能力培训技术工人。
>
> 我们办企业的都得交工商会员费，每年 100 元，入会对企业并没有起到任何作用……我们办的厂规模较大，县里领导会偶尔来看看，而对小企业则基本不光临。政府了解企业才能更好地扶持企业。我也参加了一些会议，提了许多意见，但没起到什么作用。

个案 5 - 7：这个故事是 XJY（FT17，男，27 岁）的姑姑 XJH（FT16，女，42 岁）讲的，主角却是 XJY。因为 XJY 一般在广东总厂，笔者几次约他都没能见上。这个故事值得寻味的是，非亲非故的，为什么潮州老板愿意借一笔"巨款"给他？又是什么原因使他连自己人也不相信了？由于故事需要，此处仍采用第一人称进行叙述。

> 我家里有 4 个兄妹，初中毕业后我没有考上高中，就自费来到一个职业学校学电子。实习时是在潮州一家电子厂，由于我业务较好，人也老实，被潮州老板看中，后来就留厂工作。我觉得工资低，就和

老板说也想办电子厂。老板对我放心，知道我没有资金，很爽快地答应借 20 万元让我投资。开始是在广州办了一家电子厂，主要生产 VCD、录像带配件。2004 年又在家乡办了配件厂，效益一直不错，在 2005 年这一年内，我就还清了 20 万元的借款。但后来由于用错了人，请的管理人员不负责，造成人员闲置，上班时间员工经常没事干，正常的生产都没有办法维持。2006 年上半年我在家乡办的分厂亏损很大。

个案 5-8：LTY（FT12），女，40 多岁，高中毕业。毕业后，先代课 2 年多，也外出打过几年工。有一段时间流行刷纸（南京纸），她就回来刷纸。她丈夫的同学 HJW（FT3）回来办毛织厂，她入股，挣了一笔钱。后来产生了矛盾，就退了股，单独办鞋厂。她最不满意的是员工素质，她说要是明年保证不了两条流水线，就转行。

谈到困难，我感到很无奈。现在订单不成问题，就是缺少劳动力。我们这里从外面打工回来的人不多。当初回家乡办厂也是考虑到劳动力较多，所以购买了 60 多台机器。招工时有 80 多人报名，结果只来了 30 多个人。没办法，现在只有一条流水线，只用 30 多台机器，其余 30 台机器只能闲置。没有工人，机器就不能投入生产。没想到招工会这么困难。明年工人少于 60 人，保证不了两条流水线我就转行。在我们这里办厂，管人比管什么都难，员工均为本地人，更不好管理。有的员工上班迟到，还说在家上班就是图自由、消磨时间，他们才不管挣多少钱，罚多少款。有的员工九点多才来上班，甚至说在家门口打工就是为了修身养性。很多员工，要是小孩有个小病，就不来上班。我们也很难把沿海发达地区的先进管理经验带到这里来。……没有办法，我们也愁没有工人，解聘任何一个员工，流水线就无法运作。内地员工中年轻人少，也不听话，在本地只能办老弱病残也可做事的工厂。当地政府收费也不规范，就业局要收取员工费 200 元，还说因为本地提供了劳动力，所以要收劳动力转移培训费。当时招商文件规定，用人单位培训劳动力，就业局应给予补助，现在变成要我们厂里给补助。我们县的税收与其他县不一样，每台机器的税收比其他邻近的县多。……水电费、房租费、管理费、机器损耗费大，加上税收，能保本就算可以。我们这里办厂运输成本高，没形成产业。如形成产业，实行一条龙服务，做成型的鞋，做的鞋可以在本地卖，也可向外地直接销售。……政府应起导向作用，针对地方经济，提供贸易窗口。

个案5-9：LGL（FT7），38岁，初中毕业，HJ村人。他的抱怨主要是基础设施差、优惠政策没有落实。因为来料加工路程远，希望本县有外贸公司，直接把订单、材料拿到厂里，这样就不用一层一层接单，能提高生产效益。

> 2005年3月我们三兄弟返乡，投资四五十万元合股办制衣厂，但回来办厂面临很多困难。一是厂房设施少。如果基础设施能跟得上，内地也可以吸引更多的人来投资。我们租用县体育馆东侧的四间房作为厂房，租金每年1万元，暂时租了1年。二是优惠政策不能兑现。去年市委招商局到泉州招商，我也了解了一些优惠政策，说是税收免三年，结果是税收未免，水电也仍按商业用水用电收费（本应该按照工业园的价格）。我也没想到他们只是嘴上说，做不到。他们还承诺在生产基地培训一个工人，政府有补助，每月补贴120~130元，先由厂里垫付，工人领培训券，由就业局验收，然后再发技术合格证。但到现在补助也没有落实。原以为回来创业会比外面方便，没想到比在外面更辛苦、更麻烦。

个案5-10：ZGY（FT14），男，50岁，ZF村人。他有一套完整的计划却没有办法实施。由于没有资金、没有场地，规模小、挣钱少，生活都较难维持，技术也施展不了。因为优惠政策不到位，有外商考虑投资入股，也没能达成合作。

> 我2001年返乡，投资一万七千元办肉兔种养厂，现在扩大了一点规模（投资8万元）。但由于受场地资金限制，规模较小，我只养了1200只兔。兔子的销售不是直销，因为本地市场对兔肉的食用价值了解不多，所以在本地销量少。兔子的销售要通过许多中间环节，一只兔子现在我们只能卖20元，扣除成本一只兔子只能挣7~8元。

　　曾经有一个外商想要投资 80 万元入股，但优惠政策未能落实，未能达成合作。我也曾想过自己出技术，对方出资金，但看来都很难实现。我们这里搞养殖和种植的也有很多，后来都不了了之。我看中了林业局的一块地皮，但没谈妥。他们规定要满十年才愿意出租，每年租金一万元，我付不起。我在兔子养殖中碰到的困难很多，没人帮忙解决，只能自己看看书或打电话到卖兔子的地方求助，边养边摸索。

　　兔子的养殖规模扩大不了，一是经济上跟不上、资金不足，自来水机、防紫外线的灯都没有安装。每年只能挣一万多元钱，生活十分艰难。二是没地方。如有地方，我们投资的规模会更大。我原想三个儿子都各自办养兔厂，但没有资金、场地，只有让他们外出打工谋生。

　　我打工有一定经验后选择回乡创业，不渴求政府太多，兔子试养已成功，但由于条件所限，虽然产品销路很好，可是缺资金，无法扩大规模，限制了发展，尤其是在创业初期，我们更需要政府给予更多的关怀、帮助和支持。我们要申请抵押贷款都很难，要有土地证、房产证，而这些我们都没有。我订好了一套完整的计划，却没有办法实施。

个案 5 - 11：ZTH（FT8），40 岁，高中毕业，ZK 村人。本故事有助于我们了解农民工流动以及创业是在什么样的情形之下发生的。来到城里打工的 ZTH，受到了一系列的打击，虽屡遭挫折，但并没有停止寻找出路。他的创业时间不长，对政策的实施，正处于观望之中，如果政策不到位，政府不按协议做，他也做好了迁厂的打算。

　　19 岁时我就成了包工头。1988 年至 1989 年我和别人合伙做生意。有一次，我拉花生到新余，因经验不足、不懂行情而亏本。我欠下别人 1000 元钱，又躲不过，那时我们这个地方，1000 元可是笔大数字。1990 年春节，为了躲债，我只好偷偷出去打工。当时我身上没有一分钱，幸好有几个朋友凑了 370 元借给我。我来到厚街，住了一个月"露天"宾馆。一个月后，我遇见一个老乡，在他那里住了半年。一次偶然的机会，我认识了"天工鞋厂"的老厂长，他介绍我进"天工鞋厂"做门卫。做了一个月，我认为做门卫不是出路，应该到车间里学技术，于是，我找到张总经理，要求学做鞋。我与张总经理接触多了，门卫班长以为我和总经理拉关系，要夺他的位置，就想法算计我。由于我和总经理的关系较好，他也没有办法。但总经理回台湾后，我马上被开除。1990 年底我回到家里，给哥哥 1000 元钱，叫他帮我把欠的钱还清，当晚我就又回到广东。我回去后，进"双威鞋厂"做门卫，没做多久，我又托天工鞋厂老板向总经理说明被开除的原因，目的是表明一心想学技术的愿望。总经理让我回去当部门科长。后来总经理走了，麻烦又来了，他们想办法要把我弄出去。当时我隔壁的那个人，与厂长较熟悉，做假证明说我偷了一湖南女子的300 元钱。我就被调往仓库折鞋壳子，不得已只好写了辞职书。回去领工资时，他们叫治安队的人把我铐了起来（当时我怀疑湖南女与别人合伙算计我）。被拷打后，我只好承认偷了钱。这样，我就被丢在环江水库劳教（有很多没有证件的都进去劳教了）。现在想起来都觉得冤枉。

之后，我回到老家，在家休息 2 个月后又回到厚街，在"捷福鞋厂"做门卫，不久被人报告，又捉回去。虽然老板担保，但也没有用，我只好在里面老老实实地又待了好几个月。出来后，我来到"坚达鞋厂"做门卫。因为与办公室主任要好，又遭人算计，说我上班时打游戏。我又一次被开除了。

1992 年我来到福建鞋厂做工，台湾老板很看重我。我一年内一直提升，从品检、品管、生产管理一直做到厂长。那时如果做时装鞋设计师，工资较高，在外面单独做的话，设计一只鞋可以赚 300 元，我就想做时装鞋设计师。1993 年我宁愿拿低工资，也要求在本厂做设计。1995 年我又与一个福州人闹矛盾，就离开了这家厂。我借钱投资，和别人一共投资 60 万元办"天艺鞋厂"。厂里的效益好，还上了《湄州日报》，但我们只开了一年，又办不下去了。1996 年我去广州求职，来到一家经营品牌是"仙妮斯"的厂工作。我的业务较熟，很快工资就高起来了。从 1998 年开始，我投资做鞋材贸易，比较挣钱。1999 年我与一个湖南女子一起做鞋材，我们彼此之间关系较好，后来湖南女子得癌症死了，我也没心思打理工厂，就把表哥、侄子带到广州。因为公司一直没有注册，表哥起恶意，他拿身份证登记注册，公司变成了他的，我只好重新起步。我接着办"金梨鞋材贸易公司"

"豪放鞋材"……

2004 年我又开始思考突破性产品：什么东西能使每个人都成为客户？什么东西赚钱快？这一年 10 月 19 日我的女儿在广州出生，使我突然产生奇想。我们家乡的农村有这样的风俗，生小孩、做生日要煮米茶、盐茶。我请了 50 多个人来吃茶，我重新配料，放了豆子、香菇、豆腐干、鱿鱼丝（与家乡的盐茶略有不同）。没想到，大部分来吃茶的人都说很好吃。我想到"煮茶商业化"，但开发产品不容易，配料（如不能用放久了的猪油）、包装设计是问题。我花了 15 万元搞设计，生产出具有商业化口味的产品，有酸辣味、素味、海鲜味三种，我把它命名为"客家盐茶"，现名"雪米营养餐"。我拿产品到广州、潮汕地区试用，反映良好。

在外开公司，办执照比较难，我们要申请卫生证、营业执照、税务登记证，程序较多，没证又不能卖。……而老家程序简单，也有优惠政策。2005 年我投资 100 多万元，与人合伙办食品公司。从产品生产到上市，我们计划要投资 200 万元，现在项目正在进行中。对我来说，捕捉市场不是很难的事，我也联系了 15 个超市，只要质量做得好，销售不是问题。我们的产品主要销往广东、福建等一些客家人聚集地带。

回来创业的最大困难在人才使用、投资环境方面，设备出了问题也麻烦，还要从广州请人修理。……只要税收一视同仁，我也没什么意见，自己不想找政府，也不想政府找，只想一心一意做好自己的生意。我按协议做事，如果他们不按协议办事我就打算迁厂。政府说得好，但不一定实行，他们说过免过路费也没实施。穷莫挨亲[1]，最困难时我就宣布倒闭。

个案 5 - 12：WLY（FT10），女，35 岁，高中毕业，YF 村人。家中只有三姐妹，高中毕业后，经同村人介绍到东莞厚街一鞋厂打工。开始时，只是做普通员工，由于英语口语较好，受到领导重视，一直提升到经理的职位。1998 年回乡办厂，但几次投资办厂都失败，也无力应对，于是选择了退出，为的是让自己能收场。这是比较典型的创业失败的案例。从她的

---

① 赣方言，意思为当你贫穷的时候别投靠亲戚。

叙述中可以看到创业失败背后的部分原因。

在 1998 年，我就已经积累了几十万元资金。我们县里那时就开始搞招商引资，提供了一些优惠政策。了解到这些优惠政策后，就回到家乡与一个台湾人合股办鞋厂。厂里有员工 200 多人，主要是加工鞋面，由于家乡办的分厂缺人手，就让我的大姐夫管理。但我们只办了 3 年，亏损很大，就经营不下去了。家乡交通不方便，员工素质也较差，我们厂里的一些工具，如锤子、剪子、鞋料、鞋面，经常被一些员工顺手牵羊带回家。本来单独的鞋面对他们来说没有任何用处，但有的人拿鞋面到其他鞋店加工，做成完整的鞋，或者直接把鞋面卖给其他制鞋老板。……当地税收也高……看到这样的情形，我只好宣布工厂停产倒闭，不然我们会亏得更惨。

工厂倒闭后，我重新回到东莞厚街办厂。在我结婚后，刚开始厂里的业务主要由我负责，生小孩后我的精力不够，又信任丈夫，实权就落入男方家庭，厂里的大多重要位置都由男方家人控制。没有想到，他们从中做手脚，企业经营出现严重问题，最终停产。我不得不离婚，后来经营一个摊位维持生活。……两次投资，两次失败，我从中得到很多教训。

个案 5-13：HBQ（FT9），男，30 岁，高中毕业，ND 县人，妻子为本地人。HBQ 所办厂已停产，不过他并没有完全退出，而是在别的地方办了一个没有厂名的厂，真正的意思是避税。他现在只是转接别人厂里已接的单进行加工。他说如果优惠政策到位，可能还会办正式的厂。

我 1995 年经同学介绍，到东莞嘉兴针织厂打工。我在东莞待了 5 年，先是做普通工人。我的文凭较高，又比较专，边做边学，后来提升为技术师傅。我积累了资金，考虑到返乡办厂成本低，且在外面、在别人的地方，生活方式、语言、信仰是不一样的，于是我们夫妻二人一起回来创业。我们投资 10 多万元，在妻子老家办厂，车间是岳父家的房子，经改装而成厂房。一开始只有 10 几个员工，后来发展到 40 多个。由于针织品受到国际环境的影响，优惠政策又不到位，亏本了。

为了减少成本，2005 年 9 月我在我的老家 ND 县城办了一个没有厂名的小工厂。我先后去多地了解了市场，然后自己设计、销售。我想自己做、自己卖，搞批发。不通过订单，而是向一些针织厂转接单，自己活跃市场。直接卖可以逃税，我现在已做了 700 多件，搭在私人（亲戚、朋友）处卖，也卖出 30%。我现在的发展已经被别人控制，即使想做大也不可能。我以前的关系仍然保留，运气好时我也可以做大，我可以请专业设计，提高产品的档次。以后我能干什么，该干什么应该有明确预想才下手。如果优惠政策真能落实，我也会重新办正式的厂。

当初也是通过朋友、当地乡政府了解到优惠政策才回来。他们有招商引资的任务，创业作为提升的指标，对他们升官很重要。他们说免税三年，还可提供劳动力，各方面也受保障，可是税收并没有免。要创业还是外面好，获取信息更方便，交通上也更便捷，进货、出货比较容易，经济更活跃，税收也不比本地重。而返乡创业，一是在资金方面，贷款没有什么优惠；二是税收重，税收比外面一些经济较发达的地方还重。地方政府要调整政策，降低贷款利息、减少税收，特别是当企业效益不好时。

个案 5 - 14：HQM（FT13），女，XL 村人。她办厂 13 年，因为资金问题，一直扩大不了规模。他们做的鞋只在本县卖，没有外面的销路，效益也不行。

我 1992 年小学没毕业就去深圳打工，一开始进的是中药厂。因为有亲戚在深圳一家药材厂跑业务，我就通过关系进了这家中药厂做包装。哥哥 HYY 那时在家学雕刻，我在外面渐渐熟悉了，又把哥哥带出来。他进一家呢绒线厂做了几年，我们都想要回家，于是全都回来。我哥哥谈了一个家在浙江的女朋友，他也把她带回来了。回来后，父亲说，浙江有许多人做鞋，而家乡还没有人做皮鞋，我们就萌发了学技术做鞋的念头。1994 年哥哥去了浙江，经岳父介绍，拜了一个女师傅，学一个多月就掌握了技术，便回家做。他进了一些材料回来，先教我们两姐妹做，然后利用打工积累的 2 万多元，再向父母借了一些钱，就开了家皮鞋厂。

　　我们刚开始那一段时间效益一直较好，也赚了一些钱。但考虑到在家乡生产，鞋的销量不大，比较难发展，哥哥又出去发展，然后把家里的厂转让给我经营。……我们办厂都13年了，但只有几年时间生意比较好，所以也扩大不了规模。有些鞋是做好后直接卖，有些是定做的，生产的量不多。……必须形成流水线，才能赚到钱。而我们多用手工做，鞋子不时髦，卖给当地人能接受在外地销路不好。

　　我们买材料的成本高，其实只做材料生意还更赚钱。我们做鞋的材料包括皮、胶、纸箱，都要从广东、温州、南昌一带进，材料贵，都是真皮，质量较好。一双鞋的成本就要40多元，做成后只能卖50多元，每双鞋的利润就是几元钱。现在城里的年轻人都要穿品牌鞋，我们的鞋多是农村人买。在80～90年代，定做皮鞋穿的人多，因为做的鞋比较牢固，而现在的人都是买鞋穿。我们也没有打开外面的市场，都在当地卖，有时能保本就卖。我们做的鞋的款式也要经常改，要仿名牌鞋，才卖得出去。这几年我们也没有积累，有钱了我们就去进材料。现在的税收也比较贵（高），几个部门都收，包括国税、地税、工商税，以及环管费。我们要贷款也很难，要是有无息或是低息贷款就好了。我们要扩大规模的话，资金是最大困难。

个案 5 – 15：HNF（FT18），男，38岁，CJ村人。他有三兄妹，因为父亲身体不好，家里穷，所以都没有读书。他认为他办厂并没有享受到优惠政策，没有熟人，只能沉默。

　　我小学未毕业，1995年就通过亲戚介绍，去浙江永康打工，在一家私人办的汽车配件厂做普通工人。但我只干了一年多就回来了，因为第二年工资降低了，我也不想在那里待了。我回来后，就开始学做鞋，然后准备开鞋店。1997年鞋店开张，前几年生意较好，但现在越来越难做。我们做鞋的材料要从南昌进，成本高，我们也只能是赚一点手续费，除了开支，我们每个月只有2000元收入。做了这一行业我就认定这一行业，也不想三心二意，这行干干，那行干干。

　　我的脚有问题，小时候出去打石，一块碎石打下来，把好几个脚指头弄掉了，重体力活干不了。像我这种情况，本应有照顾、优惠，但我也没有熟人，税收（包括工商税、国税、地税）每个月都要交，一年要几千元。我没有本钱，没念过几年书，想要扩大规模很难，没有资金也根本不去想扩大规模。虽然手工做的鞋比较扎实（牢固），但不够精致，受到市场的排挤，我们要打开外面的销路也不容易，只有在本地销售。

个案5-16：CXL（FT15），男，29岁，DY乡SN村人。CCL（27岁）和CXL两兄弟比较有经营头脑，他们在广东打工时学的技术较有特色，学会了蝴蝶配件技术，然后到石狮办了福建省第一家蝴蝶配件厂，在家乡又办了分厂。这是一个创业成功的案例。因为挣了钱，他们也愿意交税，对未兑现的优惠政策也默认。

在我还很小的时候，父亲得了气管炎，全家只靠妈妈一个人。因为家里穷，连床都不够，我们兄弟俩一直同睡一张床，被人家看不起。我体谅家里的困难，为了让弟弟读书，我未读完初三就到闽清打工。为了求生，我开始是做砖，工作很辛苦，仅挣8元钱一天。我做事比较勤快，一个人可以干两个人的活，得到老板喜爱。但因砖厂不是长年有活干，我就打算不干了，我没告诉老板就走了。老板知道了，还专门跑到车站去找我。老板把我找回来后，我又干了几天。后来，我就去广州一家织布厂打工，经熟人介绍我进了广州一家蝴蝶配件厂工作。2个月后，我把弟弟也介绍进厂，做了5年，我们都学到了设计。打工是帮别人挣钱，我总想能自己创业。想到创业后，我们才来到福州。因为当时只有广州才有针车配件，福州老板都从我们厂或从香港进货。我们开始在福州、泉州，然后再来到石狮考察市场。我们想"川流不息的人群中，总有自己一席之地"。

1999年5月我们在石狮办配件厂，刚开始只有2万元资金。资金不够，我还向广州的师傅借2万元，才办了厂。刚开始就我们两兄弟做。我们在外地办厂有很多困难，外地人办厂，执照很难办，审批有50多道程序，执照办下来最少三个月。而我们又不能等太久，所以刚开始我们是偷偷地做。……本地人欺负外地人的现象比较严重，我们家乡也有人在石狮办酒厂，因压低价格出售被本地人砸了，结果全赔了。我们也吃过亏，本地人的单（指的是石狮）价格会压低，本地客户也刁难过我们。对外地的税收，我们也没底。我们边挣钱边投资，规模也从小到大。……我们能根据机台、服装设计造型而设计配件。
我们可以随市场的需要而设计，所以业务很多。

2001 年我们投资 200 万元在村里办了分厂。由于针车厂生产时噪
音较大，厂房要设在偏僻的地方。我在老家办的厂占地面积大，也才
花几十万元，而外面同等大的工业用地，肯定要几百万元。在家乡，
税收也比较便宜。我们回来办厂批地也有优惠。在家乡办厂风险低、
成本低。在家乡还可凭能力，与当地政府商量交税。我挣了钱，交税
也比较自愿。政府在招商中的承诺有的没兑现，他们招商引资时说培
训费由政府出，每培训一人可以补助 150 元，但政府还未出钱。不过
只要企业办得好，这一点钱我也不会去计较。

这种曲折的创业经历，折射出中国市场逐渐由封闭到开放的全过程。
正是这种传统向现代转换的过程，践履着一种主体性的日常生活实践，
现实的艰辛创业磨砺着创业者强烈的求变意识。这是一次自下而上的现
代性书写和谋划。从农民工创业者的话语中，可以发现他们的生存逻辑：
在流动社会中的农民工获得新技术和个人成就感的意识有所增强，家庭的
生存伦理、改变职业和生活方式的目标使农民工不断地尝试着改变自己；
社会心理发生了巨变，自觉的社会流动意识增强，对改变身份有强烈诉
求；开始理性思考成本和收益的关系。事实上，农民工创业即社会适应和
个人角色转换的过程，体现着他们对传统角色的颠覆，对现代生活的追
求、认同。

二　案例解释

创业正成为农民工新的谋生方式。上述案例是农民工创业的一个缩
影。这些案例反映出农民工为实现创业目标而付出的努力，使我们能清晰
地感觉到农民工群体身上那种"困中求变"的创业热情，也反映了当时农
民工创业的生存环境问题：①基础设施较差；②社会化服务体系建设相对
滞后，最突出的表现是市场信息网络建设滞后，市场导向作用不强，面临
的市场风险大；③市场体系规则不完善，政策不公、不透明，企业负担沉
重；④农村金融服务滞后，贷款、融资难。良好的政策环境、融资环境、
文化环境、服务环境是农民工创业所需要的。在我国，要解决城乡二元结
构带来的社会资源分配不公，实现农民工双向流动就业创业，尤其需要吸

引农民工返乡创业和就地转移。

农民工创业利益表达过程中的"被动"意味着社会流动的受阻。"利益主体多元化给中国带来了巨大活力。但也给社会带来了不少负面的影响。有利益分化的地方，就会出现利益冲突。……理性化解在社会转型过程中不同利益主体之间的矛盾，这是中国社会正面应对现实问题的根本出路。"[1] 在创业过程中，表达成为利益实现的基本前提，重视农民工创业的利益诉求至关重要。创业者的不满主要针对优惠政策不到位、基础设施差、内地劳动力素质差和招工难等。尤其是在返乡创业刚开始时，由于内地政策的不完善，税收成为返乡创业者抱怨的焦点。由于多方面的因素，地方政府对税收以及其他方面的承诺都很难兑现，"他们认为没挣钱就不应该交税。如果挣了钱，交点税也愿意"。

第二节　案例发现：局限与突破

创业是获得经济、社会身份地位的一种选择，是向上社会流动的有效策略之一。市场化进程中社会流动的开放，引发了以创业代替打工的生存逻辑主导下的农民工创业，凸显了这一群体具有时代变化的特征。当前农民工返乡创业整体发展平稳，但是在创业的层次、规模及成功率等方面还不够理想，外部客观环境和主体自身禀赋仍然在一定程度上制约着他们。这一群体在创业过程中面临多重困境和诸多约束条件，特别是企业面临"两荒两高"的发展困境，"两荒"即用工荒、资金荒（融资难），"两高"则是高成本和高税负。

一　农民工创业发展困境

对一些留城创业资源条件较少的个体而言，返乡创业是获得社会地位提升的有效途径，但农民工返乡创业依然面临创业环境不佳、创业资金缺乏、创业能力不足等问题，在创业发展中面临较大瓶颈。在创业过程中，资金难贷、税收难交、员工难管是实地调查中反映出来的一些突出现象，表明了当时环境下，农民工对创业环境的无奈。

---

[1]　张涛甫：《表达与引导》，漓江出版社，2012，第61页。

(一) 现象一: 资金难贷

融资服务是创业服务的重要内容。在创业政策引导下,融资难问题得到缓解,但仍是重要的制约因素。国务院发展研究中心对 3026 名农民工创业者的调查报告表明:"资金筹措困难的占 70% 以上,远远高于交通不便、人才不足、缺乏配套产业等其他因素。只有 22.4% 的人回答有贷款。贷款企业中,半数贷款在 2 万元以下,72.3% 的贷款在 5 万元以下,贷款超过10 万元的只占 15.5%。"[①] 笔者的调查也表明资金短缺是农民工创业的首要问题,创业资金来源主要是打工积累以及私人借贷,"亲戚朋友东挪西凑"。制衣 LGL (个案 5-9) 谈到困难时深有感触:

> 我们没有自己的厂房,就临时租。为了维持正常的生产,要购置生产设备、原材料,雇用员工,这需要大量的开支。要开辟和占领新的市场,就要扩大生产规模,新建厂房,这又需要大量的资金。我们通过正式的途径贷款不太可能,没东西抵押,也没熟人,没谁愿意担保。没有钱,你 (指他本人) 还办什么厂呢?

在不同阶段,农民工创业需要不同的创业政策,但资金扶持始终是首要因素。尤其是在农民工创业初始阶段,资金投入多、产出少、创业利润小,加上各种税收,创业举步维艰。贷款难的根本原因是金融体系不完善,融资方式单一,政策性贷款和财政扶持贷款少,贷款抵押和担保条件太严、手续繁多以及成本太高。同时,落后地区的政府财力较弱,可支配资金少,也无法真正扶持农民工返乡创业。

(二) 现象二: 税收难交

优惠政策落实是创业发展的重要保障。从 2006 年的调查来看,几乎所有的创业者都反映没有享受税费减免,虽然政府制定了鼓励和扶助外商投资与外资企业发展的优惠政策,包括税费减免期与土地、水、电等资源使用优惠期,但即便是在创业初期,国税、地税都是按正常标准先收取税

---

① 韩俊、崔传义:《我国农民工回乡创业面临的困难及对策》,《经济纵横》2008 年第 11期,第 6 页。

费。对农民工返乡创业，一些政策只停留在"文本"层面，在实际过程中并没有很好地实施，或者是优惠部分很少。他们普遍认为企业实际税负很重，认为发达地区的税收制度更规范，更少强制性，所以纳税人更具有主动性。而在欠发达地区，企业面临的税费项目多，有关部门不按章办事，收费标准不一。经济落后、税源少的地方，地方财政普遍紧张，就容易出现竭泽而渔的情况，这导致抗税的现象较多，企业对交税往往持抵触情绪。实地调查中 HXB（个案 5 - 1）就表达了这一情绪。

> 员工低于 50 人就不应该收税，工厂处于半瘫痪状态，又怎样交税呢？没挣钱就不要交税，自己没吃的就养活不了别人。办厂之初，才有几个员工，人还没到齐，就说收税。来收税时，有的工作人员说打开门做生意就要交税。

企业负担较重是当时制约创业的重要因素。这一点也符合国务院发展研究中心对回乡创业者的调查，认为"政府部门乱收费、企业负担重"的占 40% ~ 50%，认为"政府部门乱收费"是回乡创业面临的第一位困难的占 18.2%。农民工回乡办企业手续复杂，程序繁多，环环收费，"三乱"现象时有发生。① 在早期的调查中创业者普遍反映：地方政府为了完成招商引资的任务，他们回乡创业前受到热情欢迎，但是企业创办以后，再想找政府部门办事，就比较困难了。

（三）现象三：员工难管

人才资源保障是创业过程中的关键。农民工返乡创办的企业普遍面临人才缺乏、招工难问题。在调研中，认为返乡创办企业存在招工难问题的占 79.6%。在被问及"需要多长时间才能招到合适的员工"时，选择"1个月以内"的占 45.1%，选择"2 ~ 3 个月"的占 34.1%。并且返乡创业中的生产是就近组织的，企业员工大都是本地人，主要是考虑到家庭负担等问题回流后在家门口打工，这一部分农民工虽然进入过城市、获得了城市体验，思想观念、生活方式发生了一定的变化，但返乡后，受内陆地区

---

① 韩俊、崔传义：《我国农民工回乡创业面临的困难及对策》，《经济纵横》2008 年第 11 期，第 6 页。

大环境的影响，思想观念普遍回归到从前。这种人际网络中的企业管理，很容易造成松散的"人情型"管理模式。创业者普遍反映内地劳动力与沿海劳动力在观念方面有较大的差别。我们来看毛织 LTY（个案 5 - 8）对员工素质、乡民习惯的认识以及他们所表现出来的无奈情绪。

> 内地的管理很难配套，内地工人更难管理，所以我们在外地学习的管理方式也不太适合内地，他们在外面是专职打工，而在内地则是兼职打工。家里活干完才来上班，家里有事随时离厂，上班拖拖拉拉，随便违反规章制度，还说投资者没有人情味。我们要把厂办好，只能期待内地工人思想观念的改变。

融资难、税负高、管理难这些因素的叠加效应造成农民工创业企业的经营困境，大量的微小企业存在亏本情况。究其原因，既有创业需求与社会给予的实际支持的差距，又有创业过程中不平等因素的影响，这些都不断动摇着农民工的创业预期。首先，返乡创业扶持政策滞后，政策支持面偏小或操作不规范，造成优惠政策实行或配套服务不到位，体现为政策上的不公平。其次，在城市能够得到税费减免、小额贷款等优惠政策，而在农村则较难落实这些政策，体现为地域上的不公平。最后，外商大企业能进工业园区，并很好地实现资源共享，形成产业集群，农民工创业企业因规模小，得不到与外资企业同样的优惠政策和多项服务，又形成企业间的不公平。基于农民工创业状况以及支持欠发达地区的需要，应认真研究和把握创业支持体系，着力扶持具有一定发展前途的农民工创业。

二　倒逼：地方政府角色的困局与改革

合理的市场经济体系的建构需要平等竞争的市场环境与市场规则。可以说，市场经济的秩序是"看不见的手"（市场）与"看得见的手"（政府的宏观调控）共同起作用的结果，政府的参与对人们的利益再分配、调整起调控作用。从宏观层面来看，政府既不能完全"退出"，也不能完全取代市场，政府所要做的就是运用市场经济规则，引导生产要素在产业间流动和重组，为经济活动的主体创造公平、公正的环境，从而达到资源优化配置。"我国目前社会处于转型期，对权力以及市场仍缺少规范，在这种情况下，如果没有国家这只有形的手的介入，仅凭市场经济这只无形的手的牵引，难以催生出合理的社会阶层结构，尤其不可能是阶层间的收入和财富分配差距自动保持在社会各阶层所能接受的限度。"① 宏观调控、微观放活是我国政府行为的基本原则，政府应该制定规则以营造宽松的创业环境，扩展企业的生存空间。

由于利益的多元化，各个部门的利益和创业者的利益并不完全一致。对地方政府来说，在市场经济体制中的地位还存在主体不明确的现象，在利益博弈中陷于尴尬境地，处于困惑之中，一方面要争取自己的经济利益，另一方面又要承担经济发展的责任。行政权力的有限性，造成了基层政府在整合手段上的贫乏。体现在招商引资中，将招商作为硬性指标"下放"到各个单位的全民动员式招商，常常是力不从心的。据在党政部门工作的 HYS（个案 5 - 17）说：

> 招商引资本来是招商局的事情，但是许多事业单位的领导都安排了招商的具体指标，甚至连地震局、司法部门也有任务。招商与政绩挂钩，还直接影响到我们的升迁、职称评定。没完成任务的，就不能评优。……我们没有办法，只有削尖脑袋（当地话，指的是什么办法都想尽），到处找路子。

对于农民工创业，地方政府"全管管不起，没有资金；不管又不行，上面有任务，创业者也有意见"，为此政府部门的工作人员也颇为尴尬、头痛。在这样的分析框架里，迫切要通过制度创新，强化政府的"责任伦理"，使其能更好地承担发展的规划者、规则的制定者、秩序的维护者、市场经济主体的服务者等角色，从而为市场经济发展规划方向与目标，为市场经济的发展制定利益分配秩序，为市场经济发展的主体提供便利条件。政府的职能应该实现转变，应强化政府在市场监督、社会管理、公共服务方面的职能，不应过多地干预微观经济活动。"在一个日益分化和市场化的利益结构中，国家不应该也不可能再扮演过去的主体角色。而当国家完成了这种角色的转变时，国家也就能够更好地承担起社会管理者和规则维护者的角色。"② 要理顺政府、企业和个人之间的关系。

---

① 陆学艺：《当代中国社会阶层研究报告》，社会科学文献出版社，2002，第 101 页。

② 李路路：《和谐社会：利益矛盾与冲突的协调》，《探索与争鸣》2005 年第 5 期，第 4 页。

地方政府的社会责任与地方财力也存在不匹配现象。"县、乡财政干部有一个普遍反映：1994 年实施的分税制改革不久，当地财政没有多少家底，处于崩溃的边缘。……1994 年的税改中所得税优惠政策设计集中于对于外商投资企业与高新企业，企业创业前五年两免三减半，而在市场中自然成长的企业在初创期和成长期（3～5 年）难以得到融资的支持。"① 对县一级政府来说，行政权力有限，特别是在用地审批、税费服务、银行贷款、资金扶持上，县级政府及其部门都难以有所作为，在引导创业方面又显得有些被动，只能期望上级政府及相关部门的政策倾斜。在加强宏观管理、监督县级政府权力运行的同时，要依法依规最大限度地放权于基层，还权于企业，让县一级政府部门在把握宏观政策的前提下有更多的自主决策权。上级有关部门在用地审批、银行贷款等方面要简化手续、放宽条件，为创业拓展空间。应下放管理权限，积极发挥引导、服务基层政府的作用。

政府行为就是政府部门制定并执行相关政策，是政府职能运行过程的外化。诚然，政府是营造创业环境的主体，地方政府只有经常主动听听抱怨，并正视官和民的关系，才能在听民声的基础上，拿出切实可行的解决问题的方法。我们来看看 HXB（个案 5 - 1）对地方政府的要求：

> 为官不是为自己，不能只讲形式，搞假、大、空。领导干部，为官一方，应造福一方，实实在在地做好人民的公仆。我希望本地官员当县长，本地官员能真正为本地人做长远利益打算。我也希望地方政府不要错位宣传，虚报政绩，错位宣传害自己，对其发展不利。

在当时的社会环境下，市场经济秩序还很不规范，只有建立公平的环境，依法规范企业、社会组织和个人、政府的行为，维护市场经济运行秩序，保持公开透明，才能保障各类市场主体的合法权益，才能实现公平的竞争。"任何制度都是由人来执行和操作的，是制度的规定与人的操作的结合，可构成制度的有效运作。许多立意很好的制度到实际的运作中就走

---

① 苏启林：《创业投资政府支持政策设计：国际经验与中国抉择》，经济科学出版社，2004，第 144 页。

样变形甚至面目全非。"① 由于政策的不到位，作为"文本"层面的制度与实际运作存在不一致，一边是承诺了优惠政策来招商，另一边是给予一套新的话语体系，造成政策虚置，导致服务短缺问题及农民工对基层政府的不信任。针织 YWL（个案 5-2）抱怨说："政府在招商中许多工作是走过场，并不一定算数。镇政府承诺免征三年所得税，可是不到两个月，税务部门就来征税。政府部门与税收部门说法不一样。他们承诺的享受招商引资的待遇未能兑现。……很多企业没有受到重视，当地政府也不了解返乡创业的实际情况。……创业的政策也具有不稳定性，制定的优惠政策到换届时就可能被随意推翻。"

信任意味着能履行、兑现承诺，信任的水平反映了社会凝聚力的程度。失信违约、优惠政策不能兑现，造成的后果是创业者对地方政府不信任。实际上，政府在农民工政策执行方面，存在政策文本和政策践行方面的差距。这些文本层面的制度，并没有"链接"到实处。情况是这样的：承诺的是招商局与地方政府，而收税的却是税务部门，"准制度"的变通是借助新旧话语的转换来实现的，模糊的政策腾出了任意活动的空间，新话语的运作，给制度变通留下较大余地。作为利益相关主体的地方政府，如果只是为了尽快做大做强，重引进，轻扶持，农民工创业也可能只是短期行为。如何做到既出台政策，又确实保障政策的如期执行？尤其是对不发达地区的政府来说，应该有所为、有所不为，做服务型政府，把该管的事管住管好，利用市场机制、创新供给方式，避免人们对地方政府的不信任变为常态化。

有关农民工创业路径选择与困境的研究发现：创业环境是农民工创业行为选择的主要考量。农民工创业服务体制不完善、创业服务支撑力度不足，制约了农民工的创业发展，也难以适应农民工对创业服务不断提升的需求。这要求对政府、企业、市场的关系进行新的探索，让政府明确自身的责任与边界，即真正担负起公共产品的提供者的角色。

三　个案跟踪记录

关于农民工创业中的利益表达情况，笔者自 2010 年以来又先后进行了

---

① 孙立平：《断裂——20 世纪 90 年代以来的中国社会》，社会科学文献出版社，2003，第 199 页。

跟踪调研以及问卷调查。调查发现，"高税费"状态有根本改变，农民工对创业环境的满意度有很大的提升，利益表达意识也在增强。

（一）创业环境的满意度提升

通过对个案的回访，以及近年来对农民工创业的跟踪调查发现：现在创业农民工对创业环境的满意度普遍提升，从 2006 年普遍存在不满情绪，对创业环境的满意度较低，面临的主要问题是税收、融资问题，以及基础设施问题，到当今的普遍认可，基础设施落后、机制发育程度较低、信息化和工业化融合程度低的现象得到一定的缓解。历时性的跟踪调查显示，农民工返乡创业环境得到较大的改善，对农民工创业的收费和罚款项目逐步取消，还实行了"零收费"政策。原来普遍存在的基础设施跟不上企业发展需要、税收过多过重的问题在跟踪的问卷调查与个案访谈中，有了明显的缓解。政府也逐步向服务型转变，77% 的被调查者在经营过程中否认存在来自政府部门的额外负担。在新的政策环境下，农民工对政策的满意度大大提高，不再抱怨税收高、服务不到位。这一点可以从对一些个案的跟踪调查，尤其是 2013 年 6 月对毛织黄（个案 5 - 5，FT3）的跟踪调查中非常明显地感觉到。

> 一开始创业时，交通、信息不方便，政府人员干涉也较多。资金困难，贷款也难，现在创业环境好很多了。一开始是向亲戚朋友借钱，现在也多向银行贷款了。我们以前对政府不满意，以前检查多，现在我们也懂法，政府也能按照规则办事，吃拿卡要很少了，我们对政府更满意了。我们现在也从原来的被动交税变为主动交税。我们要发展得更好，需要政府多重视。我现在的经营没有问题，就是要达到一定规模才能进工业园，要扩大规模，就需要更多的资金。我们打工的人创业，就像啃鸡爪，扔掉可惜了，但是做下去利润又不高。还好这几年不用交税了，凑合着做下去应该可以的。

农民工创业以加工企业为主，仍面临转型、技术以及用工问题。毛织黄对创业政策的满意度明显提高，但由于针织企业是加工企业，虽然在县城的不同区域办了 6 个分厂，但招工难现象仍然突出。

（二）利益表达意识增强

农民工创业要成为中国农村经济发展的新引擎，需要探讨实现创业利益的制度生成，构建顺畅的利益表达机制，建立沟通创业者与政府、市场的桥梁，扩大表达空间。在渐渐开放的社会语境中，处于社会相对弱势地位的群体表达利益的方式和渠道也在增加。2013年的问卷调查数据显示，仅5%的受访者不认同在发生业务纠纷时法律能够保护企业的合法权益。研究表明，农民工的利益表达意识在增强，遇到不公正待遇时不只是保持沉默和忍让，也力图通过合法的手段努力来维护自己的权益。当被问到"您会采取什么途径维护自己的利益"时，越来越多的农民工创业者会选择"法律途径"。

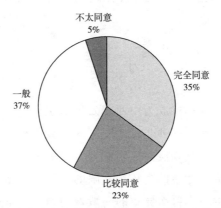

图5-1　在发生业务纠纷时法律能够保护企业的合法权益

（三）农民工返乡创业发展仍然面临较大压力

1. 金融服务体系仍待完善

返乡创业政策"碎片化"引发创业服务供需矛盾突出，农民工对创业政策利用度、满意度还不高。从各地实际情况看，当前农民工返乡创业遇到的困难主要是政策扶持不到位，资金筹措难、融资难。调查突出反映的问题是，农民工创业者普遍缺乏可抵押资产，且现行抵押政策对农村微小企业存在歧视。例如，普遍存在因农村抵押担保品匮乏而导致贷款额度少、贷款年限短、业务办理程序复杂等情况，无奈之下不少人只能选择高利贷以获得短期周转。因此，还需要进一步提高国家财税直接补助力度、提升农村保险机构支持力度、强化分担信贷资金风险等方面的落实力度。

2. 创业基础设施的约束，配套公共服务落后

农民工返乡创业地点一般选在城镇，尽管近年来基础设施建设的投入不断加大，但有些乡（镇）、村道路存在老化、年久失修的情况，致使产品流通效率低。另外，农村信息化发展不完善。网货下乡、农品进城的网上通道不畅通，需要提升信息化水平以带动农村产业化发展。

3. 创业主体禀赋制约

创业的发展壮大需要创业者自身主体禀赋、经营实力的提升。进城务工人员受自身素质影响，虽然掌握了某项技术，但企业经营、管理知识比较缺乏，往往仅凭经验判断，缺少对当地产业结构和经营环境的分析。且目前承担和开展农民工创业培训的机构较少，培训比例低，针对性缺乏。这就亟须整合资源为创业提供服务，由此推进农民工群体返乡创业人数、层次、成功率等的提高。

小　结

当今，农民工创业扶持成为中西部发展的主旋律。在宏观层面，需要制度与政策的支持，作为一种非正式制度的社会组织，应该在宏观制度不完善时起补充作用。在微观层面，创业者人力资本的提高是破除创业障碍的路径。尽管本研究所考察的个案是有限的，但这些创业实践的案例足以印证市场经济体制的不完善而导致的一般性问题。在早期的调查中，人们普遍反映的是：在不发达地区的城镇创业，比在城市创业更困难，城市在税收等方面比较规范。有人做过这样的比喻：在小地方羊少草少，而在大地方羊多草也多，总有许多羊吃不到的地方。许多创业者反映他们并没有享受到招商引资时承诺的待遇，他们缺少表达自己话语的空间。可喜的是，从近些年的跟踪后续调查来看，随着中西部地区已经有返乡创业的趋势，农民工创业环境也有了根本的变化。经过政府和社会的多方努力，农民工对创业环境的满意度在提升，也有了一定的话语权，农民工创业企业呈现良好的发展态势。但是"用工荒""融资难"仍然是农民工创业中面临的困境。在激烈的市场竞争中，为推动农民工通过创业实现社会流动，需建构和完善创业制度和政策等外部环境。

此外，在访谈中发现，进城打工的农民工，界于农民和工人的中间地带，而创业做老板的新生社会群体并没有新的定位。他们通过创业实现了职业身份的转变，但觉得自身的社会地位尚不稳定，因此在身份认同方面处于矛盾的状态，普遍认同的还是农民这一角色，农民工创业行为呈现职业与身份相背离的现象，农民工普遍存在身份焦虑。

在社会结构的快速变化过程中，人们（处于弱势阶层的人）身份得不到社会认同，这主要是社会凝固现象所致。农民工的身份又使他们很难融入当地文化中，农民工的职业变迁与社会身份之间存在错位。HXB（FT1）说："要说属于哪个阶层，很难回答，要说是农民，又没种田，要说是老板，我同时还参与了工人的工作，经常自己装货、卸货，自己也等于是工人。"他们对于身份认同比较困惑。YWR（FT6）的父亲对我说："有自己的车坐，有一定家产的人才是上等。我们现在还只是刚刚开始，我们与员工一起干活，称不上是老板，即使挣了点钱，也很难保证以后的前途。"随着当今社会流动的加快，社会机会的给予也相对公平，农民有机会实现自身利益，从弱势向非弱势群体转化。农民要真正实现地位、身份的转变，需要一个过程。这是本书的一些基本研究发现，同时也验证了许多研究者的看法。

以上各点显而易见，不必赘述。值得关注的是这些案例提示我们：机会平等的价值理念必须贯穿于农民工就业创业的全过程，要营造农民工创业的良好环境，给他们提供利益表达的机会。以上讨论对我们的启发是：创业利益的实现必然是多方博弈的过程，其深层次的问题是国家、市场与社会的关系问题，破解创业实践中的难题应该在三者的互动框架之下，从社会流动的视角分析农民工的创业意愿与需求，防止农民工的"创业潮"变成"失业潮"。这对加快创业服务体系的构建形成了严峻的挑战。

第六章　中间考察：基于 H 县 W 镇流动农民工的再发现

鉴于中国市场发展的特殊性，农民工创业的过程、发生机制研究对理解中国的社会流动与阶层变化有较大启发意义。阿马蒂亚·森提出："自由市场的发展，尤其是自由选择就业的发展，是历史研究中受到高度评价的事件。"[①]　就中国的情况而言，社会在分化，农民工适应新的社会角色，发生职业流动显而易见。到城市寻求发展是农民工进城的主要目的，而进入城市就面临融入城市难的问题，那么，农民工在城市的发展状况如何？对我们分析创业行为和社会流动之间的关系建构有什么启示？为此，笔者对 H 县 W 镇流动农民工进行了个案研究，特别强调创业行为与社会结构的能动建构作用。本章以农民工的社会流动与分层为视角，重点就其职业分层、关系资源与创业行为等问题展开讨论。

第一节　职业分层与流动

通常认为，社会流动主要是通过职业的改变来体现的。经过职业流动，农民工群体内部发生了明显分化，在经济地位、社会生活和文化心理方面都有明显差异。农民工群体出现分层化，一部分农民工转化成管理者、个体户或者自己创办企业、公司成为老板，实现了地位、身份的向上流动。并且，他们的回流状况也具有比较明显的分层化倾向。农民工来到城市，他们有更多的机会改变职业、身份，从而向更高的社会阶层流动。对流动农民工的职业分化以及回流状况进行解读，可反映来自同一地域、同质性强的农民工在进入城市后其内部出现的分化。

---

① 〔印度〕阿马蒂亚·森：《以自由看待发展》，任赜、于真译，中国人民大学出版社，2002，第 113 页。

一　流动刚性化与创业意识显性化

实际上，农民工的流动已经成为确定不移的趋势。由于生活的需要，农民工在相当长的一段时间内会保持流动状态，凭借现有体制扩展就业、创业空间。

（一）流动刚性化

在传统社会中，社会流动是低度化的，封闭式的制度使人的自由流动几乎不太可能，而在现代社会，制度不再束缚人的流动，从事农业、工业的比较收入决定了农民工流动的常态化。"在商品经济的冲击下，由于比较利益的诱导……只要能跳出农门，只要能进城，只要能挣钱，哪里都去。"① LDJ（个案 6 - 1）说：

> 村里很少能看见年轻人，大都外出打工去了，农村的变化与农民外出打工是分不开的；国家要富裕，要减少农村劳动力，种田要达到人均 4 亩以上，才划算。打工促进了村里经济的发展，打工即使是低工资都是种田收入的几倍，没打工也盖不起房子。打工振兴了我们的家庭，扭转了家庭经济命脉。我们家盖了新房，房子比别人好，过上了比较宽松的生活。

流动到城市的农民工由谋求生存向追求发展转变，对自身发展有了重新定位。根据我们入村的访谈，这样的发展变化始于 20 世纪 80 年代初期。刚刚实行包产到户、国家对农民的流动还有很多限制的时候，W 镇就有一些年轻人率先出去，其中女性居多。早期外出务工一般要有特殊关系，事先有打工方面的信息的人才能出去，主要依靠的是私人网络，是个别现象。LYL（个案 6 - 2）是该村比较早出去打工的，她的台湾舅舅在深圳开了一家电子厂，是经过他的介绍而出去的。后来她把亲戚朋友都带出去。农民工往往是发现别人打工挣钱后才出去的。在她的带动下，她所在的村民小组的年轻人大多陆陆续续出去了。目前她所在的村民小组现有 100 多户人家，共 500 人左右，40% ~50% 在外打工，比别的村民小组打工的人数多。

---

① 陆学艺：《县级综合改革与经济社会的协调发展》，中国社会科学出版社，1993，第 160 页。

个案 6-2：LYL，女，36 岁。

我的舅公在深圳开了一家柯达电子厂，主要是做电子零件、收音机配件，厂的规模也不大。1989 年我与几个年龄相仿的亲戚一起去这个厂。我做了五六年，开始觉得挺新奇的，以前在老家羡慕人家上班有工作的，不用种地，到厂里打工，觉得终于可以不用在家种地了，而且还能拿几百块钱一个月，老家当时正式老师也就两百元钱一个月，代课老师才几十元钱一个月。可是过了几年，和周围的工厂比较一下，觉得工资没别人高，不想在他那里打工了。1995 年我进石狮一家服装厂，做了两年后回家。1997 年结婚后，我和丈夫一起去东莞一家鞋厂打工。后又回来，在家待了 5 年，我做裁缝，丈夫开歌舞厅。裁缝不好做，现在都是买衣服穿，很少有人买布缝衣服穿，很多裁缝都改行了，或者是卖服装，或者是出去打工。歌舞厅的生意也不好做，很多人都是赊账消费。……这样，2002 年我又去东莞一家鞋厂。2004 年开始，我在福建石狮服装厂做技术工……

从 1990 年开始，W 镇外出打工的农民比例不断提高，形成了一定的流动性。这里出去打工的人方向性比较强，一般有人在一个地方待下来，发展得不错，很多人就跟上来了。本村有许多人在北京做调料生意赚了钱，就会把自己的兄弟姐妹都带出去做，后来吸引的人数越来越多，逐步占据了北京一定的市场。所以单独到某个城市打工的人不多，而在同一个地方的较为常见。

这些外出打工的村民接触市场后，感觉到城市和农村的差距，把城市当作人实现梦想的地方。"从理论上说，在一种个体已经社会化了的、个体把所得到的职位看作是符合其生活角色而努力付诸实施的社会里，人们会感到自由与满足。"[1] 在北京东郊市场做调料生意的 LGR（个案 6-3）因为不擅长种田，来到城市谋求出路。

我曾经在家种田，日子不好过，不会种田，连基本的插秧都不

---

[1] 〔美〕西摩·马丁·李普塞特：《一致与冲突》，张华青等译，上海人民出版社，1995，第73 页。

会，同时做些小买卖，收鸡蛋、鸭蛋卖。这样也挣不了钱，娶媳妇花了几千元，原来一直欠债过日子。如果只是种田，一家人的生活都很难维持。积累都是靠打工。1998 年我到北京时也只有几千元。

现在一家人都出来做调料生意了。家底不好就只好先打工，省吃俭用，一步一步起来，一步一个脚印。穷人要向人借钱都更难，要先去打工挣本钱。哪个工种更挣钱，就去哪里，有经济实力想去哪就去哪。每个人的想法会有一定差异，有的想不到做得到，有的想得到却没有实力，也有一些是机缘与巧合。我一开始就有做生意的想法，种田时插秧都插不好，各有所长吧。选择外出是因为我不适应农村的生活，搞副业是我的特长。只有吃苦，才能挣钱。

在 W 镇，从允许外出打工到现在，农民工的流动越来越频繁，在家里的年轻人越来越少。他们留城的愿望更加强烈，除非迫不得已，否则他们不会回到农村。村里负责计划生育工作的 LGD（个案 6 - 4）介绍说：

村里的五个干部除我没有外出打过工外，其他的都去过了，我的小孩现在都去打工了，即使回来几天，在家也待不习惯。纯农户，即全家都从事农业生产的比例是很小的，大都是兼业户。在家务农的多是年龄较大的，一般是 45 岁以上，尤其是 50 岁以上的居多，他们的文化素质较差，文盲、半文盲居多。这一部分人除了种田外，别无他长，也就只好种田了。

流动扩大了农民工的就业能力，使其实现了职业转换，也使劳动力资源得到合理的配置。正如索罗金所说："在理想的、流动的社会中，人的分配是按照人的能力与才能来进行的，而不管人们祖辈的地位如何，每个人都放在合适的位置上的社会分布似乎是最好的。流动社会中的各种职位是开放的，许多有抱负者能争取更高的地位，使竞争的强度加大。……在流动的社会中，个人配置在最合适的位置上，比起在不流动的社会中那些更不幸运的人来说，他们的工作可能会更有效率。"[1] 流动的社会比不流动

---

[1]　Pitirim. A. Sorokin, *Social and Cultural Mobility*, New York: The Free Press, 1964, pp. 529 - 532.

的社会发展会更快，不同群体动用不同的能量以得到各种资源，以此改变了他们在社会结构中的位置，而重新结构化。正如李普塞特、本迪克斯指出的那样，"社会流动是个人从一个社会阶层向另一个社会阶层转变的过程。应该注意的是，大多数的流动个体，尽管绝不是所有的，都会伴随着至少一次社会位置（地位）的变化。在社会等级中移动的人们，会倾向于与改变他的朋友一起，加入新的组织"。① 随着社会流动的日益频繁，通过创业向更高的阶层流动的农民工也逐渐增多，农民工群体的相似性减少，内部差别不断加大。

（二）创业意识显性化

从传统上看，我国农民商品经济意识不强，没有当老板的思想意识。农民工的创业源于他们与市场的接触程度，他们从封闭的视角向更广泛的社会空间延伸，不断地改变、发展自我。"'发展'本身也可以说是一种跳出初级关系的过程，或者说是不断扩充社会网络、增加网络的异质成分的过程。"② 作为社会流动主体的农民工走向市场，就是继续"社会化"（socialization）③、组织化的过程，也是他们在市场中不断发展自我的过程。与市场的接触使农民工有更多的就业、创业机会，他们的能力得到不断提升，交往范围也越来越大。实际上，行动者④可以主动适应社会结构背景，并进一步改变行动的社会结构。

事实在于，农民工一般是通过创业融入城市。这一流动过程，体现了农民工在不同职业、不同社会位置上的变动，他们逐步转向所处群体或者

---

① Seymour Martin Lipset and Reinhard Bendix, *Social Mobility in Industrial Society*, Berkeley and Los Angeles : University of California Press, 1959, p. 6.

② 渠敬东：《生活世界中的关系强度——农村外来人口的生活轨迹》，载柯兰君、李汉林主编《都市里的打工农民——中国大城市的流动人口》，中央编译出版社，2001，第59~63页。

③ 帕森斯从比较宽泛的意义上来理解"社会化"，认为"社会化"指处于整体中的角色期待系统中发生的任何一个具有一定功能意义上的学习过程。Talcott Parson, *The Social System*, London and Henley: Routledge & Kegan Paul Ltd. , 1979, pp. 207 – 208。

④ "行动者"源自拉丁语 agens（正在行为），指作为行为主体的理性人。从逻辑上讲，一个行动者能够决定是否行动。一旦决定行动，行动者会思考如何行动。一旦行动的途径确定，行动者会实施它们以造成某种变化。这类内在于行动者之中的能力叫作"能动性"。参见尼古拉斯·布宁、余纪元编著《西方哲学英汉对照辞典》，人民出版社，2001，第32页。

所要参与群体的行为方式、生活态度和价值观，重构了他们在社会结构中的角色。他们的市场参与意识也在不断增强，在城市生活中，增长了知识、更新了思想、提高了能力，最终为全方位融入城市奠定了文化基础。

> LJN（个案 6-5）：我以前一直都在家做鞭炮，后来国家对鞭炮的生产进行了整顿。县里有规定，要设立鞭炮厂才能做，没证照也做不了。……我只好去三明打工。后来，我们村也有了做鞭炮的基地，就又回来做。我也想回来，毕竟有两个小孩在家念书，他们的成绩还好，要把小孩培养好，别耽误了小孩的学习。直到 2002 年我才出来开店，家里经济负担重，坐在家里没钱赚。那时小孩也懂事了，一个上高二，一个上初三。挣点钱让他们念书，无论怎样，得把小孩的教育放在首位，有文化才能改变命运。以后他们一定会到城里发展，像城里人那样生活，不用像我们这么辛苦。

他后来告诉笔者："现在小孩都上大学了，大的在西南交通大学念大三，小的在长沙念大学。我们把希望寄托在培养小孩上，让他们不用再走自己的老路。"农民工有了一定的经济基础之后，代际流动也是可能的。

个案 6-6：LXL，男，40 岁。

> 我是最早来新发地批发市场做调料生意的。1997 年我在新发地和东郊都有摊位，现在都在东郊市场，有两个大厅，每个厅我都有一部分摊位。我承包了 25 个摊位，雇了 5 个人，都是自己家里人。我们雇员工，一般不通过招聘的形式，绝大多数都是通过亲戚、朋友、熟人介绍来的。……每个人走的路都不一样，要生存必然要努力，要想办法站稳脚跟。

他的妻子 LPL（个案 6-7）现在和他一起经营调料生意，也具有市场经验，不安于现状。她说：

> 我开始和哥哥一起做油漆，到福州包工请人做。我也不满足于打工，打工时受人管，不舒服。我们现在生意的规模也做大了，经济条

件好了，三四年前就买了车，现在回老家，老家人都觉得我更像城里人。我们在老家县城的车站对面已经买了房子，租给别人住。和我一起出来的在福州打工的那些人，有七八个人，现在都混得不错。我也不能比他们差太多吧，要在城市待下来。

个案6-8：LJQ，男，38岁。

我种了一年时间的田。2002年外运莲子，被罚款10000元。在本地卖是不用交税的，但运往外地卖则要交税。政策也是时时在变，现在又不用交税了。2002年以后，我对做莲子生意不再感兴趣，一切要重新开始。路是被逼出来的，走什么路，要看走得正不正，也要有本钱。刚来北京的时候，没带多少钱，借了一部分。我是2002年6月去鑫源批发市场的，当年12月又改去东郊批发市场。这一年做调料生意就赔了1万多元，刚做生意赔钱也是正常现象。2003年碰上非典又亏了1万多元，我只好回家用房产在信用社抵押贷款。后来才逐渐走入正轨，前几年就把本钱与利息一起还清了。

他又补充说："我盖房子的时候花了10多万元，大生意也做不了，只有选择做调料生意。我借了钱会付人利息，即使是家里人的钱也付利息，不占人家便宜。在北京做生意，刚开始时不懂行情，和外面不熟，没有多少大顾客，生意很淡，不仅不挣钱，还老是亏本。"

个案6-9：LJH，女，31岁。

我才17岁就出来打工，先是在浙江一家服装厂做小工。1996年去福州，因为没有技术，只是在鞋厂做仓库保管，但只做了1年。1998年我又去石狮做服装生意，也只做了1年。2000年我去了广东揭阳卖菜，卖菜时挣了点钱。为了挣钱，有时一年就跑好几个地方。我们家又没有家底，只有靠自己。……我姐夫在东郊市场做蔬菜生意，听他说过在北京生意比较好做，2004年就来到北京。出来后，发现有一些熟悉的人在做调料生意，而且更挣钱，我也就跟着做。

她还说："如果一直在外做苦工，太累，也受不了。想多挣钱就必须自己做，又不受管制，比打工也挣钱多。但要首先学手艺、学技术，出了门还是学点技术好。"当谈到以后的去向问题时，她回答说："其实户口在哪里都无所谓，只要能挣钱就行。要在北京落户，也没有那么容易，我们现在的生意也不是非常好。"

此类事例还有很多，可以说，几乎每一个被调查的个人的生活史都提供了农民工在城市生存和发展的例证。人们对社会的认知受到社会结构的影响，在不同社会结构下的行动，体现出来的结果也可能不一样。农民工走出农村，流动到城市，参与市场的能力不断提升。通过观察分析，农民工群体创业意识呈显性化，出现了一批具有创业意识、创业能力的精英。在艰苦的打工和创业生活中，他们依然保持了比较顽强的生命力和积极向上的心态。

农民工经过积累资本进行创业，不再满足于基本的生存需要，开始积蓄力量投资。我们对农民工的变化要有新的认识，各年代打工的人的想法不同，提着"蛇皮袋"进城与"拉着箱"进城的农民工是不一样的，其中比较明显的是后者的创业意识更加显性化。一项针对江西 20 个村 500 名打工农民的问卷调查显示："对于务工返乡的路怎样走，只有 23.3% 的人还选择种田，而选择做生意的有 43.7%、创办企业的有 12.2%、搞农业综合开发的有 14.1%。这表明 70% 的人有创业思想，这是传统乡土社会出现的一个多么可喜的变化！"[①] 结合本课题的调查，随着经验和资本的积累，创业成为农民工重要的经济行为选择，农民工也已经成为一个重要的创业主体而登上历史舞台。

由此可见，农民工流动已呈刚性化，创业意识呈显性化。"变革产生了日益提高的期望，而变革的结果却不能够使这些期望得到满足。一旦人们认识到事情可以变化，他们就不可能再像从前那样轻易地把他们现实条件的基本状况看做是理所当然的了。"[②] 要解决农民工流动"刚性化"与"问题化"并存的现实状况，需依靠城市化来消除流动壁垒。这对我们观察不同背景的农民工的生活方式、期望的转变，理解其创业意愿与行动的逻辑，甚至对创业理论本身的发展过程都很有启发。

① 曾绍阳、唐晓腾：《社会变迁中的农民流动》，江西人民出版社，2004，第 93 页。
② 〔法〕米歇尔·克罗齐、〔美〕塞缪尔·P. 亨廷顿、〔日〕绵贯让治：《民主的危机——就民主国家的统治能力写给三边委员会的报告》，马殿军、黄素娟、邓梅译，求实出版社，1989，第 19 页。

二 职业分层

分层是按照物资性和象征性资源将不同的人按等级性排列分布，描述资源分布状态、评估社会平等程度、观察社会结构。在分层秩序上，马克斯·韦伯是多元论者，提出了三种分层秩序，即权力分层、经济分层和声望分层。① 多维式的社会分层中，权力、财富、社会身份都是测量社会分层的重要指标。后来社会分层研究领域中的许多理论流派都从中吸收了思想。彼得·M. 布劳和奥蒂斯·达德利·邓肯提出了以职业作为阶级模式的标准，认为职业地位反映了一个人的阶级地位。"阶级虽然可以根据经济资源与利益来定义，但是对大多数人而言，决定这些的首要因素是其职业地位。"② 他们将职业作为分层的重要标志，认为从职业可以区分经济等级，职业也体现了个人的身份、地位。社会学在分析、讨论社会分层结构时常常就以职业地位作为标准。丹尼斯·吉尔伯特、约瑟夫·卡尔揭示了美国的阶级阶层结构，从职业、收入、财产、声望、交往、社会化、权力、阶级意识和流动九个变量及其关系进行分析，并且把职业地位看作社会分层的指示器。职业声望成为社会分层研究中的一个实用的标志，大多数社会分层研究都与职业有关，"职业是十分关键而又简单易行的分层变量"。③ 我国研究社会分层的学者也普遍认同以职业来划分社会阶层，在《当代中国社会流动》一书中，陆学艺提出了"以组织资源、经济资源和文化资源的占有状况为标准来划分社会阶层的理论框架"。④ 从客观层面来看，生产领域中的职业分层是一个重要的指标，笔者也主要是从职业分层角度来展开分析。

调查村的第一批农民工就是在这样的背景下生成、发展起来的，这一群体的发展演绎着中国改革开放以来最常见的职业分化模式。他们在不同职业上的流动相当频繁，经过"初次""再次"职业流动，原来的均质性

① Max Weber, *Class, Status and Party in Class, Structure Power: Social Stratification in Comparative perspective*, Edited by Reinhard Bendix and Seymour Lipset, New York: The Pree Press, 1966, pp. 21–25.

② See Peter M. Blau, Otis Dudley Duncan, *The American Occupational Structure*, The Free Press; Collier Macmillan Publishers, 1978.

③ 〔美〕丹尼斯·吉尔伯特、约瑟夫·A. 卡尔：《美国阶级结构》，彭华民等译，中国社会科学出版社，1992，第60页。

④ 陆学艺：《当代中国社会流动》，社会科学文献出版社，2004，第2页。

被打破。他们开始出去的时候，大部分人是在工厂做小工或技术工，主要是以建筑业、制造业为主，后来逐步分化为若干职业群体，形成了群体差别。农民工经历了阶段性的职业变化后，已分化为四类职业群体，这也体现了其社会经济地位的变化，表现出明显的分层。

（一）第一类：开公司

在各种向上流动可能的路径中，创业开公司（或办工厂）似乎是一个较理想的选择。农民工从落后地区到比较先进的地区打工，一般都以简单的劳力工作开始，大多善于学习和模仿，在熟悉了创业程序、储备了创业知识、积累了创业经验和资本后而选择创业。这一类型的创业者大多经历了多次职业选择，且多是从小工做起，掌握了技术，然后再做管理，再创业。纯净水 LJY（个案 6–10）也是很早出去打工的，从普通的煤矿工做起，经历了五次职业变化，多年打拼后创业做老板，展现出巨大的创业潜能。他说道：

> 我 1985 年初中毕业时，还没有人出去打工，没有其他门路，我只好在家种了一年田。后来通过关系，我来到宁化一个煤矿做搬运工。从 1986 年做到 1989 年，干了 3 年，我觉得做搬运工太辛苦了，不能总是干体力活，得学点技术。1990 年我去东莞学做装潢，早期装潢比较简单，就是贴瓷砖，做点家具，不像现在这样，花很多钱搞室内装修。觉得还是泥工赚钱，1992 年我又改学泥工。学会了之后在 1993 ~ 2003 年，自己出来承包工地，当时建厂房的很多，很容易就承包到事情做。所以这十年，很辛苦，但也很挣钱。2004 年，又开装潢公司，后办纯净水公司，因为在这个地方建立了人际网络，所以干事业就不是很难了。

原来做过"赤脚医生"的 LRJ（个案 6–11）在家乡经历丰富，但并没有挣到钱。受地方的限制，当时没有那么多的发展机会，但是他擅长变通，所以总能不断地寻找机会，改变生活状况。

> 我今年 50 岁了，只读完初中，家里条件一般。我父母都是做鞭炮的，弟弟也做鞭炮，父母不想让我和他们做同样的事，想让我学门技

术。1976~1977 年我学做木工。1978~1980 年我在大队里当助理会计。1981~1982 年在大队里做电影放映员。1983~1992 年在村里做赤脚医生。看到别人搞货运挣钱，1993~1996 年我也买大货车搞货运，因为货运量不多，加上自己不会开车，所以车子经常坏，结果亏损 15 万元。1997~2001 年我在村里开饮食店。我看到什么挣钱就做什么，做木工、当会计、做赤脚医生、开饮食店、承包村闭路电视网……虽然比当地种地的农民多挣了点钱，日子好过些，但是也没多少积蓄。

我们这里很早就有人去广东开私人诊所，也有人去承包医院。我做过赤脚医生，懂些技术，2002 年来到东莞开了一家医疗诊所，后来发展到五家。积累资金后又办了一家纸管厂，我们老家纸业比较发达，我做这行也有优势，现在厂里的发展在外面也是领先的。

有的农民工是在学到技术，又积累了一定的经济资本和社会资本后而创办企业，这也是已经 40 多岁的鞋模 LQF（个案 6 – 12）的深刻感受。

刚出来打工的时候，先是进晋江一家刀模厂做割鞋的刀。一开始只是做小工，后来辗转掌握了做鞋模的技术，对销售流程也比较熟悉后，就决定出来开厂做老板。一般出来办厂的，年龄都会偏大，很多人都近 40 岁了。因为要办厂的话，要有较好的技术，也要有业务能力。如果没有基础，又没有一定的资金，盲目跟风办厂，一般会亏本。业务也要不断地提高，我们做鞋模的，要跟踪流行模式，不然模子浪费几千元，鞋子又卖不出去。……我的厂发展还好，员工已经有几十个了。如果要创业，管理水平要提高，技术水平也要跟上，还要掌握市场信息。

能够办厂的人，刚开始往往构造的是以家庭为中心的"家族经营网"，很多私营企业主都是通过这种途径发展起来的。LMG（个案 6 – 13）的经历说明了这一点。

我 1994 年初中毕业后，先在家里务农。1996 年进广东一家鞋厂做工，打了几年工，有路后（指了解到就业信息），把兄弟姐妹都带出去了。只要我出去混得好，自然他们也会多一条出路。到了 2004

年，我出来办鞋厂，把兄弟姐妹全都安排在厂里做工，并让他们帮忙管理。现在我们全家人的生活都过得不错。现有工人 120 余人，包括一些同乡。2006 年父母也来帮忙管理。……我在老家的县城买了房子，农村老家的房子都拆了，平时我们很少回去，即使过年也不回去。其实在外面挣了钱的人都不一定回家。我老家还有宅基地，后来想还是把老家的房子盖起来，万一我们以后回去也有地方待。

他们之中有做货运的人在经营过程中积累了资金，就又扩大规模，从个体户发展为私营企业主。LYY（个案 6 - 14）不是打工族，而是通过亲戚关系在 20 世纪 70 年代就去了广东，是较早开始搞货运的。

小时候家里很苦，有 5 个兄弟，我小学毕业后就回到家种田。在集体化时期，上面有上调指标。我的家庭成分不好，理所当然成为上调劳动力，只能挣工分。70 年代末就出去了，不能算是打工族，而是顶职去中山的。伯父在中山工作，而伯父的儿子却都在台湾工作，工作没人顶替，就叫我去顶。我出去时连车费都没有，刚到那边时，也只是在厂里做搬运工，条件很差，连伙食钱都没有，酱油拌面吃，渴了就喝水。

后来，得到伯父儿子的支持，同时也利用了家乡的资源优势，家乡有白莲，还有其他土特产品，就自己出来创办"××市海洋干果杂品公司"。除在本地销售外，还销往香港、澳门等地。公司规模不断扩大，现有资产 1.5 亿元，又买了一大块地皮，准备在中山市扩大公司。……去年投 30 万元在家乡修路，在别的地方也还有投资。现在发展较好。

由于 LYY 的带动，他的一些亲戚、老乡也顺着这条路学开车，然后再搞货运。在从事货运的关系网中，一般是亲戚当中有人先做货运，后来变成几兄弟一起做。他们这一帮亲戚中，只有少数几个没做货运。在他们看来，只是打工没有出路，只有创业才能让家里人也有出路。如果困在一块小小的土地上，就会穷一辈子。从 W 镇出来创业的，还包括女村长 LLX 的两个儿子（大儿子，LJR，26 岁；小儿子，LJD，23 岁，都是初中毕业）。听村里的其他干部说，她的两个儿子小时候都很调皮，也花了父母不少精力，但出去后，他们都混得不错，还在深圳办了货运公司。货运 LJR（个案 6-15）说：

> 我年纪很小时，父亲就去世了，家里的负担更重了，后来母亲改嫁。初中毕业后，又不想待在家里，想出去打工又没技术，只能做体力活，就没有出去。我母亲是村里多年的干部，她比较有头脑，让我学开车。我 18 岁就开始学了，是在老家学的，学会后就在家乡搞货运。为了发展，我还雇了师傅，但不景气，亏本了。2001 年又去深圳搞货运，与其他老乡一起入股，办货运公司，弟弟也跟我出去了。……做货运也很难，一是装货后难收到运费；二是油价上涨；三是车越来越多，收入没以前高。做货运有明显的淡季和旺季之分，淡季时生意会很差。但一般来说，只要安全，做货运就会有钱挣，所以这几年下来，还是挣了点钱。

这一层次的农民给我们提供了实现向上流动的现实事例。打工后获得了一定的经济地位、掌握了一定的社会资本、拥有了一定的信息资源，然后开公司、办厂，他们属于农民工群体中的"精英"，把握了发展机遇，缩短了与城市居民的差距。实际上，他们的生活状况超过了城市居民的平均生活水平，买车、买房是普遍现象，如果经营得当，很可能完成"市民化"过程。这一创业群体的人数并不多，但他们的创业能力是值得肯定的。

（二）第二类：个体户

W 镇流动农民工群体分化出一部分个体工商户。W 镇在北京从事调料生意的这一根"线"是由福建长汀人 LTF（个案 6-16）"牵"出来的。20 世纪 90 年代初，W 镇 YF 村的一女子（LYL 的堂姐），嫁给了长汀新桥乡高中毕业农民 LTF，由此发展了"流动链"，他首先是把女方家的亲戚带出来。LTF 讲述了这一过程：

> 福建一带香菇多，起初我在北京做香菇生意。我们从老家那边买来香菇，然后用塑料袋包装好再卖。做香菇生意的人多了，我觉得不好卖。后来，我了解到调料生意挣钱，就改做这门生意。我结婚后，

把我爱人家的亲戚慢慢都带出来了。

刚来北京学做调料生意的 23 岁的 L（个案 6 - 17）说：

> 我初中毕业就出来打工，原来是在深圳一家工厂做工，工资不高，跳了好几次槽……我父母在广州做纸生意，这几年这门生意也不好做。我姑父 LSY 在北京做调料生意，我就过来学做。做调料生意也难，很多品种都很难识别，我来两个月了，暂时借住在他家，和他儿子一起。我每天都去潘家园市场上走走，有不懂的地方就问老乡，他们都会告诉我。以后就打算改行做调料生意了，先摸清门道，有机会再租个店面。

与办厂、开公司相比，农民工转化为个体户比较容易。他们中经营能力较强、有一定资金的人，都有可能成为个体户，从事城市社会中一些边缘性、补偿性的经济活动。依靠小本生意，这一部分人中发展得好的，也可能会上升到第一层次。

个案 6 - 18：LSY，男，37 岁，高中毕业，在潘家园做调料生意。他现在没有摊位，主要是联系固定客户送货。在他看来，做生意就是要有关系，要有经验，而经验是从业务中得到的。他现在的主要客户是几个大型的酒店。

> 我的家庭条件比较特别，在我 5 岁的时候，母亲就患了精神病（现在都还要靠药物维持）。我高中毕业后，开过服装店、歌舞厅。我还到过广东的工厂里打工，工资低，每月只有 800 多元。我也不服人管，就想到北京发展。1997 年来北京的时候，只有 3000 多元本钱。刚开始我是用自行车送货，第一年基本上没有挣钱。后来买了一辆三轮车给人送货，一天要跑好几十公里，但一年下来只挣了 1 万多元钱，连烟都抽不起，只买一元钱一包的。我们一开始做生意一般都挣不到多少钱，没有经验，也不知道要进什么货。刚出来做生意，许多都要自己慢慢摸索。由于不懂得货物的价格，也上过一些当。以前我们刚来时不像现在，许多方面可以问老乡，如货源、价格。刚来北京那几年，是我最艰难的时候。那时生意很差，小孩放在家里也很不放心。

有一次，因为家里老鼠多，母亲在红薯片上放了些老鼠药，小孩还小，不懂事，竟然吃了放了鼠药的红薯片，还中了毒。

做调料生意可不是很简单的事情，光记住调料的名字就很不容易。调料有上千种，上海菜、东北菜、家常菜，还有川菜、粤菜、闽菜、日本料理、韩国料理、西餐的调料是不一样的，我现在也只知道40%左右。做生意没有建立人际关系是不行的，还要有经验，经验是从业务中来的，有业务交往才会有经验，没经验只能做居民的生意。我们如果靠零售，挣的钱少，有大的业务才能挣钱。业务如何发展？关键是要学会和别人打交道。有了固定客户才可以保证挣到钱，熟悉市场、抓住客户的心理也非常重要。在酒店，一般有采购员，有的老板也亲自来面谈，觉得价格合适，又和他们熟悉了，才会有生意。2003年下半年对我来说，还等于是从零开始，但我现在有四五个大的客户，都签订了长期送货合同。

由于有固定的大客户，现在做生意很舒服。我还花了几万元买了辆货车，送货也比较方便。7点多起床，10点多就可以送完货，下午和晚上都可以自由支配，每个月很容易就可以挣上一万多元。不过，现在生意越来越难做了。做调料生意的押账多，① 都是一个月结一次账，甚至两三个月都不结，有的大客户还是一年结一次账，他不和我们结我们也没有办法，没有客户也做不来生意。……所以我们做生意风险大，国家法律不健全，很多店开不下去就走了，欠款也就不了了之。我们也没有办法，只能是自认倒霉。

在北京做调料生意的，90%的人我都认识。我们那里出来开店的人大都有亲戚关系，或是关系很好的朋友。虽然各个市场之间距离很远，但过年、过节都会聚在一起，有人过生日或结婚都会请客，聚在一块的有几百人。原来老乡之间都有交往，后来老乡多了，也只能是看准了再有选择地交往，不是什么样的老乡都来往。我在北京也交了许多朋友，都是生意场上的。

个案6-19：LBC，男，32岁，初中毕业，在北京新发地批发市场做厨具生意。他的岳父在北京做生意，所以他也来到北京发展。他本来是想

---

① 当地话，指的是欠账多。

做调料生意，但看到做调料生意的人多，经过考察，就选择了经营厨具（如有肉类切片机、搅肉机、洗米盘、做烧饼的机器等）。通过业务关系的扩展，他积累了经验，生意也好起来了。

> 从 1998 年开始我就出去打工，先是在深圳、东莞一些化工厂做工。在打工的同时，学会了开车，然后我的业务就变成送货、跟车。在社会上我学会了交际，锻炼了自己。以前我什么都不懂，毕竟学校里学的东西与在社会上实际接触的不一样。2004 年我结婚后，由于岳父在北京开店，我也来到北京发展。原来准备做调料生意，出来后发现开调料店的人太多，我也不想和别人做的一样。经过一段时间的考察，决定做酒店厨具用品方面的生意。新发地批发市场一开始只有三家厨具店，现在也多起来了，有 30 ~ 40 家了。我刚开始只有 1 万多元钱，本钱不够，还借了 5 万 ~ 6 万元，所以只摆了一些样本。现在的投资金额达到 30 万 ~ 40 万元，都有现货可卖，但还是品种不齐。厨具有 4 万多种，现在自己经营的只有 1/10。我们做生意的人主要是要有客户，业务多了，关系也就熟了，生意也会好做起来。我们现在处于创业的起步阶段，没有什么存款，主要是投资，钱都存在货里，挣一百元要放两百元在货里。① 生意都已经做了，无论好坏都要做下去，脱手让别人做是不可能的，只有不断扩大规模，把生意做红火。朋友多、交往广是创业的根本条件，不是所有的人都可以成为老板。

个案 6 - 20：LYL，男，37 岁，初中毕业，在北京新发地批发市场做调料生意。LYL 的父母都是做生意的，他在家乡也曾做过收购桃仁的生意。他很早就来北京做调料生意，H 县的调料生意也是从他这里开始的。由于业务往来，他与客户建立了多方的关系，现在与以前的客户一起做酒店生意。

> 我 1990 年初中毕业，就跟着父母做生意。1996 年我自费进农校学习，学习瓜果嫁接技术，如脐橙等。这一年母亲去世，家里比较困难，我就不想再学了。做调料生意成本低，容易上手，后来经亲戚介

---

① 指的是所有的钱都用来继续投资。

绍来北京做调料生意，1997 年来北京时只有 2000 元本钱，但那时的生意好做，挣了点钱。1999 年就和别人合伙办新世纪娱乐城，由于管理问题倒闭。2004 年开"楚江情酒店"，也是由于经营不善倒闭。2006 年入股，与两个北京人一起开"金百万"。与我合股的人原来也是做酒店生意的，由于酒店经常要买调料，所以他们与做调料生意的有很多业务往来，我的很多朋友就是从中发展而来的。2006 年 8 月我们还成立了恒兴商贸有限公司，从事调料批发，现有四个店面，还配了两辆车。

个案 6-21：LYP，男，31 岁，初中毕业。他的姐姐在北京做调料生意。他先是在广东做普工，后来与客户开酒店，也注册了一个公司，发展很好。根据他妻子的评价，虽然他开始打工时年龄小，但做事比较快，所以工资比别人高，并且有野心、有胆量、敢冒险，不想平平淡淡生活，他想做的事情考虑后，就动手做。虽然他出来的时候，连做生意的本钱都没有，但通过创业，改变了原来的处境。

我原来在广东一带打工，单靠打小工也挣不了多少钱，就想改行做生意。我大姐一家在北京做调料生意，和他们联系好后，我就出来了。1998 年开始在东郊市场开调料店，那时我只有 7000 元本钱，还是靠大姐的帮助。我在北京慢慢建立了人际关系，生意也越做越大，走入正轨。我在东郊市场开的调料店主要由我的妻子负责，我与别人（一外地人）合伙，出股金注册了一家公司，同时还与原来有生意来往的客户一起开酒店。我们雇的业务经理都是外地人，采取招聘制，没雇家乡的亲戚，他们也不好管，并且能力也不行。

我们生意做得好了，挣了钱，小孩也可以受到比较好的教育，甚至比城里人的小孩条件还好。我有两个孩子，一个 4 岁、一个 2 岁。大的小孩在"南摩房幼儿园"上学，每年要 1 万元的学费，其中借读费 3000 元。一般打工的人的小孩都是上普通幼儿园，一学期的学费只要几百元。我们做生意是很辛苦的，早上要送小孩去幼儿园，然后采购饭店要用的东西，都是自己亲自去，对别人不放心。我们想以后一直在北京发展，这里生意好做。现在是租房住，在外挣钱只有将就点，要买也是买有商业价值的房子，也是一种投资。做生意的，不应该只是享乐，应该"钱滚钱"。

个案 6-22：CSF，男，40 岁，高中毕业。在做调料生意的群体中，他的学历较高，在家乡也混得不错，刚出来做生意的时候，在心理上不太适应，有"下向"流动的感觉。但他现在发展不错，只是后悔没有早出来做生意。

> 我的家庭条件差，高中毕业后，没有考上大学。因为上补习班要交 1000 多元钱，家里经济实在困难，就没有再去补习，只好回到农村。我先代课 2 年，还做了 5 年村书记，又在临村开餐馆 5 年。多读了点书还是好，我的起步比别人高，但在开餐馆期间我才真正懂得如何利用人际关系。那时的生意不错，但大都是赊账生意，到头来，还是亏本。我现在还留着一些欠单，可能找谁要呢？……
>
> 我在家浪费了近 10 年时间。1999 年经朋友介绍来到北京做调料生意。北京各个市场做调料生意的都比较多，我选择来到建国门市场。做调料生意刚开始一般都要亏本，我也没有谁教，只有慢慢摸索。刚来的时候，很不习惯，毕竟自己上过高中，还当过村里的书记，要踩三轮车去送货，心里很不好受，后来我的心态才渐渐调整过来。现在生意发展不错，有两个店面，送货也用车送。早就应该出来了，在 80 年代中期就知道有人出去打工，只是不敢出来，因为老是听别人说在外面的遭遇，比如说找不到工作，有许多人要在桥底下睡，有的人还在墓地过夜。现在想起来，未必都是这样。我要是早出来就好了，也不会浪费那么多时间。

个案 6-23：CRZ，43 岁，在新发地开调料店。他现在发展较好，在外面建立了很强的关系网络，和他接触、交往的人比较多。

> 我开始是学镶牙齿，做了七八年，同时做酒（谷烧）生意，销往北京，后来改做啤酒生意。我妻子在家时是从事制衣行业，主要是做毛衣，利润较薄，欠账也多。1996 年来到北京，在新发地做调料生意。由于口才好，认识的人也多，业务广，利润高，生意也很红火。我开始只有一个摊位，只是做调料生意，后来慢慢发展，还同时做厨

具生意，经营的品种也多样了。现在有好几个摊位，每个摊位投资十几万元，雇了 10 多个人。我出来时间长了，交往的范围也逐渐扩大，交了很多业务上的朋友。

W 村外出打工的人从事个体的较多，可以看出，村民在传统上对副业的依赖程度大，当地经商文化根基孕育了当地人的创业理念，他们比较注重向外发展。市场经济的机遇使村民的生产方式、生活方式发生了很大的变化，创业精英脱颖而出。

(三) 第三类：管理人员/技术骨干

由打工到做管理或成为技术骨干的人，往往也要一步一步从最基本的工种做起，"要肯钻研，才能改变原来的小工身份，否则就会一直做小工"。他们当上管理人员或者技术骨干后，也提升了自身的管理素质和能力，在许多方面表现出比一般农民工更有优势和潜力，往往成为外出务工人员的重要"牵线人"。

个案 6 - 24：LTY，男，34 岁，初中毕业。

我 1991 年毕业，没书念了，只好在家种田。到 1993 年，我们这里打工的人渐渐多了起来，有很多同村的朋友都想出去。我想，总不能一辈子就种田吧。1994 年到东莞，进了一家鞋厂做工人。刚开始没有技术，只能做小工，工资也低。中途还换了好几个厂，技术也慢慢熟练起来了，做好了也有提升的机会。2001 年我当上了裁剪车间主任，基本工资达到 5000 多元一个月，还带了许多同村的人来厂里做事。

LTY 告诉我们，同村的 LDX（男，1971 年 1 月生）就是他带出来的，LDX 现在做老板了。他还向我们介绍了 LDX 的大致经历。

LDX 在家务农 4 年。1995 年开始在家办厂，做红砖，他也雇了一些人，但还是觉得很辛苦，到 1998 年就不想做了。1999 年经我介绍，他来到东莞，在我做事的鞋厂做工人。到 2002 年，他的业务熟了，就有想法出来创业。2003 年他来到广州市鞋材市场跑业务。2004 年他在广州与人合伙开鞋材店铺。现在他们夫妇俩在广州一起做生意。

个案 6 – 25：LJS，男，47 岁。

原来在家务农，同时也做鞭炮。我们这里做鞭炮出了许多人命，后来就禁止做鞭炮，现在做鞭炮生意的都要统一到万载进货。我也没有别的门路，也没有办法，还是出去打工了。年龄大的人工作也不好找，2003 年通过熟人关系去浙江温岭进了鞋厂做鞋。我做事比较专，很快技术就比别人好，成为厂里的骨干，也带了很多本村的人在温岭做工。现在我的妻子在家，家里还有老人要照顾。我的两个女儿都出来了，没读多少书，我也把她们带到温岭打工。

个案 6 – 26：LDN，男，34 岁，职业学校毕业。

读完职校后，先是代课两个月。1991 年在家务农。1993 年来到福州，进一家陶瓷厂做工，主要是负责铸浆。由于比较有社交能力，工作也扎实，一年后我就升为组长。1992 年厂里还派我去学习，参加了福建省成人教育学院研修班。1994 年厂里的效益不好，倒闭了，老板去深圳开陶瓷厂。我与老板关系好，他也信任我，于是他又把我带过去。我在这个厂一直升，历任主任、课长、总管等，2000 年到现在我一直在该厂任总管，并带领一部分家乡人入厂就业。

个案 6 – 27：LJC，男，33 岁。

我 1991 年在家务农。1992 年到东莞鞋厂打工，老板赏识我，送我去学专业两年。在这家厂一直做到 1995 年，然后跳槽。1996 年开始，进东莞三元鞋厂做质检，后来进了几个大厂，也都是做质检。我出去后，有了一些门路，把全家人都带出来了，他们现在都在东莞。

LDJ（个案 6 – 1）认为他在外混得很好："我经常陪老总坐飞机外出办事，现在还有私人小轿车。"人们常常用有房、有车，以及与老板的关系来衡量社会地位的变化。可以看出，在许多人眼里，农民工的概念已经发生了变化，他们并非在外挣口饭吃，谋发展已成为他们的目标。

个案6-28：LYC，36岁，初中毕业。

我的打工经历也比较复杂。先是去广东驮（搬）木头，很辛苦，工资也低。在外面熟人不多，又不懂技术，就只好干体力活了。……做了几年，我与在厦门打工的亲戚联系后，进了厦门一个炼铁厂，做工人6个月，只是普通工人，也很辛苦，只好换厂。在外熟悉后，有了关系，进厂也就容易多了。这样，在炼铁厂待了几年，又进一个皮鞋厂做管理5年。先是别人介绍我出来做事，后来我做管理了，也介绍别人到我们厂里来。

在外打工、打拼之后，自己的职位有了变化，当然，这一漫长的转变过程，同样给他们带来了成功的感觉："能介绍别人到厂里"。

（四）第四类：一直做小工

实际看来，农民工进城后，经过城市的"洗礼"，打工后还是做小工的人越来越少，打小工的时间也慢慢缩短。究其原因，打工经济日益发达，农民工积累的经验越来越多，他们中的大多数不再甘愿做小工。他们中一直做小工的，一般是没有明确目标、文化素质相对较低、没有掌握什么技能的人，或者是处于经常"流动"状态的人，一直做小工也体现了他们对这种边缘性地位的适应。

个案6-29：LXY，37岁，高中毕业。

我1990年毕业后，就去宁化学手艺。那时，宁化开了一些厂，如珠连厂，我们村就有人去宁化打工。我们这边很多女孩还没有念完书就去那边做事。我去宁化是学修电视，也只是做了一年。1992年我回到家乡开店，我们村里已经有修理店，如果在本村开，生意肯定好不了，我就去邻村的LG乡开修理店，开了3年，生意也不太好。1995年又去福州一家服装厂做裁剪。1997年我回来租店面，开了一家杂货店。村里人少，并且已经有好几家杂货店，生意不太好，只开了一年，我就没开了。1999年我去浙江温岭一家鞋厂做小工，学做抓绑，每天只能挣60～70元。

个案 6-30：LJZ，男，35 岁，初中毕业。

毕业后，在家务农 1 年，后来跟朋友一起去煤矿做工，现在广东做装潢。我们这里从做普通工再发展成老板的人也很多。有路了，就自己脱手做，即使是做泥工，也是变的，很容易变成包工头。我也经常想改变自己，但知识水平低，也没有什么职业技能，没办法。实际上，一直做小工的人，有了机会，也会想办法改变。

个案 6-31：LYJ，男，31 岁，初中毕业。

我高中只上了一年，就回家务农。1996 年我在福州包装厂做小工，做纸壳（提袋）。1998～2001 年去泉州玩具厂，做技工，人工彩绘，没有挣到钱。2002 年去石狮服装厂做小工。做小工的生活是非常劳累和艰难的，工作时间长，一般每天工作的时间超过 9 小时，有时每周要工作 6 天。打工要么有文凭、技能，要么有社会阅历，越累的人工资越低，老实就要勤快。

"我们对事物进行归类，是要把他们安排在各个群体中，这些群体相互有别，彼此之间有一条明确的界限把他们清清楚楚地区分开来。"[1] 从农民工进入城市后发生的分化来看，农民工群体始终处于变动状态，从同质性向异质性发展。分层可以帮助我们认识正在发生变化的中国农民工，以期站在整个社会结构发展的角度审视当代中国社会流动。这也是中国社会学应有的理论自觉。

流动农民工的城市分化是在城市分工制度的基础上形成的，其原因是工业化、城市化进程引起的产业结构和职业结构的变动、就业层次的提升。对农民工流动历程的客观描述能够刻画出这一过程。农民工流动后，职业结构发生了改变，带来了收入和地位的变化，生活方式和文化价值也发生着明显的变化。从产业流向来看，他们由比较单一的制造业，发展到服务业等各个行业。在流动中，一些刚来到城市的农民工可能会有短时间

---

[1] 〔法〕爱弥尔·涂尔干、马塞尔·莫斯：《原始分类》，汲喆译，上海人民出版社，2000，第 4 页。

的"向下"流动，经历一段"弱势"的过程，通过适应、拓展和建构自己的社会空间，可能会走入城市的中上层，改变他们的职业地位与在社会分层中的位置，成为城市社会结构和分层体系中的一个重要内容。

三 回乡抑或留城

农民工存在"扎根"城市难的问题，于是就形成了"外出流"与"返乡流"并存的现象。回流后的出路也多种多样，有的是创业性回流，有的是回到家乡城镇从事一般的经营活动，极少数回到农村种地。如果是一般的回流，他们往往是受到制度安排和自身能力约束而做出的被动、无奈的抉择，且要想回归本土，还需要在村庄生活中进行"再社会化"过程。

个案6-32：LJP，男，40岁，初中毕业。在外打工多年，也曾经在北京做过1年调料生意。回乡后，家里有店面，所以就留在家乡经营杂货店。

> 我原来一直在外面打工，那时候是我的弟弟和妹妹在家里经营南杂货店。后来，弟弟去福建打工，妹妹又出嫁了，家中的店无人经营，再加上年龄大了，母亲也要我回来娶亲，我只好回来。村里只有4家南杂货店，我们开的这家杂货店口子很好，生意也最好，经营店面的收入也不亚于在外打工的收入。除了卖日常用品，同时还搞别的经营，比如镶玻璃，给人做简单装修。最近几年村里盖房子的人多了，这也是挣钱的机会。只要自己专，在家也一样挣钱，收入并不比打工少。我的父亲在家开了一个家具店，不用租店面，在本地销，销量也还不错。……很多事情说不清，同样的摊位，生意有的好，有的不好，除了人缘外，有计划也是一个方面，有计划地种田也能挣钱。

个案6-33：HHX，女，34岁，初中毕业。打工时受到老板器重，在公司里做管理。现在家乡办了一所幼儿园，同时也在外面的公司做管理。

> 我是1994年去广东打工的，进了一家鞋厂做普通工。1995年我辞职出来，进东莞一公司打工，属于普通职员。1998年开始担任公司的部门经理，工资马上就提高了，月薪可达5000元，还常出国考察。挣了一点钱，就想到在家乡投资，我们村还没有人办幼儿园，于是就

投资在家乡办了一所，都是雇别人管理。我在外面的工作也没有放弃，一边在外面做管理，一边在家乡创业。

个案 6-34：HJC，男，41 岁，高中毕业。由于在这一群体中学历较高，刚出去打工时就受到老板赏识。后来，因家庭的原因回到家乡搞多种经营。

我高中毕业后代课两年，后来出去打工。出去没多久，老家下雨，家中房屋倒塌，母亲受了重伤，妹妹又当场死亡，为了照顾母亲，只好回家种田。6 年后，我又去厚街一个鞋厂做工。我的小姨在广东一鞋厂当科长，去之前她就给我联系好了。刚开始是做普通工，一个月后就升为组长，后又升为科长。1992 年老板拆股办"中发鞋厂"，他又请我去当科长，做了 3 年。由于家庭负担，两个弟弟都在念大学，我又回到家乡，从此没再出去打工。我现在开榨油厂，同时养鸭 500 只、养猪 20 多头，由于多种经营，1 年收入也有几万元。对我们来说，要在城里生活也不容易，家里四个孩子，城里生活负担太重，也很难融入城市。我们回来除了务农外，再进行多种经营，现在种地不需要交税，还有各种补助，虽然累点，收入情况这几年也不错。

个案 6-35：LJL，男，35 岁，小学毕业。他打了多年工，觉得很累、很疲劳，并且因为做鞋的胶水对身体有害，所以他在 2005 年 10 月就回到老家。由于不愿意种田，他选择了"摩的出租"行业。

我们 9 个兄妹中，只有大姐没有打过工。由于家里穷，兄妹多，家里也供不起我们念书，只有大哥有机会学到高中，因为那时父亲还没有去世。我 9 岁才念书，14 岁小学毕业就开始种田，同时也做豆腐。满 19 岁时，有一个熟人把我带到福州。我看了些招工广告，通过应聘进鼓山飞龙陶瓷厂做工（铸浆）。做了一年，工资只有 200 元/月。第二年即 1992 年我再由熟人介绍进"六一路皮带厂"，负责下料，经过培训后开始做技术工，固定工资 300 元/月，一直做到 1995 年。1996 年我进福州一塑料厂，做食品袋，后来就在厂里做门卫。

1999 年又去浙江温岭市做鞋，当时温岭比较落后，做皮鞋是用手工做，比较辛苦。我们每天 6 点钟起来做鞋，加班要加到晚上 11 点，工资是按劳取酬的，每天 60～70 元，平均起来也可达到 1500～1600 元/月。掌握了技术的，又可以自己招收徒弟，招收徒弟也可以增加收入。

在鞋厂打工，每年单位会给我们检查两次身体，除此外，进厂和出厂都必须检查。如果血小板增加或者减少，老板就不让我们做了。我的血小板也有点高，意识到这一问题，我就不想再做了，毕竟自己身体要紧。我也有家庭负担，女儿 6 岁了，要培养，老婆又有了身孕。我在村里从事摩的出租，由于顾客少，收入较低，有时一天可挣 40～50 元，有时只有 10 多元。年轻人一般都不愿意种田，回来也是没有办法。

从这几个案例中可以分析出农民工回流的行为逻辑，一般是考虑到打工时间长、年龄大，以及健康、家庭等因素。体验了城市生活，土地不再是他们生活的依赖，他们都尽量摆脱辛苦的农活。即便选择种地，也是出于城市生活的压力不得而已为之。

对一般的农民工来说，仍然只是"两栖"流动，处于"拔根"状态，并没有得到新的社会结构的认可。从 20 世纪 80 年代的"离土不离乡"到 90 年代以来的"离乡不离土"，"人户分离"现象是他们生活的写照。许多农民工维持着"两栖"的生活，既在城市工作、生活，又在农村留下归宿，为回流做好准备，但又很不愿意回到原来的农村。笔者与农民工的交流也证实了这一点。

个案 6-36：LMH，女，1981 年生，祖籍福建。1996 年 LMH 初中毕业后由姐姐带去东莞，进了一个做录像带的厂，后来嫁给了在同一个厂打工的 W 镇村民 LXZ。出嫁后她与丈夫一起来到北京开调料店。她的叙述显示了上述矛盾的心理。

我的户口现在还在福建，不想迁出来。我也不想分田，分田也没有用，田又没有人想种，还得送人。说白一些，哪里能挣钱就去哪里，其实户口、家乡的土地对我们都是没有什么意义的。以前土地还要花钱雇人种，因为土地抛荒是要罚款的。我们也不准备回去，回去了又不想种田。在哪里我们都无所谓，关键是要能挣钱，在外面要有活路。如果离开农村有生活保障，能解决后顾之忧，我们是愿意离开土地的，让那些想种田的人种田。

户口不再束缚他们流动的步伐，农村的土地不再是财富之母，对他们来说外面的世界更精彩。对农村生活极大排斥，但在无奈之下又不得不回到原点，缺少城市生活保障是农民工面临的一个根本问题。如果在城市社会中有保障，土地就不会再成为他们生存的基点。

个案 6 - 37：LJH，男，38 岁。21 岁时就结婚，有一定的家庭负担。来北京做调料生意已经多年，他的内心也是非常矛盾的。

> 我种过几年田，那时种田要交的税收很多，也交不起。光算提留，①我们每个月就要交 130~140 元，每家每户还要交教育附加费。我结婚早，负担重，在家又挣不了钱，但也不能光靠着父母，靠种田是挣不了钱的，我就改行做生意，其实做生意也很难……我的同龄人在外混得都不错。我在上海打工时回过老家一次，他们大多数在家乡盖了新房。农村现在也好过了，在家种田还有钱存。但我不愿意在家种田，还是觉得城市好，在城里生活，接触的人多、信息广，生活也更充实。

个案 6 - 38：LJY，男，37 岁。在 1996 年就结了婚，有两个小孩。家里有一个杂货店，原来是哥哥在外打工，他在家里看店。哥哥结婚后（哥哥结婚比弟弟迟）就留在家里经营杂货店，他出去打工。虽然家庭条件不错，回家经营挣的钱也不比外面少，可他还是想留在城里，但户口成为他进城的障碍。

> 我的家庭条件一直还可以，家里有一个店面，口子（店面的位置）也很好。我还没有出来挣钱时，是我在家里管，哥哥在广东打

---

① 在农村税费改革前，国家向农民征收的主要费用项目有"三提留""五统筹"。"三提留"指的是村一级组织收取的公积金、公益金、集体管理费三大块。"五统筹"是指乡一级政府收取的教育附加费、计划生育费、民兵训练费、民政优抚费、民办交通费。2005 年 12 月 19 日十届全国人大常委会第 19 次会议以高票废止了新中国成立以来实行了近 50 年的农业税制，农业负担问题得到一定缓解。学术界对农业税的取消有各种不同的看法。

工。我来北京之后，妹妹又出嫁，所以店由哥哥接管。家里必须有一个年轻人，田没人种，应该有人在家。我走了好几个地方，曾经在厦门打工，待了半年，但很快就又回去了，我也吃不了那个苦，老被人管受不了。

回到家后，我和同学ZXP联系上，他又是我的亲戚，他那时就在潘家园开调料店，通过他的关系我也来到潘家园开调料店。早期来北京的发展都较好，基本上都有车了，但我的发展只是一般。我也不想在小县城待，太封闭了。回家待几天就会想出来，其实我们出来的人也没人愿意回到农村。……我在北京开店，有固定客户，也比较清闲，能挣一些钱，一年要是没存五六万元就等于没有挣钱，现在也能挣3万~5万元。不过还没有一直留在北京的经济实力，如果有了经济实力，这里也能解决我的户口问题我就留在北京。

个案6-39：ZXP，男，高中毕业。来北京做调料生意前在老家做莲子生意，亏本后，就到北京来改做调料生意。有两个小孩，都在北京上学。落户、买房定居、子女教育问题都是他关心的。由于城乡之间教育不接轨，小孩的教育问题是他认为最麻烦的事情。在外发展较好，他不想再回到原来的农村。ZXP的想法反映了农民工这一群体的普遍心态。

我有两个调料店，生意还挺不错的。来北京生活好多年了，都已经适应了北京的生活，无论是气候还是人文环境。虽然在这里生活成本高，一个月要四五千元花销，但我们也不想回老家，想在北京安家。其实很多像我这种情况的都不想再回老家，我们不可能，也比较怕回到农村。

我准备在通州买一套房，那里的房子比较便宜，也尽力把户口弄好。因为小孩读书是最麻烦的事情。我的两个小孩现都在北京读书，一个已经上初三，上完初中再上高中的时候，还得回老家去高考，才能上大学。如果回去考，肯定是考不上的，在老家与在北京上学，教材、考试大纲都不一样。他们本来成绩就不是很好，让他们回去考，想考上大学就更难了。我们打工的人获得的教育资源明显不足。

从访谈中所提取的这几个引证都可以显示流动农民工的城乡抉择：对

以后的打算虽然各有不同，但都不愿意回到农村，特别是不想回到农村种田。农民工在流动就业、创业过程中，需要完善的市场机制与政策机制做保障，但是这两种机制都存在明显缺陷，影响了农村流动人口在城市社会的生存、发展。王春光从教育体制、培训制度、单位制的人事制度以及生产体制等方面分析了农村流动人口的人力资本获得与他们社会流动的关系，"在城市，农村流动人口之所以不能有效地通过职业转换实现社会地位的改变，一个很重要的原因是现行的人力配置制度已经为农村流动设定了不平等的社会流动机会"。① 只有通过社会制度和社会政策的改革和创新，建立统一的社会流动平台，农民工的流动才能产生很好的效应。

农民工在转型中的经济地位、社会态度以及流动意愿均发生了变化，而目前"钟摆式"是农民工流动的主要方式，留城还是回乡对农民工来说是两难的选择。留城，处于城市的边缘，没有城市户口使他们对将来缺乏稳定预期，现有的制度又不能保证他们在城市中应有的权利、基本的生活保障，他们和城市社会始终保持疏离感。回乡，人多地少，生产力低下，生活水平难以提高，也难以摆脱贫困。而且多年的打工生活，使他们从心底里抵制农村生活，技术变迁、经济结构调整和产业转移等外生变量为其提供了创业路径，使许多当初面对新经济而显得手足无措的农民工也纷纷加入创业的队伍中来，找到了自己的"社会位置"，促进了创业活动在广度上的拓展。从实际来看，返乡创业的，一般是家乡有适合做的事或适合的行业。这就要求内地加快城镇化进程，为农民工返乡就业和创业提供更多的机会。

在当时来看，回乡就业与创业的农民工比例并不高，这主要是因为当时农村的基础设施仍然严重落后、商品经济的组织机制发育程度较低。但随着中西部地区劳动密集型产业的兴起，农民工对城乡比较利益的预期也在改变，这会促进农民工流动路径的改变——发展的路径将从单向到双向、多向。近年来出现了从城市向农村回流创业增多的趋势，政府也在完善政策措施以营造返乡创业的环境。根据 W 镇的跟踪调查，流动农民工普遍存在融入城市社会难的发展困境，农民工从要求改善劳动条件向要求享受城市的待遇转变，对社会保障、公共服务的需求增加，而城市的公共服务体制、保障机制不完善，有条件、有序地实现市民化仍然存在较大的困

---

① 王春光：《人力资本的获得与农村流动人口的社会流动——一种立足于制度视角的分析》，《北京工业大学学报》（社会科学版）2007 年第 5 期，第 1 页。

难。在一定程度上，他们的流动往往还只是空间位置上的移动，其职业发展沿袭了以前的传统，转型的少，从事食品调料生意和做货运的农民工仍然较多。根据他们的反映，早期做调料生意的比较好挣钱，现在越来越难做，但是许多个体户因为熟悉，仍然从事这一行业，而真正能融入城市的较少。显然，农民工的价值诉求逐步超越了初级的生存层面，上升到谋求社会福利、公共服务等发展层面，因而农民工流动政策的价值基础也应当发生从生存权到发展权的逻辑嬗变。

从城镇化角度看，该村返乡到县城的农民工较多，而回到原来农村的较少，而且多是因为家庭原因，都希望能在本村附近找到合适的事做。在2013年该村的问卷调查与访谈中笔者发现，在村里办企业的很少，只有两个，并且规模很小，基本上还是家庭作坊式的，一般是年龄较大、有一定家庭负担、在外面发展不好的，才会回到最初的农村。创业规模较大的一般会集中在县城，这也符合中国特色的新型工业化、信息化、城镇化的需求。

当今，我们探讨新型城镇化，尤其要关注农民工的就地城镇化、市民化，要促进中西部整体创业环境的改善，建立与完善沿海地区"反哺"内地农民工返乡创业的"整合－互动"机制，变被动、单方面的低层次创业为主动式、全方位的互动式创业。而这一趋势在几年持续的调查中已慢慢地变为现实。这与20世纪90年代中期法国社会学家图海纳（Touraine）对法国社会结构变化的形象比喻相似，"过去的法国社会是一个金字塔式的等级结构，每一个人的地位高低不平，但都处于一个社会结构之中，而这样一种社会结构正在逐渐消失，变成一场马拉松赛，随时都有人掉队，被甩出社会结构之外"。① 实际上，今天的中国也正在发生图海纳所说的这种现象。在社会结构调整过程中，我国的社会分层结构也在不断地建构，如何采取有效的措施，保证农民工的正常流动是我们新型城镇化建设必须正视的问题。

第二节　关系资源、关系强度与农民工创业行为

农民工创业是一个复杂的过程。农民工关系网络具有许多特点，原有的亲缘、地缘等强关系网络对他们的创业资源获得、创业行为形塑具有重

---

① 李培林、李强、孙立平等：《中国社会分层》，社会科学文献出版社，2004，第348～349页。

要作用。这种扩散途径所具有的特征就像费孝通所说的"差序格局"。基于上述的认识，从关系资源维度探讨关系强度对 W 镇流动农民工在北京从事调料生意这一群体创业行为形成的影响机制，可以清楚关系资源会在什么情境下，以何种途径促成农民工的创业行为。

一　关系资源与创业行为轨迹

关系是透析人们社会生活行动的重要窗口。亲缘关系，包括家庭、家族的血亲关系、姻亲关系等亲缘网络，是一种"存在的"或"先赋性"的社会资本。沃尔夫在《乡民社会》中系统地探讨了乡民社会和乡民经济，按照沃尔夫的意见，亲缘网络是一种多线的、具有持久性特征的社会关系。[①] 在一定意义上，邻里关系、同乡关系、朋友关系、同业关系、同事关系等"生成性""获得性"社会资本也被看作亲缘关系的延伸或者是拟亲缘关系。亲缘关系在某种程度上决定了人们是否能实现某些既定目标。

爱森斯坦是"连锁迁移"（chain migration）研究的先行者，在对迁移问题的研究中，他指出了亲属及其他有关系者迁往同一目的地的现象。[②] 项飚在对"浙江村"的调查中，也认识到了"流动链"的作用。"浙江村"最早的几个"支"奠定了"浙江村"的基础，他们把新的经营者引到北京，促进了"流动链"的发展。[③] 农民工资源获取是在特定的网络结构中进行的。从进入城市的角色来看，农民工不但是就业或者创业移民，而且是文化移民，他们在城市适应策略中更多地使用了关系网络，并在继续寻找、利用、编织、生产和再生产这种特殊关系网络。在北京做调料生意的农民工，在深圳从事货运的个体户，都可以反映出强连带扮演传递复杂信息或者默会知识的角色。"亲串亲、邻串邻"是他们常说的一句话，亲缘网络的利用无疑是其首要的和最为可行的信息获得方式。

关系性嵌入对农民工创业知识获取和能力累积具有不可忽视的作用。W 镇以经营为基础的流动群体最早是流向广东、福建，然后再向浙江、江苏、上海、北京等地慢慢扩散。并且，就业区位呈集中化，职业分布同样

---

① 〔美〕沃尔夫：《乡民社会》，张恭启译，巨流图书公司，1983，第 104～109 页。

② Mac Donald, C. D. and J. Mac Donald, "Chain Migration, Ethnic Neighbourhood Formation and Social Networks," *Social Research*, Vol. 9, 1962, p. 9.

③ 项飚：《跨越边界的社区——北京"浙江村"的生活史》，三联书店，2000，第 108～117 页。

出现集中性。在一个地方的人一般从事同样的职业，形成一定的路径依赖，如在北京做调料、服装生意，在东莞进鞋厂、电子厂、灯具厂打工，在揭阳、梅州、汕头办家具厂，而做汽车运输的多是在深圳。农民工的职业流动体现了关系资源、关系强度对其就业与创业行为的形塑作用，通过亲帮亲、邻帮邻的模式，形成了一支支创业队伍。他们利用自己的社会资源选择行业，在流动中表现出比较高的生存智慧。他们的日常经营活动大都需要依托一些具有影响力的人物，使他们在不稳定的生存环境中，可通过社会关系来保证其在城市的生存和经营活动相对稳定，这也反映了亲缘关系与农民工的创业行为轨迹之间的关系。

对农民工求职与创业行为轨迹的研究发现，流动农民工通过非制度因素获得职业地位，这与他们相对狭小的生存空间有关，强连带（亲缘、地缘等）较之于弱连带，更具影响力，提供资源的可能性也更大，这是一种独特的社会融入模式。农民工往往在资源匮乏的条件下进行创业，而通过正式制度获取资源（如资金）门槛高，手续也麻烦，因此会首选通过"强连带"来获取资源。"中国人彼此之间典型的不信任已为观察者所证实。"① 因为中国人的信任主要还是建立在家族亲戚关系或准亲戚关系之上，是一种难以普遍化的特殊信任。基于中国传统农村"差序格局"的社会亲缘网络反映在农民工创业中的关键环节上，对农民工流动与创业发展具有极强的形塑作用，也正是在这种传帮带的过程中，农民工完成了由打工者到创业者的职业嬗变。正如有的学者所指出的那样："一个农民工在一个企业或一个行业站稳脚跟后，一般都会循着亲友、同乡的'差序格局'滚雪球似的'扎堆'，形成一个企业或行业的某个地域民工为主的稳定结构，由此不同地区农民外出形成了各自特色甚至品牌。"② 沿着农民工创业行为痕迹，从一般的经营到创办企业，农民工创业离不开亲缘关系的运作。亲缘关系的运用蕴含传统熟人社会的逻辑，降低了生产和经营成本，有利于更好地面对外界复杂多变的市场。基于北京调料市场 W 镇商人群体的调查，可以充分反映经营型农民工的聚集与创业状况。这种以亲属和同乡关系为基础形成的经营型农民工聚集模式，是一种有效实现城市适应和社会流动的民间机制，能帮助他们快速成功创业。

---

① 〔德〕马克斯·韦伯：《儒教与道教》，王容芬译，商务印书馆，1995，第284页。
② 刘谟炎：《传统农村经济的现代转变——理论与（中国江西）实证研究》，江西人民出版社，2006，第255页。

农民工创业活动容易发生在已经建立信任关系的亲属之间，这些带有流动人口创业特色的产业是社会和文化多元化结构中的重要组成部分，也是推动社会和文化发展变迁的潜在力量。基于亲缘关系的差序格局，作为传统农村的非正式社会制度，在市场场域的社会结构形成过程中起了极大的作用，通过社会网络关系形成了具有经济、社会、文化和情感支持的系统。

与城市居民社会资本关系结构中业缘、趣缘占很大比重不同，在劳动力市场机制还没有充分发挥作用的情况下，由亲缘和地缘关系建立起来的流动链为农民工流动提供了就业和创业方面的信息，他们相互帮助，彼此提供服务，以群体的力量来弥补个人力量的不足。其结果是从一个地区迁居另一个地区的人口存量越大，便有更多的人口在同方向加速流动，来自同样一个村落的外来人口群体通常自发地组织起来聚居一处，也从事大致相同的行业。当然，不利的因素也显而易见，农民工获得外界其他异质性资源的机会减少，影响其从外部提升创业能力。

二　创业资源获取中的社会关系状况

创业活动由嵌入社会网络中的资源所驱动，对农民工来说，个人所拥有的社会资源是非常有限的，无论是在个案访谈中还是在数据调查分析中，大多数农民工是初中毕业，高中毕业的寥寥无几，因此，要获得更多的资源，首先只有依靠各种初级的社会关系。

（一）　亲缘关系与农民工创业资源的获取

关系强度突出了嵌入网络的创业资源的可获性。"亲戚链""朋友链"在创业形成中发挥着重要作用。农民工通过互相带动、相互模仿，逐渐学习创业的方式。最早一批来城市做生意的要在城市创业，主要是靠自己摸索，逐渐了解市场站稳脚跟，而后来的人运用传统的以家庭为中心的"关系资源"，可以从先来的人那里学到经营的方法，少走弯路。农民工创业者往往通过社会关系寻求资源问题的解决。在创业机会开发过程中，利用关系资源能较快地为创业带来资金、市场、信息支持。农民工的创业大都是"带动式"发展、"家族式"经营，这也是他们外出创业的源泉。按照他们的说法，这叫"家庭职业遗传"。

以亲缘、地缘等强关系为主的社会关系网络是农民工创业资金的主要来源。在创业过程中，遇到资金不足问题该怎样解决？51%的人选择向自己的亲戚好友借，29.8%的农民工选择向银行贷款，11.5%的农民工选择民间借贷，2%的农民工选择公司之间的拆借，7.7%的农民工选择政策性贷款，1.9%的农民工选择其他。在农民工创业初始阶段，来自亲缘的资源较为明显，无论是资金的借贷，还是寻求日常生活帮助，最核心的亲缘关系（父母、子女、兄弟姐妹三类）发挥的作用最大，这也是他们实际获得资源的主要途径。大多数农民工创业依靠的也都是亲缘关系。

> 创业者邓（个案6-40）：最初想创业，手头没资金，知道做调料生意能挣钱，但是不敢做，和我一起出来的老乡陈某已经做了一年，赚了十几万元，因为她父亲给她钱投资。我们家没钱，后来我向婆婆说没钱，不然想自己做，结果得到婆婆的鼎力相助，婆婆帮我们借钱，只要有钱的（亲戚），婆婆都想办法向他们借。基本上有点余钱的，都给我们借上了，少的几百元，多的也就一两千元，东挪西凑。加上我自己的兄弟姐妹，爸妈的兄弟姐妹，十五六年前，借到几万元对我们来说是个大数字，好不容易。当时借钱，也没写借条，也没说要算点利息什么的，因为都是亲戚，你写借条、给利息，他们就会说你太见外了。

较早出去的农民工比一般农民工在许多方面更有优势和潜力，往往成为外出务工人员的重要"牵线人"。W镇农民工凭借亲戚关系，发展了一条在北京做调料生意的路线，把在北京做调料生意的关系都找出来后，生意就慢慢扩大了。

（二）地缘关系与创业资源的获取

农民工的流动与创业呈地域性、聚集性趋势，来自同一个地方的人往往流向同一个地方，显示出整体流动的趋势。农民工创业具有较强的同质性，在一些技术含量不高的行业尤为明显。在北京做调料生意的创业群体，就体现了地缘关系，同一个村出来的，早出来的干哪行，其他人也会做出相同的选择。据他们介绍，他们散布在各个批发市场，北京市场的食品调料生意大约有60%为福建人和江西人在经营。在北京做调料生意的H县人就有几百人。在大洋路批发市场调料厅、新发地农产品批发市场调料厅、东郊批发市场调料厅，以及通州、潘家园等市场中 W 镇人居多。一个人做生意成功了，便会带动起整个家族、整个村庄。他们有特殊的"互动圈"。在"链式流动"中，高中毕业的 LYL、ZXP、LSY 是文化程度较高的，他们在城市里建立了自己的商业往来圈，也逐渐成为网络"链接"的关键。

在北京，农民工还保留着旧的熟人关系网络，在这个关系网络里，他们同时获取来自家乡的、打工城市的信息。"老乡圈""朋友圈"是他们获取、扩散创业资源的领域，乡村的社会关系在城市得到复制和延续。这种从业方式反映了中国的现实，因亲缘、地缘关系的链条而形成几乎相似的经营模式。在面对多变的市场时，他们互通信息、共享资源、互相保护，构筑了可靠的"围墙"。W 镇流动农民工的务工经商活动体现出明显的地域差别，他们利用自己的社会资源选择了行业，在流动中表现出比较高的生存智慧。他们在不稳定的生存环境中，通过强连带的力量来保证在城市的生存和经营活动相对稳定，反映了亲缘、地缘关系与农民工创业行为轨迹之间的关系。

（三）业缘关系与创业资源的生成

创业者必须不断地从外部环境中获取所欠缺的资源，既要关注创业资源的保持和利用，更应该关注创业资源的获取与开发。"在创业过程中，创业者拥有的资源是在不断变化的，而变化的根源在于创业者对于外部资源获取的需求。"[①] 农民工创业需多方面的社会资源，只是利用家庭和亲属关系，能够获得的社会和经济资源毕竟是有限的。农民工创业者一方面常常利用其初始的关系网络来获取创业资源，另一方面则利用其个人关系网络扩充业缘关系，来作为初始资源的有益补充。因此，农民工创业者还需要建立、寻找新的社会关系网络来获取资源。为了拓展业务，必须利用亲缘、地缘之外的社会资源。

创业资源拥有状况是他们创业选择的重要影响因素，而任何创业者都不可能拥有创业所需的所有资源，必须借助社会关系来获取创业资源。通过各种关系的建构，一些弱关系也可能变成强关系，而关系资源又可通过

---

① 韩炜、杨俊、包凤耐：《初始资源、社会资本与创业行动效率——基于资源匹配视角的研究》，《南开管理评论》2013 年 3 期，第 153 页。

引荐合作伙伴及结识关键客户，提高创业者采取行动的可能性。个案 6 -
20 就是这方面的一个典型。

本研究发现，在当前的社会背景下，关系资源及其强度在农民工创业
过程中发挥着重要作用，通过不同关系所获得的资源是不同的，差序格局
仍然具有一定的适用性，它镶嵌于实践活动之中。通过对 W 镇流动农民工
在北京调料生意市场的发展轨迹的阐释，可以从微观的视角了解农民工流
动后的变化，这给我们提供了实际的分析样本，以探讨基于社会网络支持
获得所需的创业资源支持，也反映出强连带扮演着传递复杂信息或者默会
知识的角色。"亲串亲、邻串邻"是他们常说的一句话，亲缘网络的利用
无疑是其首要的和最为可行的资源获得方式。从一个地域来的农民工，凭
借亲戚、邻居关系寻找自己所需要的资源，资源获取网络的差异给农民工
创业成长带来了一定的制约。由于创业资源的限制，他们的创业行动在传
统服务业方面更容易获得成功，但这制约了农民工创业的参与度，由此需
要不断深化政策的实施力度，增强对农民工创业的社会支持。

三　关系资源强度与创业行为的分析

农民工创业过程是一个不断利用、拓展和重建自己社会关系资源的过
程。农民工外出创业的途径已经从同质人群构成的初级社会网络拓展到异
质人群构成的次级社会网络，从非制度化的社会网络拓展到政府和市场提
供的制度化路径，且市场的作用越来越突出，作为边缘性群体的农民工进
入城市创业，亲缘、地缘起主要作用，然后交往范围逐渐跨越身份边界，
逐步打破封闭的城乡身份结构的制约。

第一，农民工外出就业创业的转变，弱化了他们与乡土社会的联系，但
社会交往依然是以亲缘关系和地缘关系为主。农民工的就业创业活动除了利
用亲缘、地缘关系等先赋性或生成性社会关系资本以外，对一些更加具备经
营头脑的农民工来说，进入城市后，他们在城市社会交往中的主动性已显
现，开始多种资源并用。但通常这种转变只发生在具有一定联系的生意群
体之间，体现了传统亲缘关系与现代社会关系的并存。

第二，农民工创业过程中人脉关系和社会网络处于短缺状态，必须不
断建立新的社会关系来获取不同时段需要的资源。对从事调料生意的农民
工进行深度个案访谈，笔者了解到文化程度、年龄与创业资源的获取情况
之间的关系。受教育程度越高，越容易拓展关系，不单单局限于亲缘，来

自同行、朋友的资源也越来越多，他们在从事调料生意这一群体内具有相当的活跃度，与生意伙伴之间的联系也相当频繁。在他们看来，"做生意的人主要是要有客户，业务多了，关系也就熟了，生意也会好做起来。朋友多、交往广是创业的根本条件"。然而，由于流动的频繁，地域的认同度正在减弱。

第三，传统亲缘关系的日益松懈、淡化已成为社会发展的普遍过程和趋势。尤其对新生代农民工来说，他们受传统关系资源的影响小，往往会对亲缘关系觉得陌生，甚至排斥、反感，他们必须不断地建立、调整自己的社会关系网来获得新的资源。如何在传统关系与现代关系之间保持必要的张力，是值得我们进一步关注的。对关系资源与创业行为轨迹的分析，从一个侧面反映了农民工在从打工到创业的形成、发展中，创业政策的支持较少。尤其是留城创业的农民工，他们能获取的政府资源很少。所以在案例中基本上没人提及政府的支持作用。大多数人没想过在外创业要获得城市的支持，与当地政府的联系极少。同时很多创业者往往面临新的认同困境，遭遇身份尴尬的处境，"户口不在这儿，怎么可能得到这儿政府的帮助呢？基本上想都没想过，如果说真需要帮助，那主要还是解决小孩念书的问题。"

研究农民工创业，需要动态地把握他们在创业过程中如何开发、利用各种关系网中的社会资源，但仅靠社会关系难以支撑其创业需求。农民工的创业生成、发展过程，也是不断延伸、拓展社会关系的过程，由最初对亲缘、地缘的完全依赖、信任到逐渐弱化，业缘的重要性得到强化。关注农民工创业，还应该关注社会群体相互的信任体系、社会支持体系的建立。

小　结

流动农民工群体分化的结构形式，反映了农民工这一阶层的分化，揭示了创业与农民工社会适应性之间的内在联系，有利于我们更清晰地理解农民工从打工到创业的形成、发展的路径。通过对农民工流动与社会分层、创业实践中的资源寻求的轨迹分析，可以发现：农民工流动呈"刚性化"、创业意识呈"显性化"；农民工创业中的资源寻求多是亲缘、地缘、业缘路径下的支持。由于城乡二元经济结构的存在，农民工往往处在具有明显分层结构特征的城市劳动力市场的较低层次。农民工在城市中构建初级社会网络关系，无法突破融入城市的诸多屏障，而过度依赖关系网络又导致其创业独立性差。

在农村工业化和农村劳动力流动政策导向的大背景下，农民工流动与创业进入新的发展阶段。对这一问题的拓展，有必要加深对农民工创业意愿、创业动机、创业认知以及创业需求的把握，全方位构建创业服务体系，为农民工通过创业活动获得更多的社会认同与更高的创业发展空间提供机会。本章是前述研究的回应，也是一个补充与深化。

第七章　社会流动与农民工创业意愿、需求、供给分析

随着社会流动不断加快，不同的社会阶层显现出不同的社会流动路径和流动模式。农民工是社会阶层流动链中重要的一环。创业是农民工实现阶层流动的重要通道，"传统社会中，在获得某一社会地位的条件里，先赋条件往往起决定性作用。而现代职业地位越来越靠自获条件了"。① 现代化社会的职业高度分化，人们需通过后天努力获得专业化知识。在现实中可以看到，农民工群体拥有的创业资源与其他群体有着较大的差距。如果有完善的创业服务体系，来自社会较低层的农民工通过创业是可以实现向上流动的。为了进一步了解农民工的创业意愿、创业动机、创业认知以及创业需求，本章在深入调查的基础上，结合个案访谈与问卷调查进行了系统分析。

第一节　农民工的创业意愿、创业动机与创业认知

人的创业行为由一系列活动构成，关注重点集中在三个方面：创业意愿、创业动机与创业认知。由于农民工的工作经历和生活经历不同，他们在创业意愿、创业动机和创业认知方面表现出不同的特质。这三方面是评价创业活动的重要维度，又影响到农民工的创业全过程。

一　创业意愿

创业意愿，或称创业意向，是创业行为产生的先决因素，是指创业者投入创业活动的主观态度以及从潜在创业者变成实际创业者的期望程度，反映个体将有意识地计划或决定付诸行动的动机。创业意愿是创业行为的

---

① 郑杭生：《社会学概论新修》（第四版），中国人民大学出版社，2013，第299页。

重要驱动因素。Norris F. Krueger 和 Alan L. Carsrud 认为理解和预测创业动因需要研究驱动理论模型，而创业意愿是创业行为的最好预测指标。[1] 从个体方面来看，个人背景、个性特质（包括创业者精神、风险偏好、成就需要、自我效能感等）和认知特征对创业意愿产生影响。从环境变量来看，宏观的社会环境、政治环境、文化环境以及经济环境对创业意愿产生影响。具体来看，一个区域的文化环境，以及个体周边的创业氛围，如家族、亲戚、朋友以及邻里的创业状况会对个体的创业意愿产生影响。同时，创业意愿更受个人能力因素的影响，往往文化程度较高、有一定管理能力、掌握了一定技术、拥有一定创业资本的人更容易萌生创业愿望。

　　尽管农民工创业面临种种困难，但创业成功者的示范效应，以及低投入的创业、打工生活的经验和技术积累还是促使他们萌发了创业的想法。从创业意愿来看，以创业替代打工的机会成本低，一些主动性较强的农民工渴望通过创业来改变较低收入、较低社会地位的状况。他们在面临创业抉择时，更多关注的是创业成功的正面影响。在我们组织的调查中，85%的农民工愿意创业。从已创业的农民工来看，创业资本、个人因素、国家政策支持是影响创业的重要因素，分别占 29%、25% 和 19%。而社会氛围、家庭因素、地理环境对创业也有一定的影响，但影响程度相对较弱（见图 7 - 1）。

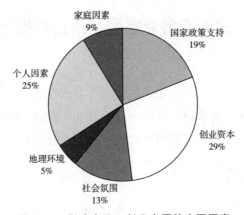

图 7 - 1　影响农民工创业意愿的主要因素

---

[1]　Krueger N. F., Carsrud A. L. "Entrepreneurial Intentions: Applying the Theory of Planned Behaviour," *Entrepreneurial and Regional Development*, Vol. 5, 1993, pp. 315 - 330.

　　创业行为来自创业意愿的驱动，资金、技术和经营能力以及社会支持是影响创业的重要因素。在未创业的农民工看来，他们想创业的主要原因是工作时间长、个人收入少，无法满足生活需要，他们想通过创业来摆脱困顿的生存现状，这和农民工生存型创业的动机是一致的。

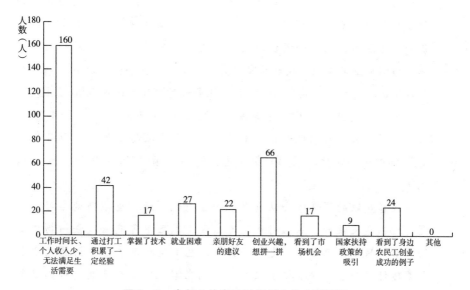

图7-2　未创业的农民工想创业的主要原因

　　当然，创业意愿的形成更具内生性，农民工"生存型创业"的机会成本低内生出创业意愿。"在中国转型时期的城乡二元结构惯性作用下，属于生存推动型的农民工创业机会成本相对较低，强化了农民工的创业意愿。"① 与其他群体相比，农民工创业的机会成本较低，因此其创业意愿不是更弱而是更强。在生活和工作中的挫折经历更有可能使农民工积极地获取各方面的竞争优势，无论是留城创业还是返乡创业，无论处在任何行业，他们都愿意搏一搏。他们具有较强烈的创业愿望是一个不争的事实。西安装饰温（个案7-1）谈起他的创业经历时说：

　　　　1997年初中毕业后在家乡拜师从事木工，考虑到在家做木工不是

① 庄晋财：《自主创业视角的中国农民工转移就业研究》，《农业经济问题》2011年第8期，第78页。

长久之计，就和几个年龄相近的亲戚出来打工。1999 年暑假来到厦门打工，给老板炒板栗，天气热，还要没完没了地边炒边卖，每天忙到晚上十点多才结束，又累又不赚钱，后来就回家不干了。2001 年又出来，花钱培训了电脑技术，培训结束后应聘进了厦门软件园下属的海天公司负责管理、营销。我负责做考勤系统方面的软件以及西北一带的业务，分管西安、西宁、兰州、内蒙古四个区域，还负责自动化设备的业务联系，主管烟酒供应的电子化平台建设。我在陕西的业务较多，与烟草公司建立了较好的客户关系。工资与业务能力挂钩，第一个月是 850 元，2005 年是 2800 元/月，业务好时工资可达到 5000 多元/月。但我总是想走出去。2006 年老板欠我提成 10 多万元，老板培训了我，又不好说什么，所以就开始着手转型。先自己在西安做工，2008 年注册装饰公司，当时投资 30 多万元，专门负责单位的装饰、地面抛光等。

我喜欢做的事情就会认真做。由于肯做事情，也不断地学习、转型，现在发展较好。从农村家庭走出来，家里不可能给我任何物质上的帮助，只能靠自己了。走出了农村，也不想再回去了，虽然父亲在老家建好了房子，要求把小孩户口上到老家，但是我不想，自己出来了，更不想让小孩回到农村。创业的关键是人脉，尤其做贸易这一行。

农民工创业抉择时较少关注创业失败的负面影响，虽然创业过程中屡次遇到困难，但他们往往不断地转型，被现实所推动，创业愿望依然强烈。随着经济意识的增强，加之对只是打工的生活现状的满意度降低，而提高社会地位的需求增强，"老板式"农民工脱颖而出。厦门模具万（个案 7-2）就有类似经历。

父母种菜卖，很辛苦，没日没夜，初中毕业后我不想读书，又不想在家像父母那样种菜卖，所以出来打工。开始帮人家送水，后来在模具厂打工，每月工资不多，又老是加班，不想给别人做，就有意识地学习技术。不到一年时间，就学会了模具制造整套工序。有了技术，总想自己试一试。向朋友借了点钱，加上自己打工存下的钱，办起了模具厂。我们两兄弟在楼顶租了两间房子，买了一台机器做模具，没有雇工，自己做，为了不浪费时间，两个人轮流休息，一年就赚了十几万元。后来接单多了，有资金扩大规模，员工也增加到十几个。再后来做模具的人很多，要求也比以前多了，需要电脑设计什么的，没以前那么好赚钱了。在2010年就不做了，改做模具抛光，现在生意一般般。我们已经在城里买了房，因为实在不想重复祖辈那种生活，出来就不想回去种田。生意再难做，也比回家有出路。

福州酒店管理温（个案7-3）出来之前就有创业想法，然后逐步从基层做起，从普通员工，到部长、主管、部门经理，再到副总，各个层面的工作都做过，也悟出了酒店管理的理念，2007年开始自己创业，从事餐饮行业，后来为了做大，加入集团公司，又以投资入股的形式创业。

有了经验，就要自己做。进入酒店工作后，从坐吧台、收银台，到部长、主管、部门经理，再到副总，各个部门的工作我都做过。在每一个部门都可以学到不同的东西，就是抱着做一行、学好一行的想法，无论做什么都认真，基本上做半年一提升，从工作中也悟出了酒店管理的理念。

我积极争取各种培训机会，学习企业、金融和团队管理，学到了如何带团队、提升业绩，如何有效沟通。工资也从每月几百元，到几千元、上万元。2007年我出来自己创业，从事餐饮、酒店行业，但做得较小，还是想扩大，于是加入酒店管理集团，任副总，以入股的形式创业，专门负责一个酒楼的管理，员工也有100多人。不管在哪一职位，往上走，都有压力。机会是自己争取的，刚开始是为了生存，要先能自己挣钱养活自己，解决了温饱，才有精力想别的。

"寻求生存"是老一代农民工的生活逻辑，而"寻求发展"则是新生代农民工的生活逻辑。他们的心理期待呈现多样化，在职业选择中有更多的想法，不只是不干体力活以及取得高一点的薪酬，更希望能学到一技之长。据青年创业网的调查，"在中国近1亿16-30岁的新生代农民工中约有4000万有创业意愿，具有创业意愿的占41.2%，农民工具有比白领更强烈的创业意愿。主要是因为农民工创业大多属于生存推动型，创业的机会成本很低"。① 也有部分农民工通过创业改善了自身生存环境，个人理想和抱负得到了实现，个人价值也得到了释放。"85 后"床上用品伊（个案 7-4）对创业比较坚定，体现出强烈的创业意愿与创业精神。

> 我初中毕业后不想种田，种田累。家搬到县城后，属于中下收入群体，我就想打工提高收入。17 岁时，和几个朋友去北京昌平区打工，洗过小轿车，在工地上搬过木头，安装过模板。工资不高，又辛苦，没有自由，每月只挣 300 元，同来的朋友技术达不到要求，都走了。我一个人留下来了，很想留在北京。后来因为非典，也回到老家。在家乡进超市打工，学管理，还当了店长。后来发现床上用品好卖，就摆摊卖，挣些零用钱，比打工更好、更自由。摆了 2~3 年地摊后，慢慢对市场就更了解了，想做专一的事业。南康有原材料集散地，看过别人做太空被，我也学会了。我们这边还没有人会做太空被，就开厂、买机器，转型生产太空被。2008 年投资 10 万元，自己只有 5 万元，借 5 万元，把厂办起来了，既生产又销售。一开始工厂只招 5~6 人，自己又当老板，又当工人。
>
> 我从销售到生产，从生产又到专卖店，既办厂，又做经营户，一步一步提升。创业要有转型的思路，3 年要转型一次，生产、销售都要转型，社会的生活水平提高了，产品质量也要提升。一开始只做中低档产品，现在向中高档产品发展。
>
> 虽然没有文化，但我算是能吃苦的。在办厂过程中，有一次在生产时，机器出了点故障，把我的手锯断了，我一度灰心、绝望，后来终于调整过来了，创业也有了大的起色。现在有 6 个店面，招收 40 多个员工，工厂有 10 多人。我还自己花钱去培训，学习企业管理。对于农民工创业，经验是财富，一点点积累，还要有资金，以及学会管理、做人。在管理方面，我实行的是人性化管理、数据化管理。

"如果不拼一下年龄更大了可能就再也没有机会了"，"打工是暂时的，时机成熟便当老板"，这是许多农民工的真实想法。只要有好的创业环境，就能提升创业能力、激活创业因子，农民工创业就会呈现良好的发展态

---

① 白路、王宁：《农民工创业艰难何其多》，《社会观察》2010 年第 7 期，第 6~8 页。

势。在整个调研过程中，我们可以看到农民工群体中那种强烈的创业意愿。农民工创业意愿的实现，除了需要想法，还需要项目、资金、技术以及制度政策。显然，农民工创业数量和质量有待提升与国家政策的效用还没有充分发挥及其创业潜力不足有直接的关系。

在未创业的农民工看来，至今未创业的原因有资金不足、没有好的创业项目、经验和技术不够、不了解国家政策、不知道怎样创业、创业信息不足、创业风险太大以及相关手续烦琐。

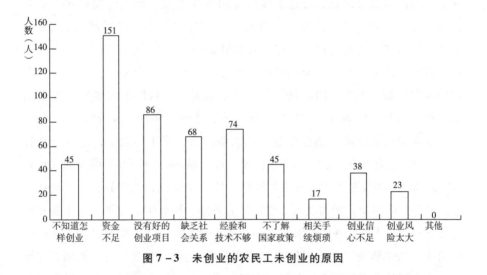

图 7 - 3　未创业的农民工未创业的原因

福州一鞋厂中层管理陈（个案 7 - 5）打工 20 多年，有创业的想法，但一直没有足够的资金，也找不到合适的项目，未能实现创业梦。

> 我有 4 个小孩，经济压力大，不敢太冒险去创业，稳住家庭再发展，再创业。与我同龄的人中也有很多创业的，其实我现在也想创业，做老本行，我打工做过技术师傅，当过班长、组长、科长，一直做到主任，跑过业务，有技术、经验、会管理，也算是人才。因为原来就做过管理，又不断地学习，后来就一直升职，一步一步往前走，每月有 7000 多元工资，养家糊口没有问题。担心万一创业可能面临暂时没有任何收入的危险。创业最关键的是要有资金、有业务。我现在还没办法创业，缺少业务，资金也是大问题。

管理陈（个案 7 - 5）一直都想创业，也了解相关流程，但打工的人创业难，要靠实践，要有技术、人脉，又要了解行业，更需要钱。从机会维度看，社会支持显著地提高了农民工的创业意向，所以应为潜在创业者提供资源和环境支持。

二 创业动机

动机构成人类行为的基础，是引起个体活动，并使该活动朝向某一目标的内在历程以及维持和促进个体行动的内在力量。动机的发展和需要的满足程度有密切关系，需要是一种动力或产生驱动力的某种状态，"需要是人类行为和互动的前提，生存、身体健康和自主是基本需要"。[①] 根据动机和需要理论的解释，创业动机归因于经济需要和社会需要，创业者内在的创业需要如个人发展的成就需要、独立的需要、认同的需要等激发了创业动机。创业可以为自己和家庭提供保障，还可以实现自我价值。

创业动机是隐藏在创业行为背后的驱动力，是个体因素，包括个性特征、社会特征和认知特征，与环境因素，包括政治、经济以及周围的文化氛围、政府的创业支持程度等相互作用的产物。可以说，大多数农民工创业源于经济利益的驱动，增加收入、改善生活条件、提高生活水平、追求满意的生活方式和工作方式往往是农民工创业最直接的动力。不少农民工创业动机很明确，如"解决就业""赚钱""积累物质财富"，很少思考个人创业和国家、社会利益之间的关系，在创业初期尤其如此。针对已创业的农民工的问卷调查显示，2/3 的农民工创业是出于谋生需要。

创业者的创业动机并不是单一的，而是多维的、变化的。创业初期的农民工，属于基本生存型创业，出于维持生存的目的，主要是想获得经济回报，其他的社会动机则比较模糊。而随着基本经济需求的满足、创业经验的积累，创业动机变得复杂起来，可能会逐步偏向追求社会性价值目标的实现，也有可能是挖掘、展示自身的能力，或者是获得地位和成功、实现个人人生价值目标。创业发展到一定阶段，"做自己喜欢的事情、展示能力、实现人生目标""为社会做贡献"也成为农民工创业的动机。并且，在中国社会，创业具有特殊的文化意义，尤其是对那些对创业怀有敬畏之

---

① 〔英〕莱恩·多亚尔、伊恩·高夫：《人的需要理论》，汪淳波、张宝莹译，商务印书馆，2008，第 49～75 页。

情的乡村而言，创业目标的实现无疑给自己、给家族带来了荣耀。说到创业感受，在打工地石狮与家乡同时创业的针车陈（个案 5 – 16，FT15）自豪地说："我们村原来没有几个人开过厂，以前家里条件不好，在村里没有地位。现在办厂富裕了，村里人都对我客客气气的。"成功创业后的农民工得到尊重，获得地位，也体验到了创业的乐趣和当老板的感觉。想要自己当老板、实现个人价值是农民工创业的目标和动力。

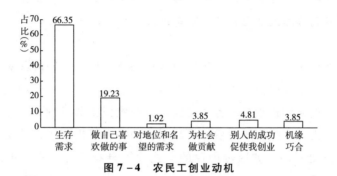

图 7 – 4　农民工创业动机

来自 XS 乡的东莞本度邓（个案 7 – 6）的故事更为精彩、生动，也更有说服力，表现出个体从对经济需求满足到承担社会责任的创业历程。

1966 年出生，高中毕业。现在广东省东莞市沙田镇扬工洲工业区办家具厂。本身是种田出生，15 岁高中毕业后在家种田，力气比较小，连锄头都拿不起。16 岁到 18 岁在家乡做泥工、木匠。19 岁时进家乡的烟草公司做合同工，给烟草打等级。看到一些出去打工的人成功了，由此激发了我。2001 年同学聚会，一些同学在外面打工创业发展得很好，他们认为像我这样个性的人要把握机会出去闯闯。我辞职了，准备自己创业，给自己定位是挣满 100 万元。2001 年来东莞，与 A 合开油漆厂，做化工，只做 1 年多。2002 年了解到牛皮家具是意大利生产，而且国内卖得很好，且国内没有人生产，觉得肯定有市场，就从意大利进皮革生产，第一个 100 万元从皮革生意中产生。

做任何一件事都会遇到困难。刚开始做，是从一个客户那里拿意大利皮革试着做，技术不行，先赔了几次，别人也认为在国内做不好。我不断寻找解决问题的思路，每次不合格产品出现的问题全部都得到解决。以前只有我做皮革，市场打开后，其他人也跟着做。2005

年底开始做自己的品牌，一定要做自己的产品才能挣钱，产品定位在中高档。2007 年注册公司，通过设计理念提升品牌，围绕品牌提升产品。开连锁店，遍布南京、上海、舟山、成都、温州、台州、晋江等 30 多个城市。我现在的皮面家具还销往中国台湾、新加坡、马来西亚。也带动就业，公司有员工 160～170 人。同时还开了五金店，解决了许多人的就业问题，林胜五金厂、美观五金厂共有工人 200 多人。创业发展到一定程度不是为了挣钱，而是一种责任，是你对员工的责任。我创办本度公司，其根本是以人为本，目标是上市。

该案例体现了个性特征、环境因素在创业发展的不同阶段对动机的影响程度，说明不同阶段、不同层次的需求构成了一种持久的动机。这一案例涵盖了马斯洛动机划分的各个层面，说明农民工通过创业，在满足了物质的需要、没有了生存压力后，更高层次的需求就出现了，其动机可能向较高级的需要驱动，如通过创业的形式发挥自身潜能、实现更高社会溢出、证明自我价值、获得社会认可。实际上，立足于社会性动机尤其是自我价值实现的创业者，往往不容易陷入短期经济利益的陷阱，而能够克服各种成败得失，体现出社会责任感。不同的创业动机会导致不同的创业行为和结果，农民工有创业转型的动机，但资源禀赋限制使大部分农民工的创业动机仅限于生存型，实现更高层次的动机，往往只体现为一种主观愿望，而要落实在行动上，则需要政府出台针对性的政策措施。考虑到大多数农民工的创业动机表现，创业动机的高级化发展，既受到创业者个体因素的影响，也受到相应的社会安排、创业环境的制约。

三　创业认知

创业认知水平是创业行为发生的基础。罗纳德·米切尔（Ronald K. Mitchell）认为创业认知是创业个体在识别创业机会的过程中，分析、总结和评价各种信息资源的认知过程。[①] 创业认知是创业者完成创业活动的客观条件，是创业者个体产生创业行为和创业决策的基本要素。阿玛蒂亚·森的可行能力理论指出，"能力不足是导致贫困的根源，而个人的可

---

① Ronald K. Mitchell. "Toward a Theory of Entrepreneurial Cognition: Rethinking the People Side of Entrepreneurship Research," *Entrepreneurship: Theory and Practice*, Vol. 2, 2003, pp. 93 – 104.

行性能力则与经济条件、政治表达与社会机会具有高度相关性"。① 如果要
通过创业获得经济效益，就需要有相应的创业认知能力，包括机会识别能
力、组织能力和创业风险控制能力等，从而实现对市场意识、创新意识、
风险意识等构成要素的把握和掌控。

（一）机会识别方面

创业者个体所拥有的对创业机会进行评价的知识与能力结构是创业认
知的基本内容。机会识别主要是指创业行业识别，表现为看中了该行业的
市场，有这方面的技术和能力，有项目带动、政府支持与引导，有能人以
及企业带动等。外出打工的过程也是不断寻找创业机会的过程。在调查中
发现，农民工往往根据工作、生活中的启发来选择创业项目，根据经验来
确定目标。当被问到"您怎样确定创业方向"时，68.27%的受访者表示，
他们的创业方向来自生活。

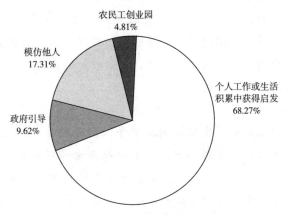

图 7 – 5　农民工创业方向的来源

兼任村书记的手套许（个案 7 – 7）做过很多活，如照过相、做过油漆
工、打过石头，后来通过朋友获得了创业机会。

> 我喜欢交朋友，人情好喝水都甜。有朋友在外创业，在晋江办了
> 鞋底绣花加工厂。2007 年我去晋江玩，认识了一位晋江老板，后来朋

---

① Amartya K. Sen, *The Standard of Living*, Cambridge：Cambridge University Press, 1987, p. 36.

友把他带回来，一起吃过饭，了解了手套加工业。2008 年这位晋江老板就在石田、桐江办手套厂，我在那里做了两年管理工作，主要是协调关系。2010 年那位晋江老板不做了，把厂转给我。我是村书记，前几年搞招商引资，招工任务分配到村，我就想自己在家里办，也不用租厂房，还解决了村里的就业问题。我投入 20 万元，也有关系平台，专做这个朋友的单。后来租桐江粮所的房子，雇用 20 多个人。做手套的技术和做鞋不一样，厂里的员工以前只做过鞋，没有做过手套，所以我们这边的工人都需要培训。我们工厂是靠量挣钱，也没有什么风险，只要做好事情就行。

市场作为一种资源整合方式，为农民工的流动创造了机遇，尤其是对具有主动性个性的农民工来说，一旦有了周围环境的支持，他们就会深刻地感受到个体与环境的交互作用。2008 年金融危机所提供的市场机遇也对部分农民工创业起了一定的激发作用。粉干赖（个案 7-8）返乡创业前在福州打工，先是做体力活，后来慢慢做到部门管理人员。由于金融危机，粉干赖原来打工的工厂倒闭了，于是就开始四处奔波，寻找商机，最终经过市场调查获得启发，在政府的引导、金融政策的扶持下创办了手工粉干厂，改变了自己的命运轨迹。

一次偶然机会，发现福州没有手工粉干销售。我马上回到老家，带上一些手工粉干来到福州，请当地人品尝。得到当地人的称赞后，我喜上眉梢，一个念头闪进脑海：何不在福州做手工粉干。我回到家乡拜师学艺，原本想带着技术在福州租房办手工粉干生产作坊，可是如果在福州办厂，投资非常大，自己承担不起。2008 年底，在县劳动部门的帮助下，申请到了 10 万元的贴息贷款，在老家办起了手工粉干厂。随着手工粉干的畅销，有了扩大生产规模的打算，现在又获得了二次创业扶持，最终利用这些贷款，加上自己的所有积蓄，在 XS 工业园内开始新建厂房，扩大生产规模。现在每月产量可达 5 吨左右，可安排 80 多人就业。

农民工对创业方向和目标的选择得益于其打工经历与市场经验。在市场中激发的提高经济地位、获取财富、改变自身社会地位的强烈意愿都在推动他们创业。福州日用品卢（个案 7 - 9）1995 年就来到福州，在做轮胎业务过程中，积累了一定的资金，2005 年投资 20 万元开办日用品贸易公司，通过自身经历选择了适合自身、风险又较小的创业项目。

> 创业不容易，市场决定了你在哪里创业，把市场定位在哪一块儿。我以前做轮胎业务，感觉轮胎这一行风险大，不适合我投资。通过市场分析后，我选择了日用品行业，初次投资只花了 20 多万元，这一行竞争不大、投资小，人们的品牌意识不强，也不像做食品那样有保质期，风险比较小，一般不会亏本。我们厂的规模在逐步扩大，规模扩大后，场所也换了很多次。根据现有的能力，确定每一步的目标，一步一步走，不要盲目扩张，而是要稳扎稳打。心不要大，不要一下子就想发展到多大的规模。

农民工创业高度依赖特定的市场机会结构，市场机遇又激发其投身创业。大多数农民工在创业过程中主要凭主观判断确定投资方向，缺乏必要的创业知识、市场意识。

（二）组织、管理能力方面

成功的创业者必然在组织、管理能力方面具有较强的能力，这是创业持续进行的源泉。农民工在创业过程中嵌入产业网络实现的能力累积对其创业成长具有显著作用。就我们所访谈的案例来看，多数创业成功者强调外出就业过程中掌握的技术、积累的管理经验对他们创业有很大帮助。这在问卷调查中也充分体现出来。

在现实中，农民工创业者的生产能力、管理素质、创业信息获取能力等，与其他群体有一定的差距。虽然农民工创业者认为他们经过打工获得了一定的技术、经营管理方法，但是经营管理理念仍然是他们最欠缺的。本研究也发现，由于缺乏组织管理能力，农民工在创业过程中出现的一些问题常常得不到妥善解决，易使企业陷入僵局。东莞电子黄（个案 7 - 10）给我们讲述了他的经历。

> 2007 年独立开永益电子有限公司，一次性投入 130 多万元，员工有 100 多人，在家乡也办了分厂，雇用了几十个人。2008 年动工不

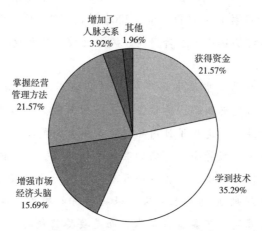

图 7 - 6 外出打工经历对办企业的帮助

久，就遇到金融风暴，后来又出现公司管理的问题，有员工跳楼，还有员工在厂门口被杀，因此赔了不少钱。在创业过程中，我的工厂前期发展非常好，本身项目具有发展前景，但是没有懂管理的人参与合作，缺乏管理经验，使公司陷入僵局。在创业中失利时，我经常是请算命先生来解决，认为可能是风水问题，如可能是门的朝向有问题，如果还不行，我就准备搬厂房。

我们来看看由打工积累了资金，但是没有接触过管理，有 3 次创业经历，投资额从 50 万元、40 万元，到 20 万元，创业行业从开模具厂到承包食堂，目前开办会所及酒店的福州餐饮黄（个案 7 - 11）的故事。

通过打工，我获得了技术，搞技术和做管理并不一样，我还是缺乏管理经验。2002 年 5 月投资 50 万元，办光达模具厂，雇用了十七八个人，扩张过快，半年之内扩张到 100 万元规模。当时想要做自己的产品，买了注塑机（一台机器就要 15 万元）帮人加工，也帮 adidas 设计过模型。当时 3 个人合股，股东还都比较强，有中华映管的工程部经理。但是只有我一个人管理，因帮人加工，没有按时结算，那人逃走了，欠了 20 多万元，风险把握不住，钱又弄不回来，其他费用也大，又没有外来资金，资金链不够，2003 年工厂就倒闭了。

一个偶然的机会，有一个朋友出来，他没有合适的事做，就和我合股到大学生食堂做餐饮。管理上的漏洞也比较大，厨师都是外地人，不给我们节约，浪费大，学校里欠账也多，至今还有欠账。因为我们依托的公司与学校的账没有算清楚，所以也拿不到钱。2011年其他股东退股，到2012年就剩下我一个人做，年底没有中标，就改开酒店，花6000元租别墅开会所。我很多朋友是开公司的，这也是一个创业的机会。

农民工对创业的认知是逐步提升的，福州机械赖（个案7-12）原来在轴瓦厂上班，对当时论资排辈的分配制度不满意而出来创业，有过两次创业经历，其间也通过打工获得了技术与管理理念。这一案例给予了我们更多启示。

　　1994年我和别人合资在老家办竹制品厂，有40~50个工人，没有经验，管理不了。1995年麻将席价格大跌，每张席才卖130元，只能挣18元，资金不足，贷款利息又高（我到当地农村的一个扶贫救灾委员会申请贷款，贷款利息是3分6厘），技术也不行，信息又不灵通，欠了一身的债，厂就倒闭了。股东散了，设备又卖不到钱，年底我就出去打工。1996~1998年进福州市横屿轻工机械厂做技术，每月5000元，每个月只留300元，其他全用来还债，几年下来，原来欠的20万元债务都已还清。然后跳槽到金奥冶金做技术干部，我要求搞业绩提成，做到2001年上半年，老板说提成太多，要我考虑是否可以不要提成，我不同意就辞职了。于是去东莞进TTI电子科技，做DIE工程师，在那里得到相当多的锻炼，对先进设备有了认知。我在PIE部门工作了两年，学到了知识，比较满意，但是工资低。2010年，工厂搬迁，想入股，老板不同意。于是我投资100多万元，自己办"福州华群机械制造有限公司"，生产拉钢筋的机器。经过多年的打拼，我创业已经有了技术、管理优势，只要市场好就能挣钱。

（三）创业风险控制方面

创业行为具有一定的社会风险，需要面对市场、技术的不确定性，并为此承担后果。内生于中国特殊社会结构的农民工创业者，他们抵御风险、规避风险的能力低，利用资金、政策、项目的能力弱，对创业风险、困难认识不成熟，总是会采取一些保守的方式规避冒险可能带来的损失。农民工创业者自身的知识与能力水平并不高，抗风险能力也较为脆弱。笔者曾经访问东莞五金赖（个案 7 – 13），他由于对市场风险没有足够的把握以及欠缺管理知识，认为与别人合伙风险大，也不想扩大规模，一直以来只做原来打工时一台湾老板的订单。

> 我1995年在东莞凯扬五金厂打工。工作一年后，做技术，也兼管理，因老板之间有意见分歧，就分成两家，几个月后我就升为副总经理，管理整个车间。我认为这样做一辈子没有奔头，2001年就办晖虹五金厂，老板把旧机器便宜卖给我，还提供业务给我做。自己家里几个人做，工人与管理人员都是自己人，如侄子、外甥，请外面的人不太稳定。两年后把旧机器卖了，买新机器，旧机器精密度差、性能差。我不太想扩大规模，要做成规模只能与别人合作，但我不想和别人合开。要找到同心协力、交往比较实心的人也难，对业务、资金、内部生产管理，合伙的股东多有意见而难统一。我自己慢慢做，通过多年的接触、交往，与原来打工的老板形成了互相依赖的关系，只做这一家的单。对外面的业务扩展比较担心，也不去扩大。投资少，才可控。自己的经历不足、经验不足，先尝试，有了经验再做大。

人们把握机会、利用资源的能力有所不同，必然会出现创业水平、创业结果的差异，直接导致创业后续发展动力不稳定，如果没有相应创业认知能力，就可能出现不可避免的创业失败隐患。由于农民工的创业认知处在一个相对较低的水平上，虽然在某个行业、某个工序流程方面积累了技术知识，但受限于贫乏的创业教育水平和狭小的实践空间，缺乏经营管理知识和经验，获取社会资源的能力较弱，易做出随意与盲目的决策与判断，因此，在市场变化中，最容易受影响的就是农民工创业者。农民工成功创业的关键因素是创业前充分的市场调研、较强的组织管理能力以及政府和亲戚好友的支持。这也说明针对农民工的创业教育要高度重视其创业意识、创业能力、创业精神的培育。

创业认知直接关系到创业成功与否，创业成长中的创业认知水平提升直接影响创业绩效。由于创业动机、创业认知、创业资源等各种不同因素

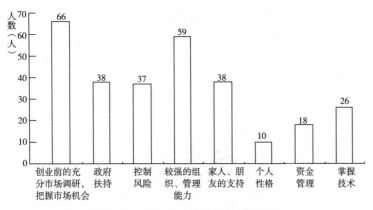

图 7 - 7　农民工成功创业的关键因素

制约着创业水平提升，从技能维度进行的政策设计须提升农民工创业认知能力，才能持续推动创业成长，从而创造创业绩效。

第二节　农民工创业需求分析

创业与农民工自身主体性有较强的相关性，而外在的客体性力量也深刻作用于农民工创业。农民工创业行为在一定的经济环境中产生，是在创业需求的引发和推动下进行的。除了创业者个人因素，创业环境也是创业能否成功的重要因素。了解农民工创业成长过程中的真正需求，有利于合理优化农民工创业环境，提高其创业的成功率。分析显示："资金""项目""环境""信息"是创业的关键因素，环境需求、政策需求、社会需求、信息需求是农民工创业的基本需求。

一　环境需求

创业环境是指对创业行为产生影响的现实或潜在的外部因素的集合，包括硬环境和软环境。"硬环境"是指自然地理条件、基础设施建设等，而"软环境"是指社会经济条件，即与创业相关的政策环境、体制环境、市场环境和人文环境等。创业环境效应在于：创业环境直接影响创业机会、创业过程以及创业成效，优良的创业环境能提高人们的创业预期。创业活动与环境之间的影响是相互的，只有具备了一定的环境，才能激励更多的创业者。

与农民工创业直接相关的创业环境包括政府干部工作作风评价、基础设施条件，以及创业融资环境、创业扶持政策等，这些因素均影响创业机会、创业过程以及创业成效。样本统计结果显示，在创业环境评价方面，认为"很差"或"较差"的农民工占13%，认为"一般"的占53%，认为"较好"或"很好"的占34%。

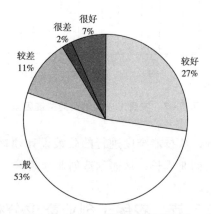

图7-8 农民工对创业环境的评价

在政府干部工作作风评价方面，认为"较好"的占26%，认为"很好"的占6%，认为"一般"的占57%，认为"较差"的占7%，认为"很差"的占4%。显然，近些年政府的服务功能和理念、服务意识有所提升，创业农民工对政府干部工作作风评价有很大提高。

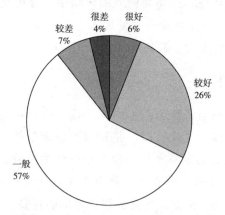

图7-9 农民工对政府工作作风的评价

在基础设施条件评价方面，认为"很差"或"较差"的占4%，认为"一般"的占64%，认为"较好"的占27%，认为"很好"的占5%。公共基础设施基本能满足农民工创业的需求，这与我国近几年政府在公共设施财政方面的投入加大有密切关系。

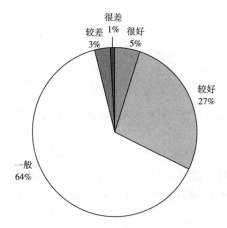

图7-10　农民工对基础设施条件的评价

在早期的研究中，农民工普遍的反映是"在外创业比返乡创业的环境要好，管理更规范"。相比较而言，农民工对创业环境的总体评价在提高，对创业体制环境和政策环境的满意度也在提高。从本课题的历时性调查来看，这种区域性差异正在逐渐缩小。但从总体上看，创业环境对农民工群体的创业行为仍然是不利的，这是我国创业环境需要解决的根本问题。

二　政策需求

创业政策包括税收优惠、金融支持、创业培训、创业指导等，是激励创业的助推剂，有助于完善融资环境、文化环境、制度环境，促进潜在创业者选择创业并提高创业水平。马克斯·韦伯说过："任何合理的政策，在手段上都利用经济的取向，而且任何政策都可以服务于经济为目的。"[1]处于不同阶段，创业需要不同的创业政策。根据问卷显示，在创业初期，农民工最需要的是资金方面的政策，其次需要解决市场问题、技术问题、人才问题。这一阶段的政策措施应是制定农民工贷款政策、税收优惠政

---

[1]　〔德〕马克斯·韦伯：《经济与社会》（上卷），商务印书馆，1997，第86页。

策、人才培训政策。

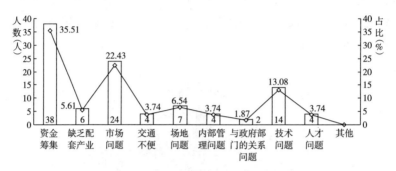

图 7 – 11　农民工创业初期遇到的最大困难

当创业发展到一定阶段，农民工最需要的政策仍然是资金支持，以及招工、技术方面的支持，此外增加了政府的重视、信息支持等方面的需求。这一阶段的政策措施应是加大落实财税、融资政策以及创业技能培训政策。

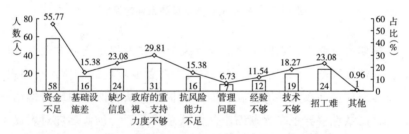

图 7 – 12　农民工在当前创业发展中存在的主要困难

这表明，在创业发展的不同阶段，农民工创业遇到的问题有一定差别，但资金问题一直是困扰农民工创业的主要因素。完善的农民工创业政策理论框架要围绕创业阶段建立，从提供资金为主的优惠政策向提供管理与服务为主的政策转变，要从创业过程中的实际需求考虑，从资金、税收、管理等方面给予扶持，关注政策的效果以及不同阶段、不同层次农民工对创业政策的满意程度，对创业政策实施绩效进行整体评估，将政策扶持贯穿到创业的全过程。

当前农民工创业政策仍处于"碎片化"状态，促进创业的金融政策、财税政策、产业政策等的衔接不够，没有形成整体的、长期的支持体系，现有相关政策在具体实施中还有"不详细、不系统、不完善"之处。调查显示：有

34%的农民工创业者对创业政策不太了解，而对创业政策很了解的仅占4%。创业公共服务滞后也使创业服务与创业者实际需求之间矛盾突出。面对农民工创业活动，创业政策要从鼓励创业转向扶持创业，引导要及时跟进，全面布局，加大对农民工创业的扶持力度，以减少农民工创业的盲目性。

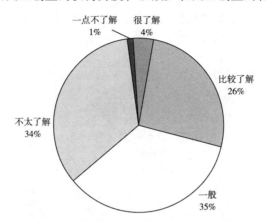

图 7 – 13　农民工对创业政策的了解程度

有效的创业政策能够刺激创业，政府应该打造公平的创业政策体系，适当加大对农民工创业的政策倾斜力度。在农民工创业支持政策中，农民工比较了解及关心的政策主要有小额担保贷款或者低息贷款和税费减免等。

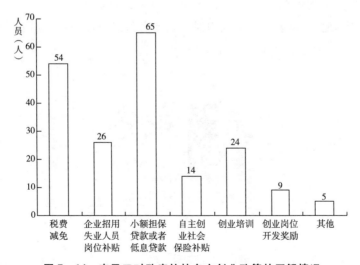

图 7 – 14　农民工对政府扶持自主创业政策的了解情况

　　在问卷中也有专门针对未创业农民工的内容，就"请问国家（政府）有什么补助和扶持农民工创业的政策吗"一项而言，选择"没有听说国家出台过支持农民工创业的政策"的占到总样本的12%，选择"国家可能有政策，但还感受不到"的占68%，选择"目前政府有针对农民工创业的政策"的仅占20%。这说明信息不畅通、政策宣传不到位现象严重，这些都会影响农民工的创业行为。

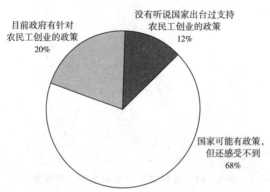

图7 - 15　农民工对国家（政府）补助和扶持农民工创业政策的知晓度

　　当问到创业农民工，"如果有帮助，哪些创业政策较有帮助？"29%的人选择"小额担保贷款或者低息贷款"，25%的人选择"税收减免"，14%的人选择"创业培训"，13%的人选择"企业招用失业人员岗位补贴"，12%的人选择"自主创业社会保险补贴"，5%的人选择"创业岗位开发奖励"，2%的人选择"其他"。这表明，小额担保贷款或者低息贷款及税收减免政策，仍然是农民工创业者最关心的内容。

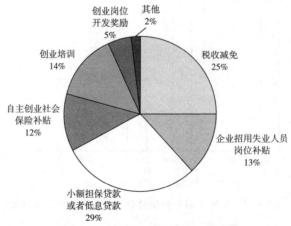

图7 - 16　农民工所关心的创业政策

　　农民工创业资金大多来自自身积累和强关系网络借贷。研究结果表明，当农民工创业过程中出现资金困难问题时，他们主要是向亲戚好友借款，其次是选择银行贷款，再次是选择民间借贷。与农民工创业者打交道最多的是农村信用社，他们与其他金融机构的接触较少。随着农民工创业的发展，他们对金融服务的需求越来越多。

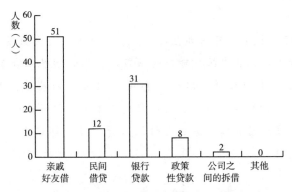

图 7 - 17　农民工遇到资金不足问题时的解决方式

　　当问到"您在贷款过程中最难解决的问题？"31% 的人选择贷款门槛过高、条件过于苛刻，27% 的人选择贷款金额少、18% 的人选择贷款手续复杂、14% 的人选择信用担保难、5% 的人选择贷款的品种多样化不足（还贷期限太短）、5% 的人选择贷款成本高（利息高）。

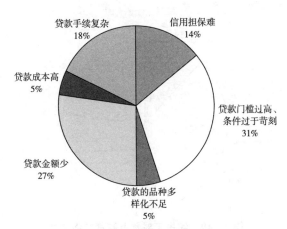

图 7 - 18　农民工在贷款中遇到的问题

由于传统的信贷模式多集中于固定资产抵押、担保，而农民工所办企业一般规模偏小，没有足够的抵押品，农民工创业的金融需求难以满足。东莞鞋面温女士（个案7-14）具有较长的创业经历，在他人看来她最大的优点是能吃苦，但是生意越做越小，刚开始办厂时有五六十个人，后来是二三十个人，而现在只有几个人。在2008年受到金融危机冲击时，她感到自己难以渡过难关。

> 我90年代末就开始办鞋面厂。我懂技术，丈夫做过管理和销售，投资五六万元，其中银行贷款两三万元，那时候很难贷款，还是娘家用房子抵押才帮我贷上款的，再由姐姐帮忙借些钱，都是高利贷。2008年，一遇到金融危机，可把我愁坏了……许多小企业都倒了，订单也少，雇用的员工还得白白付给工资，当时都想直接关厂不干了。没处找钱啊！

农民工创业是在现实的政策中进行的，没有良好的政策环境和制度条件，创业难以发展。从调查结果来看，农民工对创业政策的满意度主要为"一般"。其中，在101个有效选项中，选择"很满意"的只有1人，选择"较满意"的有23人，选择"一般"的有66人，选择"较不满意"的有8人，选择"很不满意"的有3人。

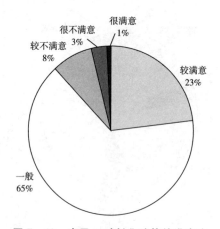

图7-19　农民工对创业政策的满意度

　　这说明农民工对创业政策的满意度与以前的调查相比有较大的提升。这是因为农民工创业政策逐渐完善，税收、银行贷款政策以及社会保障和就业保障方面的同类优惠政策增多。但是，随着农民工创业规模的扩大、创业质量的提升，农民工对创业政策的期望和要求逐步在提高，政府应该在改善创业环境方面有更大的力度。面对"您认为政府应该如何改善创业环境？"41%的人选择"放宽银行贷款政策"，27%的人选择"减少税收、集资、摊派"，16%的人选择"提供金融、技术、信息服务"，14%的人选择"放宽审批手续"，2%的人选择"改善基础设施"。这说明围绕资金问题，放宽银行贷款，减少税收、集资、摊派是农民工最需要的政策。

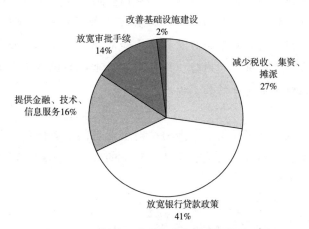

图 7 - 20　农民工对政府改善创业环境的需求

　　农民工创业政策的制定，尤为关键的是要专门针对这一群体的创业特性，分析政策的着力点，减少创业障碍、降低创业风险，给农民工创业足够的"政策空间"。

三　社会需求

　　社会需求是指依靠专业化、社会化和市场化的创业服务机构而获得的服务。组织化趋势预示了农民工创业的组织化发展方向，农民工创业希望得到政府、社会的扶助，也有依靠自组织的倾向。通过行业协会或商会，农民工能够在市场信息服务、相关政策法规获得、技术信息服务、管理信息服务方面获得一些支持。按照他们的说法，"成立商会的目的在于共享资源，解决企业发展面临的很多难题，如果缺少材料，还可互相借用"。

在他们看来，"真正对创业有帮助的应该是商会，每年聚会，有互动，起到了牵线搭桥的作用，生意上可互相照顾"。"商会有各行各业的人参加，会有各行各业的信息，可以了解企业政策的状况，对企业发展有较大的帮助。还可以利用整体的力量互助。"商会等行业协会具有组织人才、技术、职业培训的功能，作为政府和企业之外的第三元主体可以弥补两者之间的断裂与不足，有效发挥保护会员合法权益的作用。在受访者 DH（个案7-14）看来：

> 商会有三大作用：一是沟通的桥梁。商会中主要是企业界人士，也包括各界知名人士，可以结交一些同行的朋友，获得一些与创业相关的信息。二是互相帮助。行业协会可以帮助创业者确定创业方向、获取技术援助。三是维护自身权益。如果在创业过程中遇到了利益方面的冲突，可以有一个同行组织的渠道，个人的能力总是有限的，可以通过组织实现自身的利益诉求。

在"您认为创业者协会、专业协会对创业者的重要性"方面，14%的人认为非常重要，38%的人认为重要，33%的人认为一般，15%的人认为不太重要或不重要。

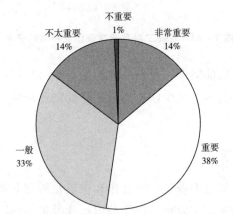

图 7-21　创业协会、专业协会对创业者的重要性

在行业协会或商会对农民工的生产经济活动进行过的帮助方面，提供市场信息的比例是最高的，这一点也符合创业者在创业协会目标定位方面的认识。

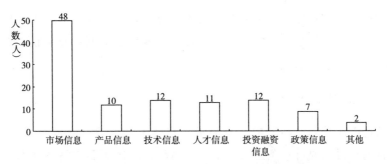

图 7 - 22　行业协会或商会对农民工生产经济活动的帮助

　　创业农民工认为创业协会主要目标应定位于提供市场信息、扩展创业空间，同时在推进创业者之间的合作、协调政府与企业关系以及抵御市场风险方面也应起到积极作用。

　　从组织形式上透析，现有的行业协会或社团组织普遍存在覆盖面窄、服务能力差、影响范围小、独立性不足、内部治理结构不完善、自身定位偏向政府或个别大企业的问题。调查显示，大多数农民工创业处于分散性的无组织状态，农民工创业协会刚刚起步，在某种程度上限制了行业组织功能与作用的发挥。在"你是否参加了协会或者政府相关组织"方面，65%的返乡创业农民工选择"否"。这说明参加行业协会的农民工比例低，行业协会的覆盖面窄、影响小、服务能力弱。农民工创业获得的行业支持少，行业协会等组织为中小企业服务的职能还没有充分发挥，还没有兼顾到维护、争取大多数中小企业的权利。创业者协会的重要性也没有得到社会的普遍认可。福州石材何（个案7－16）说，"商会也谈不上支持不支持，尤其对我们这样的小企业。商会会组织一些活动，每年要交500元的会员费。原来还组织聚会一次，现在连聚会也没有了"。这种观点代表了部分创业规模小、技术含量低的创业企业者的看法。

　　对利益的维护和追求是创业者协会发展完善的动力，而只有增强服务能力并参与公共事务治理，才能获得社会的持续支持。"商会服务能力的低下将引发一系列不良后果：服务的缺乏引发会员不满、拒交会费甚至退会，商会的经费收入减少，商会更加无力提供服务，商会入会率下降还会导致商会的行业代表性不足，经费缺乏也降低了商会治理行业的能力，无力履行政府赋予的职能；最终将使商会、企业、政府三者良性互动的模式发生逆转，陷入恶性循环，导致商会绩效下降甚至陷入瘫痪。"[①] 在社会组织不发达的现实情况下，为满足多层次、异质性的创业服务需求，应根据地区实际，积极拓展生存空间，有效推进行业协会的制度化建设，促成其与农民工创业项目的主动对接。

四　信息需求

信息需求是创业活动的基本需求。农民工创业信息获得具有独特性，其信息的获得主要有三条途径：第一，基于打工经历和生活实践而发现创业机会；第二，基于亲缘、地缘获得创业信息、创业项目，这是早期农民工获取创业信息的主要途径，后来延伸到业缘关系；第三，通过电视、报纸、广播和政府部门专门人员的宣传等获得信息。受自身文化素质限制，农民工搜寻信息、甄别信息和择优选择信息的能力不强，仅是通过政府服务行为获得"喂入式"信息。受自身素质、自然环境和社会环境等诸多因素的限制，农民工对国家和当地政府相关的创业扶持政策信息了解不多，其创业成长往往面临机会把握和信息获取的困难。创业信息匮乏削弱了农民工创业决策能力、阻碍了其创业发展。

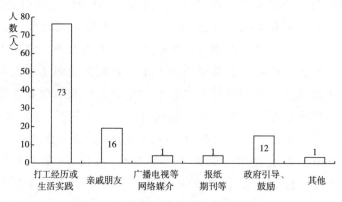

图 7-23　农民工获得创业信息的途径

从现实情况来看，信息需求是有层次的，农民工对信息的需求从强到弱依次是：市场信息、技术信息、投融资信息、人才信息、产品信息和政

---

① 郁建兴、宋晓清：《商会组织治理的新分析框架及其应用》，《中国行政管理》2009 年第 4 期，第 63 页。

策信息。由于自身素质等原因，农民工最急需的便是市场信息服务。根据他们的信息需求情况，在政策上应围绕紧缺领域，拓展农民工创业信息渠道，满足他们的创业信息需求。

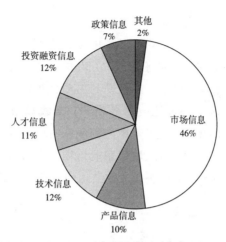

图 7 - 24　农民工最急需的信息服务

　　农民工从社会支持网络中能获取的创业资源与他们在创业过程中的实际需求有较大差距。农民工创业需求的满足与否，制约着农民工创业的发展状况。结合我国农民工创业需求的实际，上述研究结论暗含两个层面的政策意义：第一，优化创业环境支持是促进农民工创业的根本举措。第二，根据农民工创业的需求特征分析，加强对农民工创业环境的系统研究、分析农民工创业环境构成要素、深入探讨农民工创业环境的作用机制，是创业环境研究的主要内容。综合考察农民工创业行为，必须创新基本公共服务供给模式，农民工创业研究需要对此做出回应。

第三节　农民工创业服务供给分析

　　创业服务是对创业者提供的外部支持，具体包括政策支持、资金扶持、人才服务等。创业服务的有效提供，是减少创业风险、促使创业成功的重要因素。素有"闽粤通衢"之称的赣南 H 县，是农民工创业比较活跃的地方，因此，在鼓励、支持农民工创业这一问题上的认识较强，并制定了支持农民工创业的具体政策。H 县由问题倒逼到寻找问题，正尝试性地探索制定各项创业政策，并已初显成效。结合相关调研情况，本研究探寻了 H 县创业服务尝试性探索的经验。

一 就业创业培训服务

根据农民工创业的现实需要，要"建立以信息指导、政策激励、融资支持为手段，以创业园区为依托，以孵化器服务为机制的全方位的创业服务体系"。[①] H 县针对农民工创业服务中存在的主要问题，加强农民工创业的地方政府公共服务体系探索，从被动到主动，积极构建创业培训、小额担保贷款、创业基地"一体化"服务模式；重视就业创业培训工作，整合、利用相关社会资源，对农民工中的创业者、企业管理人员、技术人员进行全方位的培训，如积极组织城镇职业培训、农村劳动力转移培训、工业园区定向培训，满足了创业企业人才结构的调整和升级需求。

（一）农民工创业培训

有调研发现，"未接受创业辅导的小企业，4~6 年内有高达 55%~65% 的失败率，而接受创业辅导的企业仅有 20% 的失败率"。[②] 针对农民工接受职业技能培训率低，在打工阶段学习的技术、积累的管理经验无法满足创业需求的现象，H 县有关就业创业促进职能部门深入沿海城市以及其他农民工比较集中地区，了解农民工群体的结构、流动去向，对掌握一定技术、拥有一定资金，并有返乡创业意愿的农民工进行登记，了解他们的创业项目、创业计划及创业过程中可能出现的困难，并制订创业培训计划，根据不同对象、不同产业特点开展特色培训，重视以政策激励为手段引导农民工接受创业培训，促使有创业意愿的农民工"转型"当老板，从而做到培训内容和企业所需人才相吻合，使培训后的农民工大多实现了创业。

（二）劳动力就业培训

为避免出现"为培训而培训，培训就业两张皮，培训效果差"等现象，H 县以就业创业需求为导向，采取培训基地与企业、乡（镇）与企

① 谭忠真、何红梅：《后危机时代返乡农民工创业服务体系研究》，《中国集体经济》2012 年第 6 期，第 10~11 页。
② 林莉：《推动创业服务商品化》，《厦门科技》2008 年第 4 期，第 27~30 页。

业合作等培训模式，开展定单式培训，使培训与就业有机结合，形成县、乡（镇）联动的"一盘棋"式培训格局；并深入企业，与企业劳资人员、员工进行面对面的座谈，了解企业用工情况，摸清劳动力需求状况，通过开展有针对性且实用性强的农民工技能培训，培育了大量熟练劳动力，实现就业由"体能型"向"技能型"转变。2009 年，H 县接受培训的农民工有 3973 人，2010 年达到 6216 人。政府在农民工就业培训方面做了细致的工作，为解决企业招工难的问题奠定了基础。

（三）企业管理人员培训

多数农民工返乡创办的企业缺乏较高水平的管理人员，适应不了企业长远发展的需求。只有建立完善的企业管理人员培训制度，才能使企业更好地发展。由于企业没有更多的资源用于管理人员的培训，当地就业保障部门充分利用社会资源进行培训，由民营企业管理局组织成长型企业相关人员参加市级以上主管部门组织的培训。此外，县里还举办了创业管理人员培训班，内容包括企业管理、人力资源管理等。

二　小额信贷服务

小额信贷是服务于资金匮乏的城乡低收入人群的一种金融服务方式，这一服务旨在为工商个体户、小微型企业等提供就业和发展机会。H 县在 2003 年就成立了小额贷款担保中心，其通过全面评估、认定，对有创业愿望、创业能力、创业项目，又有一定自筹资金和合法稳定经营场所，并从事微利项目的创业人员实施小额担保贷款服务。针对有创业意愿的返乡农民工还建立了"创业培训＋小额贷款"的扶持模式。对小额担保贷款额度和期限也做了规定：第一，对从事个体经营的，贷款额度根据创业项目、个人信用状况、还贷能力等具体确定，最高可提供 5 万元的无息贷款；第二，对带动 3 人以上的妇女创业者，最高可提供 8 万元贷款；第三，对合伙组织创业者，根据合伙人数，最高可提供 20 万元贷款；第四，对于已成功创业，在同一创业项目的基础上进一步扩大规模，并带动就业人数 5 人以上，且信誉良好的，可提供二次创业扶持，最高可提供 30 万元贷款。以上所有扶持期限可达 2 年。H 县就业局提供的资料显示：促进就业创业的小额贷款总额逐年上升，从 2009 年的 2372 万元增加到 2012 年的 3057 万元，促进了低投资、低风险的创业行为。针对农民工返乡创业的小额担保贷款比重也逐年增加，2009 年贷款金额为 205 万元，2012 年达到 1720 万元，占贷款总数的 56.3%。由于财政部门、金融机构、劳动保障部门等密切协调配合，小额担保贷款政策得以较好地落实。小额贷款服务制度的运行促使农民工从具有创业意愿转向了具体的创业行动。

三　农民工创业园建设

积极探索农民工创业园区建设是提高农民工创业组织化程度的重要举措。H 县按照"科学规划、突出特色、功能配套"的思路，积极协调创业的基本要素，统筹规划创业园区，构建了"一园三区"的平台体系，即形成了以台商创业园为依托，以 GZ 工业区为轴心，PS 创业区和 XS 创业区呈"两翼"型分布的格局。H 县对每一类型的创业园都有产业定位。通过产业定位、政策引导、帮扶服务等措施，园区已初步形成以矿山机械制造、矿产品加工、服装轻纺、电子科技、食品加工为主导的产业格局。由政府和劳动保障部门解决土地和厂房建设问题，农民工只需带设备、人员即可入园创业，并享受厂房租金及税收减免、政府贴息贷款等优惠政策。创业园管理机构对入园企业实行 3 年的"孵化"，着力打造农民工孵化基地。为确保将农民工创业孵化基地建设好、运行好，并取得良好成效，H 县还建立了目标责任和督查督办制度。县政府将创业孵化基地、创业园建设纳入年度就业工作目标管理考核体系。每年，县委、县人大、县政府、县政协四大班子分管领导带队督查全县就业和社会保障工作时，都要到创业孵化基地现场督查。人力资源和社会保障局主要领导、分管领导和相关业务科室人员经常深入创业孵化基地了解情况、检查指导，及时掌握农民工返乡创办企业的发展情况以及遇到的困难，帮助企业协调解决发展中遇到的难题。进入孵化基地或创业园区的企业，在孵化期间，可享受租金减免补贴，并可申请小额担保贷款（贴息贷款）。2008～2012 年，进入孵化基地、创业园创业的经济实体户为 50 个，累计享受各类补贴资金 80.45 万元。农民工创业园成为农民工兴办各类企业的聚集地与孵化基地，不仅降低了风险，而且促进了产业集聚和升级。

农民工创业水平要有大的发展、要在更高层次上得到提升，必须按照同等优先、适当倾斜的原则完善政策保障制度的顶层设计，多措并举推进创业政策实施，逐步形成政府引导、市场运作、政策扶持和法律保障相结合的机制，建立健全创业促进机制、创业保障机制，并拓宽资金扶持渠道、创新社会服务体系，从而在政策扶持上体现连续性、在服务内容上体现拓展性、在服务举措上体现针对性、在创业队伍保障上体现稳定性。

小　结

农民工创业是实现社会流动的有效载体。而创业本身是一项高风险的活动，对人力资本不高、社会资本不多、创业认知水平还处于较低程度的农民工来说，成功率并不高。整体推进农民工创业，需要了解农民工的创业意愿、创业动机与创业认知，以及创业过程中的环境需求、政策需求、社会需求、信息需求。根据农民工创业需求的新特点，构建创业培训、小额担保贷款、创业基地"一体化"公共服务模式是破解农民工创业服务"最后一公里"难题的积极尝试，也是农民工实现成功创业的关键，对促进社会阶层结构的协调大有裨益。

对农民工创业意愿、创业动机、创业认知与创业需求的再考察，有助于对农民工创业有更清晰的理解。农民工创业仍处于起步、发展阶段，与社会发展的要求相比，创业数量与成功率还有很大差距，资金不足不能创业、能力有限不善创业、配套设施缺乏不便创业、收益较低不敢创业等问题突出，客观上削弱了农民工创业的积极性。农村发展对农民工返乡创业有刚性需求。对没有区位优势的农村来说，最大的优势就是劳动力资源，发展的支点就是农民工创业。必须清醒地看到，农民工创业服务体系的构建离不开完善的社会支持体系，尽管采取了很多扶持农民工创业的措施，制约农民工创业发展的公共服务"短板"正在补齐，但是与农民工的需求相比，还有很大的差距。为满足农民工创业的环境需求、政策需求、社会需求、信息需求，应坚持弱势补偿的原则，进一步构建具有连续性、系统性的创业服务体系，实现上下互动、左右联动，在更高层次上构建基于农民工创业需求的支持体系，为农民工创业的生存和发展提供稳定的制度性保障。

第八章 基于社会流动的农民工创业支持体系分析

美国社会学家戴维·波普洛说过："一个社会要想进步，就必须具有某种途径，使出身低微而才智过人者能够替换那些出身高贵而才疏学浅者。"① 不论是对任何群体，都必须尽可能做到起点的平等，这同时意味着对社会公平和公民权利的逐渐重视。这种普遍的、共同的进步需要建立在权利公平、机会公平、规则公平的社会流动途径上，以使人们对"权利"的认知与诉求从生存层面上升到发展层面。基于社会流动视角分析农民工创业，需要研究如何优化农民工创业环境，以及构建鼓励农民工创业的政策支持体系。

第一节 一个分析框架

创业是农民工获得市场收益和社会地位的途径。被认为是"中国第四次创业浪潮主角"的农民工经受了创业理念的熏陶，感受了市场经济的浪潮，通过积极创业改写了自己的命运。然而，这种尝试行为带有被动与摸索的痕迹，单靠农民工自身的能力难以成功创业。社会支持对农民工创业具有促进作用，政府、社会组织、创业者等多方力量需要整合，以形成支持农民工创业的合力。

一 社会支持的组织资源

传统的变革必然引起旧有组织的变化，个人获取资源方式的变化，必然引起组织与环境、个体与组织关系的不断变化。社会组织资源既包括传统的社会组织资源，也包括现代的社会组织资源。为适应新的历史时期社

---

① 〔美〕戴维·波普洛：《社会学》（下），辽宁人民出版社，1988，第42页。

会支持系统建设的需要，传统的社会组织需不断地创新。在开放、竞争的环境下，我们要从变动的角度谈组织问题，必须提高各类社会组织的社会管理和公共服务能力，以适应市场经济的发展目标与公益目标。关于社会组织的滞后性，威廉·费尔丁·奥格本指出："物质文化的变迁迫使文化的其他部分也跟着发生变迁，如社会组织、习俗等等。后面这些变化得慢一些。它们落后于物质文化的变迁。因此，我们生活在一个失调的时代。"① 奥格本表述了物质文化与社会组织的不平衡性，而且社会组织往往滞后于物质文化的发展，存在不适应状态。他还认为："许多例子都是这样，技术变迁和科学发现在先，滞后的适应文化往往是社会组织或意识形态。"② 社会组织的变革必须以现实的物质层面为基础，从政府主导向社会选择转型，体现出小政府、大社会的特点。

为了把握社会组织变迁的发展趋势，我们必须对传统的社会组织状况和转型社会的组织特征做分析。在原有的经济体制条件下，社会组织资源是受政府控制、主导的，具有高度行政化、计划化特征，国家控制着资源的分配和使用，制度安排、组织方式是单一的，专门化、社会化组织少，存在的商业性组织、公益性社团也都建立在亲缘、地缘关系基础之上。旧有的社会组织建立在行业、部门及地区之间条块分割的状态之上，它与高度中央集权的计划体制相适应，它的组织规范、组织目标与行为模式不能适应新的市场要求。而转型后，政府的许多职能渐渐"软化"，逐步从微观的社会生活领域中退出，一些服务职能剥离给社会。这样，经济生活、社会生活中的许多领域不再由政府直接管理，而主要是通过各种社会组织来协调，经济组织之间的横向联系为新的社会组织的出现提供了条件。当今，社会组织的发展面临传统因素与现代因素"二元"并存的问题。

当前，人们交往的对象、范围并不仅仅局限在亲缘、地缘关系上，还扩展到业缘关系等范围内。个体要有效参与社会经济活动，就必须培育新的组织运行机制，使这种机制在国家、市场之间起中间治理作用，即要建立新的社会组织。在艾森斯塔德看来，这种现代社会组织结构具有明确而

① 〔美〕威廉·费尔丁·奥格本：《社会变迁——关于文化和先天的本质》，王晓毅、陈育国译，浙江人民出版社，1989，第 105 页。

② 〔美〕威廉·费尔丁·奥格本：《社会变迁——关于文化和先天的本质》，王晓毅、陈育国译，浙江人民出版社，1989，第 268~269 页。

具体的功能，"此种组织与团结性强或具有文化取向的社团之间分工明确；一方面，在专业组织内血缘关系和狭隘的地缘基础的重要性在减少，另一方面，各类特殊化的组织而且应具有明确功能定位，与其他和先赋——团结性的群体的重要性也在降低。……社会组织领域的这类发展，还与制度化的正式组织机构与较小的初级群体之间的日益分离密切相关。"①

现代组织不是单一的，各种组织之间分工明确。由于市场风险和不确定性增多，人们的需求也在增加。对"外部市场内部化"问题的解决，需要各种社会角色的整合，"个人行动和相互作用层次上的社会需要在集团社会层次上协调和整合，就个人行动和相互作用来说，由于人们的角色和利益不同而分成不同的集团，随后在社会集团的层次上实现整合。帕森斯的作为'集团的社会'是指社会团体，即社会的核心结构，他的主要功能是整合。"② 这是良好社会组织产生的基础，可拓展社会支持的组织资源。农民工创业是一个充满风险和艰辛的过程，成功不易，一方面需要政府扶助，另一方面也有自组织倾向，需要专业协会或其他组织的支持。

二　农民工创业支持系统总体框架

创业支持系统是为推进创业活动而建立的由组织、服务和制度三者相互作用、共同构成的系统，具体由政府、媒体、社会、亲友和家庭五大主体构成。家庭、亲友是非正式网络，而政府、媒体、社会为正式网络。对创业认知水平不高的农民工来说，社会支持对其创业行为的作用是重要的。"农民工创业行为高度依赖于社会支持，这是由其本身属于弱势群体的特性而决定的，即因背井离乡导致的社会关系缺乏，对所在城市难以融入，政府关心不够或自身对政府的相关政策也不了解，这些对创业这样的高风险行为而言更加紧要。"③ 农民工群体自身特点导致其难以形成推动创业成长的知识与能力，在市场中更易受到冲击，进而导致其创业比其他群体难度更大，面临向上流动的诸多桎梏。因此，农民工创业支持体系需要

---

① 〔以〕S. 艾森斯塔德：《现代化的基本特征》，转引自谢立中、孙立平主编《二十一世纪西方现代化理论文选》，上海三联书店，2002，第 171～174 页。

② 〔美〕胡格韦尔特：《发展社会学》，白桦、丁一凡编译，四川人民出版社，1987，第31～32页。

③ 段锦云、田晓明：《主动性个性、环境支持对农民工创业意愿的影响》，《心理研究》2014年第5期，第80页。

多方面力量建构。

农民工创业支持整体结构是多层次的，包括价值系统、制度系统、组织系统、网络支持四个子系统，形成了以价值系统为引导、以制度系统为保障、以组织系统为助推、以社会网络为平台的总体支持框架。

(一) 价值系统

价值系统属于社会意识范畴，包括个人的价值系统和社会的价值系统。个人的价值系统指个人对成就、财富、权力、责任等所持的观点与态度，是根据自己独特的经历、教育和人生体验做出的选择。社会的价值系统是由人的思想、价值观、道德标准、行为准则等所构成的相对稳定的思维体系，是人们在长期的生产、生活实践中形成的对社会的认知。价值系统具有引导作用，对保持文化的同一性和增加社会的凝聚力具有重要意义。社会中支持创业的价值观念、社会氛围、文化氛围是农民工创业发展的"助长剂"。

(二) 制度系统

在市场经济条件下，作为制度、政策制定主体的政府，既要提供市场规则，又要保证社会公平。这就要求政府立足于公平、公正来设计制度，并充分考虑因先赋性因素而产生的差距，用政策因素来弥补、消除差异，体现制度设计对弱势群体的扶持力度。当前，无论是政治制度、经济制度，还是福利制度，农民工均未能公平地享有，甚至受到一定的排斥。根据农民工创业特点，必须优化扶持政策体系以保障其公平创业。

(三) 组织系统

组织系统指由若干组织构成的集团。只有在组织体系中社会个体才能真正地实现自身价值。农民工群体的组织系统缺失，存在的组织没有明确的目标，缺乏协作意愿和意见交流，只实现了少数人的话语权，未能发挥组织平台作用。农民工往往只是分散的个体，创业活动过多地依赖于地缘、亲缘关系，而商会、创业者协会等社会组织的作用有限。要想将农民工就业与创业纳入组织体系中、纳入组织化管理和服务系统中，必须建立农民工自己的组织，包括农民工创业协会、农民工同乡会、农民工行业协会等，通过组织资源来维护大多数人的共同利益。

（四）社会网络系统

人类生活在一个大的社会网络系统中，需要与他人合作共处，以获得社会网络的支持。社会网络系统能给予农民工物质和精神方面的支持。就目前而言，创业农民工的社会网络支持，主要来自家庭、亲朋、同乡的狭小的社会网络系统，来自社区、自助组织、社会服务机构等各种社会资源和社会力量的支持很少。从社会发展的趋势来看，应拓宽农民工的社会网络，促使他们通过社会网络了解市场信息、政府政策，以获得更为广泛的资源。这便是"社会网络系统"建立的意义所在。

扶持农民工创业是中国社会阶层结构转变过程中促进社会流动的一大举措。但创业不易，农民工创业是否成功与个人素质、创业机会、制度环境直接相关。在农民工创业案例分析与问卷调查中，社会力量的支持在农民工创业过程中确实起到了促进创业参与度与提高成功率的作用。然而，目前针对农民工创业的社会支持仍然不够，政府要改变不利于农民工创业的政策与体制环境，放宽制度管制、规范执法、清理政府各部门的乱收费和罚款行为。但政府作为社会发展的推动力是有限的，制度性支持只能在一定限度内起作用。从长远来看，关键在于通过对各创业支持主体的功能分析，坚持"政府促进、社会支持、市场导向、自主创业"的基本原则，通过政府、社会助力，整合社会网络系统，形成支持农民工创业的社会基础，从而回应农民工创业需求及社会转型过程中的社会流动问题。

第二节　农民工创业支持体系构建与解释

社会公平的关键是制度的设计能给予每个人均等机会。创业支持是创业者获取资源进而取得竞争优势的重要来源。农民工在创业过程中要积极争取社会资源，以完成社会流动过程。正如舒尔茨所言："一旦有了投资机会和有效的刺激，农民将会点石成金。"[1] 农民工创业生存和发展需要好的创业环境，良好的创业环境又会增加创业机会。只有从财税环境、融资环境、文化环境与服务环境四个方面建立完善的社会支持体系，为农民工创业提供良好的、稳定的创业环境支持，才能真正让农民工通过创业实现

---

[1] 〔美〕西奥多·W. 舒尔茨：《改造传统农业》，梁小民译，商务印书馆，1987，第5页。

美丽"蝶变"。

一　财税环境

优化财税支持是强化创业扶持的普遍做法。对创业基础薄弱的群体来说，实施鼓励创业的财税政策是必要的。

（一）加大财税政策支持力度，持续推行农民工创业税收优惠政策

持续的税收优惠政策是农民工创业比较关注的问题。近年来，财政部、国家税务总局出台了《关于进一步支持小微企业增值税和营业税政策的通知》（2014）、《关于对小微企业免征有关政府性基金的通知》（2014）、《关于小型微利企业所得税优惠政策的通知》（2015），按照政策规定，符合条件的农民工可享受减征企业所得税，免征增值税、营业税等税费减免政策。这些政策可以降低农民工创业企业的税收负担。运用税收杠杆可为农民工创业营造更为健康的生存发展环境，并可降低农民工创业门槛。应持续推行农民工创业税收优惠政策，并适当加大力度，加强政策执行力。

（二）完善公共财政体制，为农民工创业培训提供融资补贴

在实际操作中，要整合国家与地方的各项扶持政策与资金，完善公共财政体制，将财政政策与其他相关措施协调配合，对创业培训、创业融资集中发力。政府要完善"创业＋技能"的培训财政补贴政策，通过预算安排和财政支出直接投入，将农民工创业培训纳入再就业培训补贴范畴，保证政府补贴的公平与效率，使有强烈创业愿望，但没有资金接受系统培训而难以启动创业的农民工实现创业。建议设立农民工创业专项扶助基金，为创业农民工提供及时的扶助。应结合企业的实际需求，通过财税政策支持农民工培训机构的建立和发展，增加对农民工职业技能培训的投入力度，推行岗前培训、订单培训、职业培训补贴制度，使参加职业技能培训的农民工能够按规定享受职业培训补贴和职业技能鉴定补贴，达到精准扶助农民工创业的目标。2015 年 12 月，江西省出台支持农民工等人员返乡创业的实施意见，提出要加强农民工创业培训力度，返乡创办企业招用的人员，按规定可享受职业介绍补贴、职业培训补贴、职业技能鉴定补贴、

公益性岗位补贴和调整后的就业创业服务补贴。

二 融资环境

融资环境是创业发展最重要的因素之一，金融支持应成为创业服务的工作重点。对自有资金有限的农民工创业者来说，获得一定数量的资金支持是成功创业的必要前提。必须加强金融政策引导，加大农民工创业投入性保障机制建设，为农民工创业拓宽内、外融资渠道。

（一）注重农村金融体系培育，创新农民工创业金融服务方式

针对农村合作金融发展的实际，应对合作金融实行公共政策扶持，推动农村合作金融机构稳定发展，以便大幅度、大范围、持续地为农民工创业提供金融服务。为适应农民工创业金融需求，在政策上可鼓励民间借贷走出灰色地带，鼓励民间资本进入小额贷款公司，并将资质好的小额贷款公司转制成村镇银行，发挥村镇银行服务农民工创办企业的联动机制。创新小额贷款的项目抵押品种这一做法已在全国实行，例如山东省允许返乡创业农民工将土地使用权作为贷款抵押品进行融资就是典型案例。

（二）完善创业信用评价机制，降低农民工创业信贷门槛

一是要完善农民工创业信用评价机制。在有效防范风险的基础上，应鼓励银行等金融机构创新金融产品和服务方式，开发符合农民工创业需求特点的金融产品和金融服务，并加大对农民工创业园区基础设施建设和产业集群发展等方面的信贷支持。针对农民工创业资金缺口，各地农业银行、农村信用社等金融机构可在创业比较多的地区专门设立创业金融服务中心，并了解农民工创业的资金需求，创新信贷产品，如设立农民工创业专项贷款项目，对发展前景好、带动就业人数多的企业及时提供贷款服务。尤其是要提高农业领域的资金扶持比例，以农村中小企业作为目标，重点扶植有一定潜力的创业项目。为适应农民工创业需要，福建省人民政府办公厅下发了《关于支持农民工等人员返乡创业十二条措施的通知》，引导创业投资机构投资返乡创业企业，规定对初创期、成长期的科技企业，各地可给予一定期限的全额房租补贴，并可遴选一批优秀返乡创业项目，根据项目的科技含量、规模、经济社会效益、市场前景等，给予 3万~10 万元的资金扶持。二是在制定引导农民工返乡创业政策时要考虑到

不同阶段、不同行业的农民工创业特点，对不同行业的创业者和处在不同阶段的企业给予不同的财政与信贷支持，尤其要重视对创业企业早中期的支持力度。

（三）落实创业担保贷款政策，加强农民工创业信贷担保制度建设

要落实创业担保贷款政策，优化贷款审批流程，对符合条件的创业农民工按规定给予创业担保贷款，同时财政部门要按规定安排贷款贴息所需资金。在信贷担保和信贷补贴方面，可以考虑设立行业协会基金担保公司，由政府牵头，组织成立行业协会，要求成员企业根据企业的发展规模，按企业利润的一定比例提交费用组成协会基金，对遇到融资困难的企业提供银行贷款担保。可考虑从地方政府年度预算中拿出部分资金，由各乡镇政府与农业银行或农村信用社联合设立农民工创办企业发展担保基金，创新信贷产品，整合农村地区的政策性、互助性、商业性的信用担保资源，提供适合农民工创业特点的信用担保服务。

三　文化环境

创业文化是指在创业活动过程中体现的支持创业的思想意识、价值标准、基本信念、行为模式等，创业文化对创业意识的形塑具有潜移默化的作用。创业发展要求有与之相适应的文化环境。积极的文化能促进创业意愿的产生，使个体有意识地寻求因环境变动带来的商机；消极的文化会在思想上束缚人的创业动机。创业文化制度培育应注重以下两点。

（一）建立创业文化培育制度，丰富农民工创业文化的物质载体

一是要优化营商环境，形成健康的创业文化认同。在倡导创业教育的背景下，应大力营造有利于农民工创业的文化，培养农民工的创业观念、创业精神和创业认知。要利用创业文化激发农民工的创业意识，形成鼓励创业、宽容失败的舆论氛围和社会观念，充分调动社会各方面支持创业，这既对农民工创业具有激励作用，也有助于保障农民工创业队伍的稳定性。二是要丰富创业文化的物质载体，形成有利于创业的文化导向机制。要利用广播、电视、网络、报纸、杂志、微信等平台搭建农民工创业交流

平台，分享创业经验、展示创业项目、传播创业商机，加大对农民工创业成功典型的宣传力度，开展农民工创业服务、创业政策宣传活动。

（二）建立创业孵化和退出机制，健全农民工社会流动机制

一是要提升基层创业服务能力，充分发挥孵化基地作用。在资源禀赋较好的地区，要建立、完善具有本地特色的返乡创业示范园区。福建计划实施农民工返乡创业园行动计划，以市、区（县）政府为主，依托各类园区、闲置厂房等资源，整合发展一批返乡创业园区（孵化基地），引导各类返乡人员入园创业，对不再符合创业孵化集聚区入驻条件的企业应及时清退。2015 年 12 月福建省人民政府办公厅下发的《关于支持农民工等人员返乡创业十二条措施的通知》指出：到 2017 年，每个县（区）至少要建成一个具有本地特色的返乡创业示范基地。广西出台土地政策扶持返乡农民工创业园建设也具有一定的特色。二是鉴于农民工创业成功率不高的事实，应建立创业退出机制，对创业失败的农民工应尤其关注。

四 服务环境

服务环境，包括政府部门、社会机构提供的正式服务环境以及非正式社会网络提供的非正式服务环境。服务环境的好坏直接影响创业者是否能获取各种资源。在服务环境的构建上，要盘活存量与创造增量、整合社会资源、创新社会服务平台、拓展公共服务空间、强化公共服务保障、提升创业公共服务水平。

（一）完善农村基础服务平台，重点优化农民工创业信息化环境

一是要推进创业资源跨地区整合，实现输入地与输出地发展联动。针对各地创业基础的差异性，要充分考虑"山-海""城-乡"产业链条，构建"山-海""城-乡"一体的经济发展模式，加大对欠发达地区的产业转移扶持力度，形成沿海支持山区农民工返乡创业的常规化对接机制。农民工创业向非农产业方向发展可能性较大，政府要抓好产业转移机会，依托"新农村建设"和"农业物联网"等规划项目，围绕农民工创业特点制定"产业目录"，培育新产业、新业态、新模式，科学制订符合各地实际情况的农民工创业项目规划，建立完善的创业项目入库制度，并及时向

创业者发布。二是要充分利用互联网，打造高效信息平台，降低创业政策使用成本。需要通过互联网平台扩大农村创业信息的发布渠道，降低农民工创业的信息获取与营运成本；需要建设农村互联网创业园，拓宽创业空间；需要重点加强农村电子商务服务站点建设，为返乡农村电商提供网站建设、仓储配送、网络技术等服务。

（二）强化组织协调运作，有效推进农民工创业的组织化建设

一是要支持新型农业经营主体发展，并带动农民工创业。应适应形势发展需要，鼓励创业农民工共创农民合作社、家庭农场、农业产业化龙头企业等新型农业经营主体，围绕规模种养、农产品加工、农村服务业等合作建立营销渠道，打造特色品牌，通过合作分散市场风险。福建省人民政府办公厅下发的《关于支持农民工等人员返乡创业十二条措施的通知》指出：重点扶持返乡人员创建土地股份合作、土地托管等合作社，省级财政安排 3000 万元扶持 150 个省级农民合作社示范社。此外，支持返乡创业者依法合规连片承包流转土地，鼓励农民工以租赁、入股、合作经营等形式，盘活农村集体建设用地，对土地经营具有一定规模的给予重点扶持，已成为各地普遍的做法。二是要发挥行业领军企业、创业投资机构、社会组织等的作用，有效推进农民工创业协会的制度化建设，组织农民工企业家交流会，并促进农民工创业企业与高等院校、科研机构、科技服务中介等的交流合作，发挥社会支持在推动农民工创业发展中的作用。

小　结

社会支持对创业者来说至关重要。制定有利于一些特殊群体创业的政策，有助于促进社会流动，在某种意义上也起着协调社会各阶层关系的作用。农民工创业过程中的社会支持网络，有利于提升农民工的创业层次。根据农民工的创业需求，从财税环境、融资环境、文化环境与服务环境四个方面，就农民工创业环境优化等问题提出普惠性与差异性的政策，可以促进农民工创业的参与度和成功率，促使农民工通过创业实现社会流动。作为研究主体内容的最后部分，本章主要讨论了社会支持与农民工创业的理论依据、政策要点，结合创业农民工的需求特征，研究嵌入式社会支持对农民工创业成长的影响，为推动农民工创业、实现社会流动提供了新的

理论视角，也为相关部门从规划和措施上解决农民工创业问题提供了理论借鉴。

在以上分析中，我们从多个角度讨论了农民工创业行为的社会支持，并针对农民工创业中的现实困境提出了具体的政策建议。如何用严谨、简洁的方法下结论，让最终的研究回归到最一般的事实上是结论部分要探讨的内容。

第九章　结论与讨论

"任何一个社会，如果底层巨大，如果社会的多数人处在下层或中下层，这对于社会稳定是一种重大的威胁。怎样改变中下层为主体的社会，是中国社会结构变迁中的最大难题。"[①] 农民工群体居于中国社会分层中比较低的位置，对自己的身份认同呈现多种矛盾叠加的状态，应该开辟、畅通社会流动渠道，使农民工中的精英有向上流动的机会。

一　主要研究结论

（一）农民工创业是再结构化的表现，有利于促进现代社会阶层结构形成

农民工进城打工是阶层流动的一种可能方式，流动体现了一个处于弱势地位的社会群体的经济地位与社会声望提高的过程。一些农民工扎根于城市创业，或者是利用他们在城市社会掌握的技能、信息返乡创业，改变了其社会位置，他们已经逐步融进新的阶层，这使中等收入群体人数增加。基于调查发现，农民工具有较强的创业愿意，农民工创业群体的兴起和发展是"扩大中产阶层、改善下层和底层、保护和拓宽阶层向上流动的渠道以及实现各阶层的互惠与共生"的重要体现。但是他们在社会分层结构中仍然存在定型化现象，就像有的学者认识到的，"在20世纪80年代，包括在90年代初期，阶层之间的流动是相当频繁的，而到了90年代的中后期，情况发生了明显的变化，特别是部分阶层的社会流动明显减少"。[②] 虽然农民工可利用市场提供的机会创业，但由于没有持续的制度保障，仍

[①] 李强：《为什么农民工"有技术无地位"》，《江苏社会科学》2010年第6期，第8页。

[②] 孙立平：《失衡——断裂社会的运作逻辑》，社会科学文献出版社，2004，第94页；孙立平：《20世纪90年代以来中国社会的分层结构》，载李友梅、孙立平、沈原主编《当代中国社会分层：理论与实证》，社会科学文献出版社，2006，第22～25页。

处于不利的社会条件下，难以通过创业实现向上的流动。为此，要注意到社会流动中可能出现的利益固化、流动停滞、社会阶层结构固化现象，必须有相应的措施保障任何层次的社会群体都能够凭借自致性因素实现向上的流动，根据自身能力、按照自己的意愿得到相应的社会位置，从而实现"再结构化"。

（二）无论是留城创业还是返乡创业都体现出"难融入"特征

农民工经历过发达地区经济、社会、文化以及思想的熏陶，个人创业能力有所提高，对市场机会把握也更加准确，其创业具有投资少、见效快、吸纳劳动力多、对劳动者素质要求相对较低等特点，能最大限度地实现农村劳动力就业的规模效益，只要有一定创业政策扶持，很容易促成他们的创业行为。农民工流动既有流出又有回流的过程，农民工创业既有留城创业又有返乡创业，这是中国劳动力迁移所表现出的与其他国家劳动力迁移的不同点。在新阶段、新形势下，农民工"顺向"的留城创业与"逆向"的返乡创业都可以成为其向上流动的途径，这是适应我国改革发展关键时期客观要求的，也是从根本上解决多年来农民工难题的需要。国家应大力引导形成劳务输出与返乡就业、留城创业与返乡创业的双向流动，并对创业能力缺乏的农民工（尤其是返乡创业农民工）给予支持。

新型城镇化发展的瓶颈在于缺少持续的产业支撑动力。大多数城镇面临劳动力密集、物耗较高的传统产业创新力不足，产业转型升级慢的弊端，而传统的小农经济、自然经济对经济发展的贡献率持续下滑，特色产业发展空间的有限性对城镇化的带动明显不足。农民工返乡创业的生存状态直接关系到新型城镇化的产业支撑问题。在新型城镇化语境下，农民工返乡创业正以其特有的方式，促进城市资金、人才、技术向农村流动，带动农民就近转移，推动城镇化不断发展。着力引导、扶持农民工返乡创业已成为促进"产－城"发展的有效途径。然而，考虑到城－乡产业转移的"黏性"、家乡的创业环境以及农民工返乡创业整体上仍属于"自发"行为，创业层次也不高，为了充分挖掘农村内部创业潜力，应明确农民工返乡创业支持政策，呵护农民工创业梦，不仅要注重创业前的引导，而且要注重创业过程中及创业后的关注和帮扶。

对于留城创业，让创业农民工融入城市成为新市民，应以经济融入为基础，从制度层面来保障，不但要在物质层面给予公平的保障，而且要在精神层面尊重他们，让他们在城市体面地生活，使他们在城市生活有归属感。当然，就地市民化存在一定困难的农民工，尤其是那些在沿海城市——这些城市普遍存在户籍限制、高成本住房现象——创业的农民工，要配合户籍制度改革，着力推动基本公共服务对创业农民工及其家属的全面覆盖。同样，要探索适合创业农民工的低成本住房制度，让创业农民工把大多数的资金投入创业中。尤其是对"80后""90后"农民工来说，由于其成长经历的不同，他们对城市生活环境更熟悉、更适应、更认同，也更期待在城市创业，应完善公共服务体系、社会保障制度，特别是要让农民工子女在城市平等接受教育，为农民工留城创业提供条件。而对返乡创业的农民工来说，只要他们愿意留在城镇创业，就要创造条件，促进有条件、有意愿的农民工及其随迁家属在城镇落户定居，并使其依法平等享受城镇公共服务以实现原籍市民化，这是必要而迫切的。

（三）建立社会支持系统，促进农民工创业的制度化迈进

创业环境是农民工创业行为研究的关键问题之一，本质上是一系列因素的集合体。创业环境既包含宏观因素也包含微观因素，既包含社会因素也包含自然因素。这些因素涉及政治、经济、社会、市场等各个方面，在构建农民工创业环境时，要全面考虑，综合评价。为更好地构建合理的社会阶层结构，要促进农民工成功创业：需要建立健全创业保障机制、强化政策扶持以及创新和完善扶持政策、消除不公平现象；需要加强金融政策引导、拓宽融资渠道以及建立扶持农民工创业专项基金用于政策性扶持和表彰奖励等；需要大力加强创业文化建设，建立创业文化培育制以及依靠平台建设、完善农民工创业支持模式；需要整合社会资源、拓展服务空间以及创新服务平台、强化服务保障。

农民工创业仍处于初级阶段，缺乏有力的制度支持，许多创业者经历着兴起、衰败的怪圈。在当今社会支持体系构建中，要理性对待农民工创业，探索推进创业、促成创业的有效途径。制度的设计应该为"打工者－创业者"提供良好的创业环境，形成包括价值系统、制度系统、组织系统、网络支持系统在内的社会支持体系。政府可以为留城与返乡创业农民工搭建共享资源平台，构建全方位的互动式创业，在资金、技术、信息、劳动力等方面建立多领域合作平台，促进创业资源整合和创业双向流动。

二 无尽的探求

一个开放的现代社会，必定是阶层间流动通畅的社会。农民工通过打工，凭借个人的个性品质和能力，一定的资金、技能和管理经验而获得了创业机会，但总体来看，真正能够通过成功创业实现向上流动的农民工所占的比例不高，这一状况是值得关注的。"社会学的任务是表明现代社会问题的真相，探究其原因，并提出其解决之道。"① 通过社会调查，我们才能了解社会各阶层的情况，并为政策的制定提供依据，如此，便不至于成为法国社会学家米歇尔·克罗齐（Michel Crozier）所描述的"被封锁的社会"，即社会各层次之间互不通气，下属总是对上级封锁信息，也就是有权决策的人不了解情况，有知识又了解情况的人无决策权，决策人与执行者之间存在不可逾越的鸿沟。这样就只好根据抽象的规则和先例制定政策。②

（一）研究不足

由于调研条件有限，现有研究对一些问题的探索还不够充分深入，尤其是有关创业内在机制问题的研究还停留在理论分析和描述性研究上，农民工创业行为痕迹信息挖掘与利用研究也有待深入，并有待新的数据予以支持。如何深化农民工创业研究的相关领域，从理论上"拔高"，是笔者有待深入的地方。进一步的研究需要在创业动机激发、机会识别、创业者个体与环境的相互作用、创业环境评估等方面拓展，并不断完善农民工创业扶持体系研究。当前政策设计忽略了对创业失败农民工的关注度，应将那些有过创业失败经历的群体样本也纳入重点研究范畴，分析农民工创业成功的内在机制，弥补在农民工创业问题研究上的偏差。

（二）后续研究

基于社会流动理论视角对农民工创业问题进行研究，理论上还存在以下问题需要解决。

---

① 〔韩〕洪胜杓：《东方哲学和社会学的新的世界观基础》，《国外社会学》2002年第2期，第58页。

② 〔法〕米歇尔·克罗齐：《被封锁的社会》，狄玉明、刘培龙译，商务印书馆，1989，出版说明。

一是农民工创业政策的实施评价和比较分析。应从政策接受者评价的视角研究公共支持政策对农民工创业绩效的影响，针对促进农民工创业政策及其实施的效果，以及营造内部创业环境的方式，建立创业环境和社会服务绩效等方面的考核机制，并加大相关评价指标的权重，制定创业政策评价办法。

二是农民工创业培训效果和农民工创业行为的作用机理研究。针对农民工创业培训需求，建立创业培训服务与效果考察机制也是未来的研究方向。

小　结

对正在经历快速城镇化、工业化发展阶段的农民工来说，创业是主动适应新形势发展的"活力之源"。农民工创业不仅解决了自己的生存与发展问题，还提供了新的就业机会。研究认为，正确认识农民工留城创业和返乡创业并存的社会现实，建立农民工"双向流动机制"是社会分层与流动研究值得关注的一个领域。结合我国农村发展实际，以调整社会结构为核心，探索制定针对农民工主动适应、融入新的阶层以及推进农民工创业的有效措施，具有现实意义和历史合理性。有关农民工创业行为的研究表明，中国的各项制度在不断演进中，各阶层的利益逐步得到协调，当前在农民工创业环境营造与社会支持、"留城创业"与"返乡创业"等方面学界形成了一些共识，这无疑对中国情景下的农民工创业具有一定的政策意义。展望未来，中国正走向开放，人们会有更多平等发展的机会。可以预想：随着二元经济、社会结构得到进一步缓解，中国社会分层的变动会更加明显，农民工创业支持的社会基础不断塑造，通过创业而改变身份的可能性会越来越大，"橄榄型"社会阶层结构的目标也将实现。

参考文献

一 中文部分

基本文献

《马克思恩格斯选集》第1、2卷，人民出版社，1972。

《马克思恩格斯全集》第2、3、4、18、21、23、25、26、46卷，人民出版社，1957、1960、1958、1964、1965、1972、1974、1972、1979。

《剩余价值学说史》第2、3卷，人民出版社，1978。

《资本论》第1卷，人民出版社，1975。

《列宁全集》第2、3卷，人民出版社，1984。

《列宁选集》第3卷，人民出版社，1984。

《斯大林全集》第10、12卷，人民出版社，1955。

《邓小平文选》第2、3卷，人民出版社，1993。

《十二大以来重要文献选编》，人民出版社，1985。

《十三大以来重要文献选编》（上），人民出版社，1991。

《十三大以来重要文献选编》（下），人民出版社，1993。

《十四大以来重要文献选编》（中），人民出版社，1997。

《十五大以来重要文献选编》（上），人民出版社，2000。

《十五大以来重要文献选编》（下），人民出版社，2003。

《十六大以来重要文献选编》（上），人民出版社，2005。

《十六大以来重要文献选编》（中），人民出版社，2006。

《十六大报告辅导读本》，人民出版社，2002。

《三中全会以来重要文献选编》（上、下），人民出版社，1982。

《中共中央文件选编》，中共中央党校出版社，1992。

《中国共产党第十二次全国代表大会文件汇编》，人民出版社，1982。

《中国共产党第十三次全国代表大会文件汇编》，人民出版社，1987。

中文著作

〔印〕阿马蒂亚·森:《以自由看待发展》,任赜、于真译,刘民权、刘柳校,中国人民大学出版社,2002。

〔美〕阿尔伯特·O. 赫希曼:《退出、呼吁与忠诚——对企业、组织和国家衰退的回应》,卢昌崇译,北京经济科学出版社,2001。

〔美〕艾伯特·奥·赫希曼:《欲望与利益:资本主义走向胜利前的政治争论》,李新华、朱进东译,上海文艺出版社,2003。

〔法〕爱弥尔·涂尔干、马塞尔·莫斯:《原始分类》,汲喆译,渠东校,上海人民出版社,2000。

〔英〕莱恩·多亚尔、伊恩·高夫:《人的需要理论》,汪淳波、张宝莹译,商务印书馆,2008。

〔英〕安东尼·吉登斯:《社会的构成:结构化理论大纲》,李康、李猛译,三联书店,1998。

〔英〕安东尼·吉登斯:《社会学》(第4版),北京大学出版社,2003。

〔美〕曼瑟尔·奥尔森:《集体行动的逻辑》,上海三联书店、上海人民出版社,1995。

白南生、宋洪远等:《返乡,还是进城?——中国农民外出劳动力回流研究》,中国财政经济出版社,2002。

〔美〕彼得·M. 布劳、奥蒂斯·达德利·邓肯:《美国职业结构》,(纽约)威利公司,1967。

〔法〕P. 布尔迪厄:《国家精英——名牌大学与群体精神》,杨亚平译,商务印书馆,2004。

〔法〕布迪厄:《文化资本与社会炼金术》,包亚明译,上海人民出版社,1997。

〔美〕彼特·布劳:《不平等和异质性》,王春光、谢圣赞译,中国社会科学出版社,1991。

〔法〕马塞尔·莫斯:《礼物》,汲喆译,陈瑞桦校,上海人民出版社,2002。

〔美〕阿瑟·刘易斯:《二元经济论》,施炜等译,北京经济学院出版社,1989。

〔英〕巴特摩尔:《平等还是精英》,尤卫军译,辽宁教育出版社,1998。

蔡昉主编《中国人口流动方式与途径(1990~1999)》,社会科学文献出版社，2001。

蔡昉、都阳、王美艳：《劳动力流动的政治经济学》，上海三联书店、上海人民出版社，2003。

〔美〕丹尼尔·贝尔：《资本主义文化矛盾》，赵一凡、蒲隆、任晓晋译，三联书店，1989。

〔美〕丹尼斯·吉尔伯特、约瑟夫·A. 卡尔：《美国阶级结构》，彭华民、齐善鸿译，中国社会科学出版社，1992。

邓正来、〔英〕J. C. 亚历山大编《国家与市民社会——一种社会理论的研究路径》，中央编译出版社，1999。

邓正来编《国家与市民社会——一种社会理论的研究路径》（增订版），上海人民出版社，2006。

〔美〕杜赞奇：《文化、权力与国家——1900～1942 年的华北农村》，王福明译，江苏人民出版社，2004。

杜鹰、白南生主编《走出乡村：中国农村劳动力流动实证研究》，经济科学出版社，1997。

〔美〕菲利普·柯尔库夫：《新社会学》，钱翰译，社会科学文献出版社，2000。

〔美〕费景汉、古斯塔夫·拉尼斯：《增长和发展：演进观点》，洪银兴、郑江淮等译，商务印书馆，2004。

费孝通：《乡土中国》，三联书店，1985。

费孝通、罗涵先：《乡镇经济比较模式》，重庆出版社，1988。

费孝通：《费孝通学术精华录》，北京师范学院出版社，1988。

费孝通：《江村经济——中国农民的生活》，商务印书馆，2001。

〔法〕弗朗索瓦·多斯：《从结构到解构：法国 20 世纪思想主潮》（上、下卷），季广茂译，中央编译出版社，2004。

〔英〕弗雷德里希·奥古斯特·哈耶克：《自由宪章》，杨玉生、冯兴元、陈茅等译，中国社会科学出版社，1999。

〔美〕格尔哈斯·伦斯基：《权力与特权：社会分层的理论》，关信平等译，浙江人民出版社，1988。

国务院研究室课题组：《中国农民工调研报告》，中国言实出版社，2006。

〔美〕哈罗德·德姆塞茨：《所有权、控制与企业——论经济活动的组织》第 1 卷，段毅才等译，经济科学出版社，1999。

〔美〕胡格韦尔特:《发展社会学》,白桦、丁一凡编译,四川人民出版社,1987。

胡小平主编《中小企业融资》,经济管理出版社,2000。

胡学勤:《失业论——中外失业问题研究》,人民出版社,2002。

黄平:《寻求生存——当代中国农村外出人口的社会学研究》,云南人民出版社,1997。

〔美〕黄宗智:《长江三角洲小农家庭与乡村发展》,中华书局,2000。

〔美〕黄宗智:《华北的小农经济与社会变迁》,中华书局,2000。

〔美〕黄宗智主编《中国研究的范式问题讨论》,社会科学文献出版社,2003。

〔美〕加尔布雷斯:《新工业国》,何欣译,(台湾)开明书店,1972。

〔美〕加尔布雷斯:《经济学和公共目标》,蔡受百译,商务印书馆,1980。

〔美〕加布里埃尔·A. 阿尔蒙德、小 G. 宾厄姆·鲍威尔:《比较政治学:体系、过程与政策》,曹沛霖等译,上海译文出版社,1987。

景天魁:《社会发展的时空结构》,黑龙江人民出版社,2002。

经济合作与发展组织:《中国农业政策回顾与评价》,中国经济出版社,2005。

〔美〕L. 科塞:《社会冲突的功能》,孙立平等译,华夏出版社,1989。

〔瑞典〕理查德·斯威德伯格:《马克斯·韦伯与经济社会学思想》,何蓉译,商务印书馆,2007。

〔美〕吉登斯:《社会的构成》,李康、李猛译,生活·读书·新知三联书店,1998。

〔美〕杰弗里·蒂蒙斯、小斯蒂芬·斯皮内利:《创业学》,周伟民、吕长春译,人民邮电出版社,2005。

〔法〕莱昂·瓦尔拉斯:《纯粹经济学要义:或社会财富理论》,蔡受百译,商务印书馆,1989。

李汉林、渠敬东、夏传玲、陈华珊:《组织变迁的社会过程——以社会团结为视角》,东方出版中心,2006。

李培林:《中国新时期阶级阶层报告》,辽宁人民出版社,1995。

李培林、张翼、赵延东:《就业与制度变迁——两个特殊群体的求职过程》,浙江人民出版社,2001。

李培林、李强、孙立平等:《中国社会分层》,社会科学文献出版社，2004。

李培林、覃方明主编《社会学理论与经验》（第1辑），社会科学文献出版社，2005。

李培林：《李培林自选集》，学习出版社，2009。

李强：《当代中国社会分层与流动》，中国经济出版社，1993。

李强：《转型时期的中国社会分层结构》，黑龙江人民出版社，2002。

李志能、郁义鸿、Robert·D. Hisrich：《创业学》，复旦大学出版社，2000。

〔美〕林南：《社会资本——关于社会结构与行动的理论》，张磊译，上海人民出版社，2005。

刘福垣：《工农业收入差距》，重庆出版社，1990。

刘培峰：《私营企业主——财富积累的轨迹》，社会科学文献出版社，2005。

刘一皋、王晓毅、姚洋：《村庄内外》，河北人民出版社，2002。

〔美〕刘易斯·A. 科塞：《社会学思想名家——历史背景和社会背景下的思想》，石人译，中国社会科学出版社，1990。

陆学艺：《联产承包责任制研究》，上海人民出版社，1986。

陆学艺主编《当代中国社会阶层研究报告》，社会科学文献出版社，2002。

陆学艺主编《当代中国社会流动》，社会科学文献出版社，2004。

陆学艺：《三农新论——当代中国农业、农村、农民研究》，社会科学文献出版社，2005。

陆学艺：《陆学艺文集》，上海辞书出版社，2005。

〔法〕H. 孟德拉斯：《农民的终结》，李培林译，社会科学文献出版社，2005。

〔美〕玛丽·库尔特：《创业行动》，吴秀云译，中国人民大学出版社，2004。

〔德〕马克斯·韦伯：《新教伦理与资本主义精神》，于晓、陈维纲等译，生活·读书·新知三联书店，1987。

〔美〕米格代尔：《农民、政治与革命》，朱玉琪、袁宁译，中央编译出版社，1996。

〔法〕米歇尔·克罗齐、〔美〕塞缪尔·P. 亨廷顿、〔日〕绵贯让治：《民主的危机——就民主国家的统治能力写给三边委员会的报告》，马殿军、黄素娟、邓梅译，求实出版社，1989。

〔法〕米歇尔·克罗齐：《被封锁的社会》，狄玉明、刘培龙译，商务印书馆，1989。

〔法〕莫里斯·哈布瓦赫：《社会形态学》，王迪译，上海世纪出版集团，2005。

庞元正、丁冬红主编《当代西方社会发展理论新词典》，吉林人民出版社，2001。

〔美〕乔纳森·特纳：《社会学理论的结构》（下），邱泽奇等译，华夏出版社，2001。

秦晖：《农民中国，历史反思与现实选择》，河南人民出版社，2003。

〔美〕帕克等：《城市社会学》，宋俊岭等译，华夏出版社，1987。

〔美〕塞缪尔·亨廷顿：《变革社会中政治秩序》，王冠华、刘为等译，三联书店，1988。

〔英〕斯坦利·海曼：《协会管理》，尉晓欧等译，中国经济出版社，1985。

〔美〕史蒂夫·马诺：《青年创业指南：建立和经营自己的企业》，户才和译，经济日报出版社，2003。

苏国勋：《理性化及其限制——韦伯思想引论》，上海人民出版社，1988。

苏启林：《创业投资政府支持政策设计：国际经验与中国抉择》，经济科学出版社，2004。

孙立平：《断裂——20世纪90年代以来的中国社会》，社会科学文献出版社，2003。

孙立平：《失衡——断裂社会的运作逻辑》，社会科学文献出版社，2003。

孙立平：《转型与断裂——改革开放以来中国社会结构的变迁》，清华大学出版社，2004。

谭崇台：《发展经济学概论》，辽宁人民出版社，1992。

〔法〕托克维尔：《论美国的民主》，董果良译，商务印书馆，1988。

王春光：《社会流动和社会重构：京城"浙江村"研究》，浙江人民出版社，1995。

汪行福：《走出时代的困境——哈贝马斯对现代性的反思》，上海社会科学出版社，2000。

〔美〕威廉·费尔丁·奥格本：《社会变迁——关于文化和先天的本质》，王晓毅、陈育国译，浙江人民出版社，1989。

魏礼群主编《政策研究与决策咨询——国务院研究室调研成果选》，中国言实出版社，2005。

〔以〕S. N. 艾森斯塔德：《现代化：抗拒与变迁》，陈育国、张旅平、沈原译，中国人民大学出版社，1988。

吴敬琏：《构建市场经济的基础结构》，中国经济出版社，1997。

〔美〕西摩·马丁·李普塞特：《一致与冲突》，张华青译，上海人民出版社，1995。

〔美〕西奥多·W. 舒尔茨：《人力资本投资——教育和研究的作用》，蒋斌等译，商务印书馆，1990。

项飚：《跨越边界的社区——北京"浙江村"的生活史》，三联书店，2000。

〔英〕亚当·斯密：《国民财富的性质和原因的研究（上）》，郭大力、王亚南译，商务印书馆，2004。

严新明：《生存与发展：中国农民发展的社会时空分析》，社会科学文献出版社，2005。

〔美〕E. 希尔斯：《论传统》，傅铿、吕乐译，上海人民出版社，1991。

〔德〕尤尔根·哈贝马斯：《交往行动理论》第1卷，曹卫东译，上海人民出版社，2004。

〔德〕尤尔根·哈贝马斯：《在事实和规范之间：关于法律和民主法治国的商谈理论》，童世骏译，三联书店，2003。

约翰·伊特韦尔、默里·米尔盖特、彼德·纽曼编《新帕尔格雷夫经济学大辞典》，经济科学出版社，1992。

郑功成、曾湘泉、郑宇硕、张其恒：《变革中的就业环境与社会保障》，中国劳动保障出版社，2003。

郑杭生主编《社会学概论新修》，中国人民大学出版社，1994。

郑杭生主编《社会学概论新修》（第四版），中国人民大学出版社，2013。

曾绍阳、唐晓腾：《社会变迁中的农民流动》，江西人民出版社，2004。

〔日〕中冈成文：《哈贝马斯交往行为》，王屏译，河北教育出版社，2001。

中华全国工商业联合会、中国民（私）营经济研究会主编《中国私营经济年鉴（2002年~2004年6月）》，中国致公出版社，2005。

钟甫宁、栾敬东、徐志刚：《农村外来劳动力问题研究》，人民出版社，2001。

朱玉春、刘天军编著《数量经济学》，中国农业出版社，2005。

中文论文

〔印〕阿马蒂亚·森：《论社会排斥》，王燕燕译，《经济社会体制比较》（双月刊）2005 年第 3 期总 119 期。

〔以〕S. 艾森斯塔德：《结构分化的方式、精英结构与文化观》，载谢立中、孙立平主编《二十一世纪西方现代化理论文选》，上海三联书店，2002。

〔以〕S. 艾森斯塔德：《现代化的基本特征》，载谢立中、孙立平主编《二十一世纪西方现代化理论文选》，上海三联书店，2002。

白南生、何宇鹏：《返乡，还是外出？——安徽四川二省农村外出劳动力回流研究》，《社会学研究》2002 年第 3 期。

白路、王宁：《农民工创业艰难何其多》，《社会观察》2010 年第 7 期。

边燕杰：《网络托生：创业过程的社会学分析》，《社会学研究》2006 年第 6 期。

〔美〕伯克曼等：《从社会整合到健康：新千年的涂尔干》，唐礼勇译，《国外社会学》2002 年第 2 期。

陈瑶、李敏：《社会网络视角下农民工创业互助组织发展探析》，《南京工业大学学报》（社会科学版）2013 年第 4 期。

陈钦虹：《创业理论述评》，《商场现代化》2006 年第 21 期。

陈映芳：《"农民工"：制度安排与身份认同》，《社会学研究》2005 年第 3 期。

陈成文、孙嘉悦：《社会融入：一个概念的社会学意义》，《湖南师范大学社会科学学报》2012 年第 6 期。

陈文超、陈雯、江立华：《农民工返乡创业的影响因素分析》，《中国人口科学》2014 年第 2 期。

蔡昉：《"十二五"时期中国经济增长新特征》，《青海社会科学》2011 年第 1 期。

蔡玲、徐楚桥：《农民工留城意愿影响因素分析———基于武汉市的实证调查》，《中国农业大学学报》2009 年第 1 期。

〔英〕戴维·洛克伍德：《社会整合和系统整合》，李康译，载北京大学社会学系编《社会理论论坛》1997 年第 3 期。

邓正来、景跃进：《建构中国的市民社会》，《中国社会科学季刊》1992 年

11 月创刊号。

邓万春：《动员、市场风险与农民行为》，博士学位论文，中国社会科学院
　　研究生院，2005。

翟学伟：《社会流动与关系信任——也论关系强度与农民工的求职策略》，
　　《社会学研究》2003 年第 1 期。

段锦云、田晓明：《主动性个性、环境支持对农民工创业意愿的影响》，
　　《心理研究》2014 年第 5 期。

傅晋华：《新生代农民工创业政策设计的三个维度》，《中国国情国力》
　　2015 年第 8 期。

符平、唐有财、江立华：《农民工的职业分割与向上流动》，《中国人口科
　　学》2012 年第 6 期。

郭星华、郑日强：《农民工创业：留城还是返乡？———对京粤两地新生
　　代农民工创业地选择倾向的实证研究》，《中州学刊》2013 年第 2 期。

国务院发展研究中心《农民工回乡创业问题研究》课题组：《农民工回乡
　　创业现状与走势：对安徽、江西、河南三省的调查》，《改革》2008
　　年第 11 期。

韩俊、崔传义：《我国农民工回乡创业面临的困难及对策》，《经济纵横》
　　2008 年第 11 期。

黄德林、宋维平、王珍：《新形势下农民创业能力来源的基本判断》，《农
　　业经济问题》2007 年第 9 期。

韩炜、杨俊、包凤耐：《初始资源、社会资本与创业行动效率——基于资
　　源匹配视角的研究》，《南开管理评论》2013 年 3 期。

黄建新：《农民工返乡创业行动研究——结构化理论的视角》，《华中农业
　　大学学报》2008 年第 5 期。

黄建新：《农民工创业行为演变、特征与适应性分析》，《成都理工大学学
　　报》2013 年第 3 期。

〔美〕黄宗智：《中国的"公共领域"与"市民社会"？——国家与社会间
　　的第三领域》，载黄宗智主编《中国研究的范式问题讨论》，社会科学
　　文献出版社，2003。

黄平：《从乡镇企业到外出务工》，《读书》1996 年第 10 期。

黄兆信、曾纪瑞、曾尔雷：《新生代农民工城市创业的职业教育初探》，
　　《东南学术》2012 年第 6 期。

〔美〕怀默霆：《中国发展过程中的城市与农村》，《国外社会学》2000 年
　　第 5 期。

胡俊波：《农民工返乡创业行为影响因素研究——以四川省为例》，《农村
　　经济》2014 年第 10 期

胡俊波：《农民工返乡创业扶持政策绩效评估体系：构建与应用》，《社会
　　科学研究》2014 年第 5 期。

胡俊波：《职业经历、区域环境与农民工返乡创业意愿——基于四川省的
　　混合横截面数据》，《农村经济》2015 年第 7 期。

胡明文、黄峰岩、谢文峰：《外出农民工回乡创业现状分析》，《江西农业
　　大学学报》（社会科学版）2006 年第 5 期。

江立华、陈文超：《返乡农民工创业的实践与追求——基于六省经验资料
　　的分析》，《社会科学研究》2011 年第 3 期。

江立华、陈文超：《返乡农民工创业实践中的资本和策略——基于个案研
　　究的扩展》，《科学社会主义》2010 年第 6 期。

江立华、谷玉良：《城市流动人口积分入户政策——户籍制度改革的"中
　　山经验"》，《社会建设》2014 年第 1 期。

江立华、张红霞：《权利赋予与城市秩序构建：流动人口治理向度分析》，
　　《河北学刊》2015 年第 5 期

李长峰、庄晋财：《农民工创业初期行业选择影响因素的实证研究》，《农
　　村经济》2014 年第 1 期。

李路路：《制度转型与分层结构的变迁——阶层相对关系模式的"双重再
　　生产"》，《中国社会科学》2002 年第 6 期。

李培林：《流动民工的社会网络和社会地位》，《社会学研究》1996 年第 4 期。

李培林：《"另一只看不见的手"：社会结构转型、发展战略及企业组织创
　　新》，载袁方等著《社会学家的眼光：中国社会结构转型》，中国社会
　　出版社，1998。

李培林：《中国乡村里的都市工业》，载贾德裕等主编《现代化进程中的中
　　国农民》，南京大学出版社，1998。

李培林：《社会流动与中国梦》，《经济导刊》2005 年第 3 期。

李强：《中国大陆城市农民工的职业流动》，《社会学研究》1999 年第 3 期。

李强：《中国城市中的二元劳动力市场与底层精英问题》，载《清华社会学
　　评论》2000 年第 1 期，鹭江出版社。

李强:《影响中国城市流动人口的推力与拉力因素分析》,《中国社会科学》
　　2003 年第 1 期。

李晓亮、申覃、周霞:《回流民工:农村宝贵的人力资源》,《农村经济与
　　科技》2005 年第 11 期。

李笑含:《农民工回乡创业问题研究》,《兰州学刊》2013 年第 1 期。

林斐:《对安徽百名打工返乡创办企业人员的调查和分析》,《中国农村经
　　济》2002 年第 3 期。

林斐:《对 90 年代回流农村劳动力创业行为的实证研究》,《人口与经济》
　　2004 年第 2 期。

林莉:《推动创业服务商品化》,《厦门科技》2008 年第 4 期。

刘芳芳、尚明瑞、王建兵、杜晓帆:《城镇化进程中农民工创业意愿及其
　　影响因素研究——基于甘肃省农民工调查数据的实证分析》,《中国农
　　学通报》2015 年第 18 期。

刘俊威、刘纯彬:《农民工创业性回流影响因素的实证分析——基于安徽
　　省庐江县调研数据》,《经济体制改革》2009 年第 6 期

刘小年:《农民工政策的阶段新论》,《探索与争鸣》2006 年第 3 期。

刘小春、李婵、朱红根:《农民工返乡创业扶持政策评价及其完善》,《农
　　村经济》2011 年第 6 期。

陆学艺:《"农民真苦,农村真穷"》,《读书》2001 年第 1 期。

陆学艺:《农村改革、农业发展的新思路——反弹琵琶和加快城市化进
　　程》,载《陆学艺文集》,上海辞书出版社,2005。

陆学艺:《当前农村形势和社会主义新农村建设》,《中国社会科学院院报》
　　2006 年 4 月 4 日。

陆彦、王晶、杜圆圆:《安徽省返乡农民工创业 SWOT 分析》,《中国人
　　口·资源与环境》2014 年第 5 期。

〔荷〕马特·G. M. 范德普尔:《个人支持网概述》,《国外社会学》1994
　　第 4 期。

〔英〕N. 莫塞利斯:《社会整合和系统整合:洛克伍德、哈贝马斯、吉登
　　斯》,赵晓力译,载北京大学社会学系编《社会理论论坛》1997 年第
　　3 期。

倪志伟、马蕊佳:《改革中国家社会主义的市场转型与社会变迁》,载边燕
　　杰主编《市场转型与社会分层——美国社会学者分析中国》,北京三

联书店，2002。

倪志伟：《一个市场社会的崛起：中国社会分层机制的变化》，载边燕杰主编《市场转型与社会分层——美国社会学者分析中国》，三联书店，2002。

农民流动与乡村发展课题组：《农民工回流与乡村发展——对山东省恒台县 10 村 737 名回乡农民工的调查》，《中国农村经济》1999 年第 10 期。

戚迪明、张广胜、杨肖丽等：《农民工"回流式"市民化：现实考量与政策选择》，《农村经济》2014 年第 10 期。

乔晓春：《中国人口布局的现实特征与未来展望：来自"六普"数据的分析》，《甘肃社会科学》2011 年第 4 期。

渠敬东：《生活世界中的关系强度——农村外来人口的生活轨迹》，载柯兰君、李汉林主编《都市里的打工农民——中国大城市的流动人口》，中央编译出版社，2001。

史振厚：《中西部地区农民工创业问题研究》，《学习与探索》2009 年第 10 期。

石伟平、陆俊杰：《城镇化市民化进程中城乡统筹发展职业教育策略》，《新华文摘》2013 年第 22 期。

谭忠真、何红梅：《后危机时代返乡农民工创业服务体系研究》，《中国集体经济》2012 年第 6 期。

唐灿、冯小双：《"河南村"流动农民的分化》，《社会学研究》2000 年第 4 期。

唐有财：《从打工到创业：农民工创业的发生学研究》，《人文杂志》2013 年第 8 期。

王春光：《新生代农村流动人口的社会认同与城乡融合的关系》，《社会学研究》2001 年第 3 期。

王春光等：《村民自治的社会基础和文化网络——对贵州省安顺市 J 村农村公共空间的社会学研究》，《浙江学刊》2004 年第 1 期。

王春光：《农村流动人口的"半城市化"问题研究》，《社会学研究》2006 年第 5 期。

王春光：《人力资本的获得与农村流动人口的社会流动——一种立足于制度视角的分析》，《北京工业大学学报》（社会科学版）2007 年第

5 期。

王晓毅：《解决三农问题的关键是降低农民的风险》，《华中师范大学学报》
　　（人文社会科学版）2004 年第 6 期。

"外来农民工"课题组：《珠江三角洲外来农民工状况》，《中国社会科学》
　　1995 年第 4 期。

"外来女劳工研究"课题组：《外出打工与农村及农民发展——湖南省嘉禾
　　县钟水村调查》，《社会学研究》1995 年第 4 期。

韦雪艳：《中国背景下农民工创业成长的过程机制》，《心理科学进展》
　　2012 年第 20 期。

文军：《从生存理性到社会理性选择：当代中国农民外出就业动因的社会
　　学分析》，《社会学研究》2001 年第 6 期。

吴敬琏：《政府在转轨中的作用：中国经验》，载中国海南改革发展研究院
　　编《市场经济条件下政府作用——市场经济条件下政府作用国际研讨
　　会文集》，民主与建设出版社，1997。

吴金法：《创业理论：多元的研究视角》，《温州职业技术学院学报》2006
　　年第 12 期。

项飚：《流动、传统网络市场化与"非国家空间"》，载张静主编《国家与
　　社会》，浙江人民出版社，1998。

徐辉、陈芳：《公共支持政策对新生代农民工创业绩效影响评价及其影响
　　因素分析》，《农村经济》2015 年第 8 期。

杨翼：《是过渡模式还是目标模式？——析"离土不离乡"》，《中国农村
　　经济》1985 年第 10 期。

俞可平：《改善我国公民社会制度环境的若干思考》，《当代世界与社会主
　　义》2006 年第 1 期。

张改清：《农民工返乡创业：意愿、行为与效应的代际差异比较》，《统计
　　与决策》2011 年第 18 期。

张善余、杨晓勇：《"民工潮"将带来"返乡创业潮"》，《人口与经济》
　　1996 第 1 期。

张秀娥、姜爱军、王丽洋：《我国返乡农民工创业企业成长影响因素及对
　　策研究》，《企业研究》2012 年第 7 期。

赵文词：《五带美国社会学者对中国国家与社会关系的研究》，载涂沼庆、
　　林益民主编《改革开放与中国社会——西方社会学文献述评》，牛津

大学出版社，1999。

赵阳、孙秀林：《暂迁流动与返乡创业的政策效应》，《农业经济问题》
2001 年第 9 期。

赵浩兴：《农民工创业地点选择的影响因素研究》，《中国人口科学》2012
年第 2 期。

赵浩兴、张巧文：《内地农民工返乡创业与沿海地区外力推动：一个机制
框架》，《改革》2011 年第 3 期。

郑功成：《农民工的权益与社会保障》，《中国党政干部论坛》2002 年第
8 期。

朱红根、康兰媛等：《劳动力输出大省农民工返乡创业意愿影响因素的实
证分析——基于江西省 1145 个返乡农民工的调查数据》，《中国农村
观察》2010 年第 5 期。

朱仁宏：《创业研究前沿理论探讨：理论流派与发展趋势》，《科学学研究》
2005 年第 10 期。

朱力、赵璐璐等：《"半主动性适应"与"建构型适应"》，《甘肃行政学院
学报》2010 年第 4 期。

朱力：《论农民工阶层的城市适应》，《江海学刊》2002 年第 6 期。

庄晋财：《自主创业视角的中国农民工转移就业研究》，《农业经济问题》
2011 年第 8 期。

庄晋财、杨万凡：《基于资源和能力观的农民工新创企业成长路径探析》，
《西北农林科技大学学报》（社会科学版）2015 年第 3 期。

庄晋财、杜娟：《农民工创业成长的网络化能力提升路径研究》，《求实》
2014 年第 6 期。

二 外文部分

外文著作

Aldrich, H. and Zimmer, C. *Entrepreneurship through Social Networks*, *The Art and Science of Entrepreneurship*, Cambridge, MA: Ballinger Publishing Company, 1986.

AMARTYA K. SEN. *The Standard of Living*. Cambridge: Cambridge University Press, 1987.

Anders Lundstre S. Lois Stevenson A. *Theory of Entrepreneurship Policy*,

Cambridge, MA: MIT Press, 2001.

Anderson, C. A. A *Skeptical Note on Education and Mobility*, A. H. Halsey, 1961.

Bates, T. Race, *Self-employment*, and, *Upward Mobility*: An *Illusive American Dream*. Woodrow Wilson Center Press. 1997.

Blau, P. M. , Duncan, D. D. *The American Occupational Structure*, New York: Wiley, 1967.

Boudon, Raymond. *Education*, *Opportunity and Social Inequality*, A Wiley-Interscience Publication, 1974.

Byrne, David. *Social Exclusive*, Open University Press, 2005.

Durkheim, Emile. *The Division of Labor in Society*, Translated by George Simpson. New York: Free Press, 1933.

Elemer, Hankiss. *East European Alternatives*, Oxford: Oxford University Press, 1989.

Gang Deng. *The Premodern Chinese Economic*: *Structural Equilibrium and Capitalist Sterility*, London and New York: Routledge, 1999.

Giddens, Anthony. *The Class Structure of the Advanced Society*, Hutchinson & Co. (Pulishers) Ltd. , 1981.

Glass, David. *Social Mobility in Britain*, Routledge & Kegan Paul, London, 1954.

Hayek, F. A. , *The Constitution of Liberty*, Chicago: University of Chicago Press, 1960.

Jadwiga, Staniszkis. *The Dynamics of Breakthrough*, Berkeley: University of California Press, 1991.

Lipset, S. M. , Bendix, Reichard. *Social Mobility in Industrial Society*, New Bruswick: Transaction Publishers, 1992.

Luhmann, N. *Risk*: A *Sociological Theory*, Berlin: de Gruyter, 1993.

McClelland, D. C. *The Achieving Society*. New York: Free Press, 1961.

Morris M. *Entrepreneurial Intensity*: Sustainable Advantages for Individual, *Organizations*, and Societies. Praeger, 1998.

Parkin, Frank. *Class Inequality and Political Order*, New York: Praeger, 1971.

Parkin, Frank. *The social Analysis of Class Structure*, London: Tavistock

Publication, 1974.

Parkin, Frank. *Marxism and Class Theory: A Bourgeois Critique*, London: Tavistock Publication, 1979.

Parson, Talcott. *The Social System*, London and Henley: Routledge & Kegan Paul Ltd. , 1979.

Sorokin, Pitirim. A. *Social and Cultural Mobility*, New York: The Free Press, 1964.

Stel, Storey, Thurik. *The Effect of Business Regulations on Nascent and Young Business Entrepreneurship*. Holland: University of Erasmus Press, 2006.

外文论文

Arthur H. Cole. "*An Approach to the Study of Entrepreneurship: A Tribute to Edwin F. Gay.* " In H. G. J. Aitken ed. *Explorations in Enterprise*. Cambridge, Harvard University Press, 1965.

C. M. van Praag, J. S. Cramer. "The Roots of Entrepreurship and Labour Demand: Individual Ability and Low Risk Aversion". *Economica*, Vol. 68, No. 269, 2001.

Cooper, A. C. and William C. Dunkelberg. "Entrepreneurship and Paths to Business Ownership", *Strategic Management Journal*, Vol. 7, No. 1, 1986.

Glade W. P. "Approaches to a Theory of Entrepreneurial Formation". *Explorations in Entrepreneurial History*, 4(3), 1967.

Harris, J. and M. Todaro, "Migration, Unemployment and Development: A Two- Sector Analysis", *American Economic Review*, Vol. 60, No. 1, 1970.

Jacobson, David. E. "Types and Timing of Social Support", *Health and Social Behavior*, 27, 1986.

Krueger N. F. , Carsrud A. L. "Entrepreneurial Intentions: Applying the Theory of Planned Behaviour". *Entrepreneurial and Regional Development*, 5, 1993.

Lowell W. B. , West G P. , Shephard D. "Entrepreneur Research in Emergence Past Trendsand Future Directions. "*Management*, 29(3), 2003.

Mac Donald, C. D. and J. Mac Donald. "Chain Migration, Ehnic Neighbourhood Formation and Social Network", *Social Research*, 9, 1962.

Marcel Fafchamps, Agnes R. Quisumbing. "Social Roles, Human Capital, and the Intrahousehold Division of Labor: Evidence from Pakinstan". *Oxford Economic Papers*,55,2003.

Miller, S. M. , "Comparative Social Mobility", *Current Sociology*, Vol. 9, No. 1,1960.

Minami, Ryoshin, "The Turning Point in the Japanese Economy", *The Quarterly Journal of Economics*,Vol. 82,No. 3,1968.

Mitchell, R. K. , Busenitz, L. W. , Bird, B. et al. "The central Question in Entrepreneurial Cognition Research", *Entrepreneurship: Theory and Practice*,1,2007.

Mouzelis, Nicos. "Social and System Integration: Habermas' View", *The British Journal of Sociology*, Vol. 43,No. 2. (Jun.),1992.

Nee, Victor. "A Theory of Market Transition:From Redistribution to Markets in State Socialism,"*American Sociology Review*,Vol. 54,No. 5,1989.

Nolan, Peter. "Economic Reform, Poverty and Migration in China", *Economic and Political Weekly*,26(June),1993.

Paul Reynolds, Niels Bosma. "Global Entrepreneurship Monitor:Data Collection Design and Implementation 1998 – 2003". *Small Business Economics*, Vol. 24,No. 3,2005.

Ritter, T. and Gemunden, H. G. "Network Competence:Its Impact on Innovation Success and Its Antecedents". *Journal of Business Research*,56,2003.

Roberts, Kenneth. D. , "Chinese Labor Migration: Insights from Mexican Undocumented Migration to the United States",In West,Loraine & Zhao, Yaohui(eds.)*Rural Labor Flows in China*,Institute of East Asian Studies, University of California,Berkeley,2000.

R. Murphy. "Return migrant entrepreneurs and economic diversification in two counties in south Jiangxi, China", *Journal of International Development*, 11,1999.

R. Murphy. "Return Migration,Entrepreneurship and Local State Corporatism in Rural China: The Experience of Two Counties in South Jiangxi",Journal of contemporary China, Vol. 24,No. 9,2000.

Ronald K. Mitchell. "Toward a Theory of Entrepreneurial Cognition: Rethinking the People Side of Entrepreneurship", *Research Entrepreneurship: Theory and Practice*, 2, 2003.

S. Démurger, H. Xu. "Return migrants: The rise of new entrepreneurs in rural China", *World Development*, Vol. 39, No. 10, 2011.

Sexton, D. L. and Bowman, N. "The Entrepreneur: A Capable Executive and More. "*Journal of Business Venturing*, 1985, (1).

Shane, S. and Venkataraman, S. "The Promise of Entrepreneurship as a Field of Research. "*Academy of Management Review*, 2000, 26(1).

Solinger, Dorothy. J. "Citizenship Issue in China's Internal Migration: Comparisons with Germany and Japan", *Political Science Quarterly*, Vol. 114, No. 3, 1999.

Thoits, P. A. "Life Stress, Social Support, and Psychological Vulnerability: Epidemiological Considerations", *Journal of Community Psychology*, Vol 10, No 4, 1982.

Todaro, M. P. "A Model of Labor Migration and Urban Unemployment in Less Developed Countries", *American Economic Review*, Vol. 59, No. 1, 1969.

Walder, Andrew G. "The Political Dimension of Social Mobility in Communist States: China and the Soviet Union. "*Research in Political Sociology*, 1, 1985.

Weiss, R S. "The Provisions of Social Relationships", In Z. Rubin(ed.), *Doing unto Others*. Englewood Cliffs, NJ: Prentice Hall, 1974.

Yang, X. and Rice, R. "An Equilibrium Model Endogenizing the Emergence of a Dual Structure between the Urban and Rural Sectors", *Journal of Urban Economics*, 25, 1994.

Zhongdong Ma. "Social Capital Mobilization and Income Returns to Entrepreneurship: The Case 0f Return Migration in Rural China", *Environment and Planning A*, 34, 2002.

附录一 社会流动与农民工创业行为问卷调查（Ⅰ）

（创业农民工层面）

您好！我们是福建农林大学研究人员，正在承担一项国家社科基金课题，主要任务是全面、准确地把握农民工创业情况，以及向国家提供决策参考。我们组织了这次调查，选中了您作为调查对象。请协助完成下列选项，表达您的真实看法。谢谢您的支持。

请您在选项的字母上划"√"，注意：除了特殊注明外，每题仅选最能表达自己想法的那一项（单选）。

（一）被访问基本情况

首先请您告诉我有关您个人的一些基本情况：

1. 您的性别：

   A. 男　　　　B. 女

2. 您的年龄：

   A. 35 岁以下　　B. 36～45 岁　　C. 46～50 岁　　D. 51 岁以上

3. 您的户口属于下面哪一种：

   A. 非农户口　　B. 农业户口

4. 您属于哪种创业路径：

   A. 在打工地创业　　　　　　B. 外地打工、返乡创业

   C. 外地打工、异地创业　　　D. 打工地与家乡同时创业

5. 您的教育程度是：

   A. 小学及以下　　　　　　　B. 初中

   C. 高中/中专/职业高中　　　D. 大专及以上

6. 您有几次创业经历（包括目前这次）？

   A. 1 次　　　　B. 2 次　　　　C. 3 次　　　　D. 4 次及以上

7. 您创业所属行业是：

    A. 制造业　　　　　　　　　B. 社会服务业

    C. 农业（包括畜牧、养殖等）　　D. 交通运输业（物流）等

    E. 其他（请具体填写）_____

8. 您企业初次投资规模是：

    A. 5 万元以下　　　B. 6 万～10 万元　　　C. 11 万～30 万

    D. 31 万～50 万元　　E. 51 万～100 万元　　F. 101 万～300 万元

    G. 301 万元以上

9. 您企业的雇佣人数是：

    A. 8 人以下　　　B. 9～30 人　　　C. 31～50 人　　　D. 51～100 人

    E. 101～300 人　　F. 301 人以上

10. 企业年产值或销售收入：

    A. 10 万元以下　　　　　　　B. 11 万～50 万元

    C. 51 万～100 万元　　　　　　D. 101 万～500 万元

    E. 501 万～1000 万元　　　　　F. 1001 万元以上

11. 您在当地从事创业活动的时间是：

    A. 1 年以下　　　B. 2～5 年　　　C. 6～10 年　　　D. 11 年以上

（二）个人的工作和经营活动

下面我们想了解您目前从事经营活动的情况。请注意，一部分问题与您的创业地点选择有关。（访问员注意，以下 12 至 40 询问的都是创业活动的基本情况。）

12. 您是怎样获得创业信息的？

    A. 打工经历或生活实践　　　　　B. 亲戚朋友

    C. 广播电视网络等媒介　　　　　D. 报纸期刊等

    E. 政府引导、鼓励

    F. 其他（请具体填写）_____

13. 您怎样确定创业方向：

    A. 个人工作或生活积累中获得启发　B. 政府引导

    C. 模仿他人　　　　　　　　　D. 农民工创业园

    E. 其他（请具体填写）_____

14. 您选择行业考虑的因素：

A. 能比较快地获得回报，什么好挣钱做什么

B. 以前在打工的工厂工作过，比较了解

C. 反正投资也不大，就算是亏了，也亏不了多少

D. 发展空间大

E. 行业变化小、投入门槛低、风险低

F. 管理方便，经营简单

G. 社会关系

15. 您选择的创业组织形式：

    A. 自主创业   B. 合伙创业

    C. 投资入股（资金、项目、技术、能力股）

    D. 其他（请具体填写）_____

16. 在创业前，您已经在外面打工_____年。

17. 打工对办企业最有帮助的是：

    A. 获得资金   B. 学到技术

    C. 增强市场经济头脑   D. 掌握经营管理方法

    E. 增加了人脉关系

    F. 其他（请具体填写）_____

18. 您认为农民工创业的优势在哪里？

    A. 技术优势   B. 资金规模优势

    C. 地方政策优势   D. 乡土人情优势

    E. 经验优势

19. 自创办企业以来，您是否参加过进修或创业培训？

    A. 是   B. 否（跳答21）

20. 参加进修或创业培训对您创业有帮助吗？

    A. 很有帮助   B. 有较大帮助   C. 一般   D. 帮助不大

    E. 完全没有帮助

21. 您认为在创业过程中哪些素质很重要？（可多选）

    A. 丰富的管理经验   B. 善于学习

    C. 较强的专业知识   D. 有风险意识

    E. 把握市场机会   F. 诚实守信

    G. 人际交往能力

    H. 其他（请具体填写）_____

22. 您对当地的创业政策了解吗？

    A. 很了解   B. 比较了解   C. 一般   D. 不太了解

    E. 一点不了解

23. 如果了解，政府扶持自主创业的政策有哪些（可多选）

    A. 税费减免

    B. 企业招用失业人员岗位补贴

    C. 小额担保贷款或者低息贷款

    D. 自主创业社会保险补贴（如对因创业失败处于失业状态提供各种就业服务和就业援助）

    E. 创业培训

    F. 创业岗位开发奖励（创业实体按每个岗位给予一次性奖励）

    G. 其他（请注明）_____

24. 如果有帮助，哪些创业政策较有帮助？（可排序）

    A. 税费减免   B. 企业招用失业人员岗位补贴

    C. 小额担保贷款或者低息贷款   D. 自主创业社会保险补贴

    E. 创业培训   F. 创业岗位开发奖励

    G. 其他（请注明）_____

25. 当你在创业过程中遇到资金不足问题，你会找：

    A. 亲戚好友借 B. 民间借贷   C. 银行贷款   D. 政策性贷款

    E. 公司之间的拆借   F. 其他（请具体填写）_____

26. 您创办的企业（或公司）有没有贷款？

    A. 有（接着填答 27，填写贷款中碰见的情况）

    B. 没有

27. 如果有贷款，那您在贷款过程中最难解决的问题是？

    A. 信用担保难

    B. 贷款门槛过高、条件过于苛刻

    C. 贷款的品种多样化不足（还贷期限太短）

    D. 贷款金额少

    E. 贷款成本高（利息高）

    F. 贷款手续复杂

28. 在发生业务纠纷时法律能够保护企业的合法权益：

    A. 完全同意   B. 比较同意   C. 一般   D. 不太同意

E. 完全不同意

29. 您在经营过程中是否存在来自政府部门的额外负担?

A. 是（接着填答 30，填写贷款中碰见的情况）

B. 否

30. 如果有，体现在哪些方面:

A. 税收高　　　B. 乱收费

C. 其他（可具体填写）_____

31. 您创办的企业是否存在招工难的问题:

A. 是（继续）　　　　　　B. 否（跳至 33）

32. 您的员工离职后，大概（平均）需要多长时间才能招聘到合适人选?

A. 随时　　　　　　　　　B. 1 个月以内

C. 2～3 个月　　　　　　　D. 4 个月至半年

E. 半年至一年　　　　　　F. 一年以上

33. 您是否对员工进行培训:

A. 不培训　　　B. 培训

34. 您是否参加了协会或者政府相关组织?

A. 是　　　　　　B. 否

35. 您认为创业者协会、专业协会对创业者的重要性:

A. 非常重要　　B. 重要　　　C. 一般　　　　D. 不太重要

E. 不重要

36. 行业协会或商会对您的生产经济活动进行过哪些帮助?

A. 市场信息服务　　　　　B. 相关政策法规的获得

C. 技术信息服务　　　　　D. 管理信息服务

E. 其他（请具体写出）_____

37. 您认为创业协会的主要目标应该定位于:（可多选）

A. 抵御市场风险　　　　　B. 生产服务、调整生产结构

C. 增加创业者收益　　　　D. 提供市场信息、扩展创业空间

E. 协调政府与企业关系　　F. 推进创业者之间的合作

38. 您是否有创业失败的经历:

A. 有（继续）　　　　　　B. 没有（跳至 40）

39. 您认为，您创业失败的原因是:（可多选）

    A. 创业项目选择错误

    B. 资金周转或向金融机构贷款困难问题

    C. 经营管理不善

    D. 市场竞争激烈（行业企业过多、对手过于强）

    E. 所生产或经营的产品失去竞争力

    F. 技术落后

    G. 得不到信息

    H. 得不到政府的支持，政府扶持（如创业指导、基金支持、贷款支持等）不到位

    I. 各种税费多

40. 您认为，农民工成功创业的关键因素有：（可多选）

    A. 创业前的充分市场调研，把握市场机会

    B. 政府扶持　　　　　　　C. 控制风险

    D. 较强的组织、管理能力　　E. 家人、朋友的支持

    F. 个人性格　　　　　　　G. 资金管理

    H. 掌握技术

（三）关于创业动机与需求的看法

41. 您选择创业的动机是：

    A. 生存需求（改善工作与生活环境、增加收入）

    B. 做自己喜欢做的事情、展示能力、实现人生目标

    C. 对地位和名望的需求（出人头地、改变身份）

    D. 为社会做贡献

    E. 别人的成功促使我创业

    F. 机缘巧合

42. 您选择创业行业时的考虑是：

    A. 掌握该行业需要的相关技术　　B. 行业进入门槛不高

    C. 兴趣　　　　　　　　　　　　D. 他人推荐、建议

    E. 拥有资金　　　　　　　　　　F. 拥有该行业人脉资源

    G. 政府重点扶持　　　　　　　　H. 行业发展前景好

43. 您认为影响您创业意愿的主要因素：

    A. 国家政策支持　　　　　　　　B. 创业资本

C. 社会氛围　　　　　　　　D. 地理环境

E. 个人因素　　　　　　　　F. 家庭因素

44. 您的创业心理素质：

　　A. 敢于冒险，不计较后果

　　B. 只要成功把握较大，就敢搏一搏

　　C. 决不冒险，即使成功概率较大

　　D. 其他（请具体填写）＿＿＿＿＿＿＿

45. 您目前最急需哪种信息服务？

　　A. 市场信息（行业信息）　　　B. 产品信息

　　C. 技术信息　　　　　　　　　D. 人才信息服务

　　E. 投资融资信息　　　　　　　F. 政策信息

　　G. 其他（请具体写出）

（四）关于存在的问题和困难的看法

46. 您认为目前的创业环境是：

　　A. 很好（有完善的法律、制度保障体系，并能贯彻执行）

　　B. 较好　　　　C. 一般　　　　D. 较差　　　　E. 很差

47. 在当地政府干部工作作风评价方面，您认为：

　　A. 很好　　　　B. 较好　　　　C. 一般　　　　D. 较差

　　E. 很差

48. 在当地基础设施条件方面，您认为：

　　A. 很好　　B. 较好　　　　C. 一般　　　　D. 较差

　　E. 很差

49. 您认为企业在创业初期遇到的最大困难是：

　　A. 资金筹集　　　　　　　　B. 缺乏配套产业

　　C. 市场问题（供需）　　　　D. 交通不便

　　E. 场地问题　　　　　　　　F. 内部管理问题

　　G. 与政府部门的关系问题　　H. 技术问题

　　I. 人才问题（人才不足、招工问题）

　　J. 其他（请具体填写）＿＿＿＿＿＿＿

50. 您认为当前创业发展存在的主要困难是：（可多选）

　　A. 资金不足（融资问题，如贷款难）

B. 基础设施差（场所、设施落后）

C. 缺少信息（缺乏社会关系，组织网络、协作服务体系不健全）

D. 政府的重视、支持力度不够（优惠政策力度不够或不到位、对政府不信任）

E. 抗风险能力不足

F. 管理问题

G. 经验不够

H. 技术不够

I. 招工难

J. 其他（请具体填写）_____

51. 您认为当前创业政策及相关规则是否公平？

    A. 很公平　　　B. 公平　　　　C 一般　　　　　D. 不公平

    E. 很不公平

52. 您觉得支持农民工创业政策实施的实际效果如何？

    A. 很有效　　　B. 有效　　　　C. 一般　　　　D. 无效

    E. 完全无效

53. 您对农民工创业政策的满意度：

    A. 很满意　　　B. 较满意　　　C. 一般　　　　D. 较不满意

    E. 很不满意

54. 您认为政府应该如何改善创业环境？

    A. 减少税收、集资、摊派　　　B. 放宽银行贷款政策

    C. 提供金融、技术、信息服务　　D. 放宽审批手续

    E. 改善基础设施

55. 您在创业的过程中，最希望政府给予什么帮助？

    A. 资金支持（如银行信贷、项目扶持基金等）

    B. 技术支持（包括创业培训）

    C. 政府的优惠政策（税收优惠、户口、子女教育、社保等）

    D. 提供信息服务

    E. 创业后续服务（如提供销售渠道等）

    F. 帮助建立合作组织、专业协会

56. 如果有创业培训，您是否会参加？

    A. 会参加

B. 还没有想过

C. 自己有创业能力，参加不参加无所谓

D. 自己能力有待提高，参加会对自己有帮助

57. 您对自己目前的创业状况满意吗？

A. 很满意　　　B. 基本满意　　　C. 一般　　　D. 不满意

E. 很不满意

58. 如果您的合法权利受到损害，有途径制止吗？

A. 没有

B. 有（接着填答 59，填写具体情况）

59. 您会采取什么途径维护自己的利益？请详细说明内容（请调查员详细记录）。

（五）关于社会分层与社会认同感

60. 您的创业是否能得到当地政府、当地人的认可！

A. 是　　　　　　　　　B. 否

61. 您是否在创业地买房居住？

A. 是　　　　　　　　　B. 否

62. 您的孩子是否在创业地接受过教育？

A. 是　　　　　　　　　B. 否（跳答 64）

63. 如果在创业地接受过教育，是：

A. 公立学校　　　　　　B. 私立学校

C. 农民工子弟学校　　　D. 其他（请具体填写）_____

64. 平时与您交往的朋友中大部分是：

A. 当地人（非亲戚）

B. 老乡（一起务工、创业的老乡）

C. 城市里的亲戚

D. 政府、事业单位朋友

E. 其他（请具体填写）_____

65. 您的年收入：

A. 6 万元以下　　　　　　B. 7 万 ~ 20 万元

C. 21 万 ~ 50 万元　　　　D. 51 万 ~ 100 万元

E. 101 万元以上

66. 经过创业，您觉得自己身份是：

    A. 老板，城里人　　　　　　　B. 农民（农民工），乡下人

67. 如果人的地位可以分为五个层次，您认为您在社会上属于哪一阶层？

    A. 上层　　　　B. 中上层　　　　C. 中层　　　　D. 中下层

    E. 下层

访问结束。

谢谢您的合作，再一次表示感谢！

"社会流动与农民工创业行为研究"课题组

2013 年 7 月

附录二 社会流动与农民工创业行为问卷调查（Ⅱ）

（未创业农民工层面）

您好！打扰您了，麻烦您接受一个简短的问卷调查。请协助完成下列选项，表达您的真实看法。请您在选项的字母上划"√"，注意：除了特殊注明外，每题仅选最能表达自己想法的那一项（单选）。谢谢您的支持。

1. 您的性别：

   A. 男   B. 女

2. 您的年龄：

   A. 16～25 岁   B. 26～35 岁   C. 36～45 岁   D. 46 岁及以上

3. 您的户口所在地是：_____省_____市（或县）_____乡（镇）_____村。

4. 您的文化程度：

   A. 文盲/半文盲   B. 小学

   C. 初中   D. 高中

   E. 中专/职业高中   F. 大专及以上

5. 您目前婚姻状况是：

   A. 单身   B. 已婚，家人不在身边

   C. 已婚，家人在身边

6. 您现在从事什么行业？

   A. 服务业（批发和零售业等）   B. 制造业

   C. 建筑业

   D. 农业（种植业、畜牧业、渔业、林业等）

   E. 其他（请注明）_____

7. 您现在的职业：

   A. 生产工人   B. 管理人员

　　C. 专业技术人员　　　　　　　　D. 办事人员

　　E. 个体户　　　　　　　　　　　F. 商业服务业人员

　　G. 其他（请注明）

8. 您务工的时间大概是：

　　A. 1 年之内　　　　B. 2 ~ 3 年　　　　C. 4 ~ 5 年　　　　D. 6 ~ 10 年

　　E. 11 年以上

9. 您在您的工厂（或公司）属于

　　A. 普通员工　　　　　　　　　　B. 基层管理者

　　C. 中层管理者　　　　　　　　　D. 高层管理者

10. 您的工资收入情况（月均）：

　　A. 1000 元以下　　　　　　　　　B. 1001 ~ 2000 元

　　C. 2001 ~ 3000 元　　　　　　　　D. 3001 ~ 5000 元

　　E. 5001 元以上

11. 您认为您的收入在您的工厂（或公司）中属于以下哪一等级？

　　A. 高　　　　B. 中上　　　　C. 中等　　　　D. 中下

　　E. 低

12. 您觉得您的地位与工厂（或公司）内同事相比怎么样？

　　A. 比较高　　　　B. 中上等　　　　C. 中等　　　　D. 中下等

　　E. 比较低

13. 您对当前农民工创业行为的前景看法是：

　　A. 非常看好　　　　　　　　　　B. 比较看好

　　C. 一般　　　　　　　　　　　　D. 不看好

　　E. 很不看好

14. 您是否愿意创业？

　　A. 愿意　　　　　　　　　　　　B. 不愿意（终止访问）

15. 您是否了解当地的创业政策？

　　A. 很熟悉　　　　B. 比较了解　　　　C. 一般　　　　D. 不太了解

　　E. 一点不了解

16. 请问国家（政府）有什么补助和扶持农民工创业的政策吗？

　　A. 没有听说国家出台过支持农民工创业的政策

　　B. 国家可能有政策，但还感受不到

　　C. 目前政府有针对农民工创业的政策

17. 您想创业的主要原因是？（可多选）

   A. 工作时间长、个人收入少，无法满足生活需要

   B. 通过打工积累了一定的资金

   C. 掌握了技术　　　　　　　　D. 就业困难

   E. 亲戚好友的建议　　　　　　F. 创业兴趣大，想拼一拼

   G. 看到了市场机会　　　　　　H. 国家扶持政策的吸引

   I. 看到了身边农民工创业成功的例子

   J. 其他（请具体填写）_____

18. 您至今未创业的最主要原因是：（可多选）

   A. 不知道怎样创业　　　　　　B. 资金不足

   C. 没有好的创业项目　　　　　D. 缺乏社会关系

   E. 经验和技术不够　　　　　　F. 不了解国家政策

   G. 相关手续烦琐　　　　　　　H. 创业信心不足

   I. 创业风险太大　　　　　　　J. 其他（请注明）_____

19. 如果创业条件成熟，您会选择哪个行业进行创业？

   A. 生产制造业　　　　　　　　B. 批发和零售业

   C. 建筑业　　　　　　　　　　D. 住宿餐饮业

   E. 文化、体育和娱乐业　　　　F. 居民服务业

   G. 交通运输、仓储和邮政业

   H. 农业（种植业、畜牧业、渔业、林业等）

   I. 其他（请注明）_____

20. 如果创业的话会选择在什么地方？

   A. 家乡　　　　　B. 沿海　　　　　C. 其他地方

21. 请您就以下影响创业意愿的选项进行排序：

   A. 经济条件（资金）　　　　　B. 国家政策扶持程度

   C. 个人追求（更高的社会地位）D. 个人性格（爱冒险、自信）

   E. 就业环境（困难程度）　　　F. 社会关系（合伙人等）

再次感谢您的参与！

"社会流动与农民工创业行为研究"课题组

2013 年 7 月

后 记

"读不懂农民，就读不懂中国"，这是一句意蕴无穷的至理真言。从农民到农民工再到创业农民工，无论如何变化，依然是农民，或许"农民"是这一群体本真的体现。沿着这一思路，我一直跟踪了他们从打工到创业的足迹，体会到他们在无奈、彷徨中的挣扎，在夹缝里的成长，也终于体会到导师陆学艺毕生致力于"三农"问题研究的苦衷。

党和政府时刻惦记着农民问题，自 1978 年以来，中央密集出台了许多"三农"文件，尤其是 2010 年以来，中央年年都把"一号文件"留给"三农"，使广大农民在每一个春天都能最先感受到一种破冰后的温暖。中国社会正在经历一场跨时代的结构性变迁，从城乡分割到城乡统筹，进而逐步实现城乡一体化。这一变迁打破了城市和农村的隔绝，让农民工群体有机会真正实现美丽"蝶变"。

回顾自己过去的生活、学习与学术经历，我自己都感到惊讶：情感已然成为我学术研究的动力和源泉，在我的家乡有这么一大群的农民工，小的不满 20 岁，老的已经 60 岁，甚至 70 岁，他们已经无法做一个纯然的农村人，同样也无法做一个纯然的城市人，他们只能在城乡间往返，社会结构发展的不平衡以具体的形态在他们身上呈现。这一切，经过耳濡目染，成了我学术研究的"问题意识"。正因如此，自己的研究主题从身边的实际出发，与现实连接起来，关注"洋葱头"或"金字塔"底层的劳苦大众，这或许就是一种责任，也觉得更需要坚持。其结果是这些所思所想成为我的博士论文以及一系列论文的主旨。

幸运的是，2004 年仲夏，我收到了盼望已久的中国社会科学院博士生录取通知，能够进入大师云集的社会学研究所求学，首先要感谢我的导师陆学艺先生。陆老师治学严谨、平易近人，被誉为"中国社会学学者中的佼佼者"。让农民富裕起来是他一生的追求，在陆学艺先生的心目中，没有农民的现代化，就没有中国的现代化。他在多个场合表示，现行的农民工体制和做法是转轨过程中的权宜之计，随着市场经济体制的完善，农民工体制该到要加快调整的时候了，必须维护农民工的权益，从根本上解决农民工问题。清华大学教授、社会学家孙立平认为："老陆是我们这代社会学者的精神导师。他关切这个社会与民生，富有正义感，即使在面对某种压力的时候，他也勇于坚持。"这也是我一辈子要学习和修炼的境界。

本书是国家社科基金的研究成果，这一成果是我的博士论文的延续与深化，所以要特别感谢读博期间我的导师陆学艺先生。确定这一研究方向完全是源于与导师的交流，从博士论文的选题、开题，到成型，始终得到陆学艺先生的指导，也得益于参加中国社会结构课题组的调研生活。其间与苏国勋研究员、陈光金研究员、王春光研究员的多次交流给了我很多启发，让我获益匪浅。景天魁研究员、李培林研究员、李汉林研究员、李银河研究员、折晓叶研究员、黄平研究员、傅崇兰研究员、陈光金研究员、李春玲研究员也对论文提出了宝贵意见。我还要感谢陆会平、高鸽等老师，以及一群陪我学习、生活的同学和好友，刘萼、何健、张辉、赵立玮、吴建平、王红艳、刘丽威、李春华、宋国凯、颜烨、毛哲山、付方赞、刘易平、王晓晖、董金秋博士以及社会学所孙亮、投资所刘超同学，他们为我在学习、生活和学术上提供了许多帮助和便利。另外，与宋英杰、王鹏翔、徐毅、程锦锥、魏枫、郑广珺、高凌云博士在学习、生活、工作上的交流，为我平淡的博士学习生活增添了许多的乐趣。感谢福建农林大学提供的研究平台，正是有了良师的指导和各位老师、同事的帮助，我的博士论文以及国家社科基金报告才得以顺利完成。在北京大学做访问学者期间，王思斌老师对我的国家社科基金成果也提出了宝贵的建议。当然，对我的硕士生导师陈墀成我同样充满了敬意，无论何时在学习、生活、工作上遇到困难，他总是尽之所能给予我无私的帮助。

此外，感谢家人永远的爱和无私的包容，是他们默默无私的爱支持我读完了硕士、博士，并在我攻读博士学位期间一直照看我的女儿，使我能够安心学习。对我的女儿黄哲珺，我感到无比的歉意，在我踏上北京的求学之路时，我的妻子也同时到上海攻读硕士学位，女儿也成为真正的"留守儿童"。

在这里，我还要感谢在调查中给予我无私帮助的所有人，特别是朋友陈润东、黄红明夫妇，正是他们的热情引见，才使我在东莞的调查得以顺利完成。还有许许多多家乡的就业创业管理部门的负责人，他们总是在我写作的各个阶段给予我关心以及帮助，多次陪我到工业园区以及乡镇去接触农民工创业者以及普通农民工，从而让我收集到许多非常宝贵的第一手调研资料，虽然我无法一一列举他们的名字，但他们的热情让我感动和难忘。

真切感谢工作单位以及有关科研管理部门，给予我难得的资助和无私的帮助，感谢他们提供的学术资源，感谢他们给予我的支持，与他们交流，让我学到了很多东西。

由博士论文、国家社科基金项目，再变成书稿出版，本书浸透了我不少心血，但书中也肯定存在不少缺点，敬请各位专家学者批评指正。

黄建新

2016 年 9 月于福州

图书在版编目（CIP）数据

社会流动与农民工创业行为研究／黄建新著. -- 北京：社会科学文献出版社，2017.3
ISBN 978 - 7 - 5201 - 0233 - 9

Ⅰ.①社…　Ⅱ.①黄…　Ⅲ.①民工 - 社会流动 - 研究
- 中国②民工 - 劳动就业 - 研究 - 中国　Ⅳ.①D422.64

中国版本图书馆 CIP 数据核字（2017）第 005561 号

社会流动与农民工创业行为研究

著　　者／黄建新

出 版 人／谢寿光
项目统筹／童根兴　佟英磊
责任编辑／佟英磊

出　　版／社会科学文献出版社·社会学编辑部（010）59367159
　　　　　　地址：北京市北三环中路甲29号院华龙大厦　邮编：100029
　　　　　　网址：www.ssap.com.cn
发　　行／市场营销中心（010）59367081　59367018
印　　装／北京季蜂印刷有限公司

规　　格／开本：787mm×1092mm　1/16
　　　　　　印张：19.5　字数：329千字
版　　次／2017年3月第1版　2017年3月第1次印刷
书　　号／ISBN 978 - 7 - 5201 - 0233 - 9
定　　价／89.00元

本书如有印装质量问题，请与读者服务中心（010 - 59367028）联系